介词"于"的演化模式与动因及其多样性后果

民主与建设出版社

·北京·

图书在版编目（CIP）数据

介词"于"的演化模式与动因及其多样性后果 / 王
明洲著 . -- 北京：民主与建设出版社，2023.12
ISBN 978-7-5139-4441-0

Ⅰ . ①介… Ⅱ . ①王… Ⅲ . ①汉语－介词－语法－研
究 Ⅳ . ① H146.2

中国国家版本馆 CIP 数据核字（2023）第 237453 号

介词"于"的演化模式与动因及其多样性后果
JIECI YU DE YANHUA MOSHI YU DONGYIN JI QI DUOYANGXING HOUGUO

著　　者	王明洲	
责任编辑	宁莲佳	
装帧设计	李凤敏	
出版发行	民主与建设出版社有限责任公司	
电　　话	（010）59417747　59419778	
社　　址	北京市海淀区西三环中路10号望海楼E座7层	
邮　　编	100142	
印　　刷	廊坊市新景彩印制版有限公司	
版　　次	2023年12月第1版	
印　　次	2024年3月第1次印刷	
开　　本	787mm×1092mm　1/16	
印　　张	13.5	
字　　数	220千字	
书　　号	ISBN 978-7-5139-4441-0	
定　　价	78.00元	

注：如有印、装质量问题，请与出版社联系。

摘　　要

　　本书主要通过对介词"于"的全面描写，立足于历时和共时的互相印证，构拟"于"的演化模式，探究其演化动因和机制，展现介词"于"的多样性演化后果。

　　首先，对介词"于"的基本性质和用法进行梳理，对这些用法的源头及发展脉络加以描写。介词"于"除了介引功能的沿用以外，还发展了一些非典型介词用法：介引比较对象、介引施事角色、介引关联对象等。另外，还研究了"于"的框式用法以及作为并列状语"于 X_1 于 X_2"的形成及用法。

　　其次，对"于"的组合形式"X＋于"的演化进行了描写，这里主要涉及"属于""善于"等"X于"的粘宾动词化，通过建立鉴别标准，界定了现代汉语粘宾动词的范围，并且穷尽地列举了"X于"粘宾动词。同时，本书还对连、介兼类词"由于"的连词特征进行了分析。除此以外，还探究了介词"关于、对于、至于"的词汇化历程以及话语标记功能。"X于"类词语的形成是"X＋于"跨层结构词汇化的结果。

　　再次，还对"于"的组合形式"于＋X"的短语化和词汇化进行了研究，并分别以副词"于今"、连词"于是"、习语结构"XX于X"和"X于XX""V于X"作为个案，对其历时演变、共时特征以及发展趋势进行了考察。"于X"类词语及相关短语的形成以及"于"的词缀化、附缀化、零形化，既有代词并入的机制，也有去范畴化的影响。

　　最后，在前述个案分析的基础上，对介词"于"的演化模式、动因及多样性后果进行了归纳、提炼，对介词"于"以及相关介词的发展趋势进行了分析和预测。

　　关键词：介词"于"；跨层结构；词汇化；语法化动因；演化模式

Abstract

This paper mainly through a comprehensive description of the preposition "Yu（于）", based on the diachronic and synchronic each other, trying to draw up the evolution model of "Yu", explore the evolution and mechanism, show the diversity of the preposition "Yu"evolutionary consequences.

First of all, we teased basic properties and usage of the preposition "Yu", headstream and history of these usages are described. The preposition "Yu" in addition to use introduce function outside, also developed some atypical prepositions: introduce the comparison object, introduce the agentive role, introduce related object. In addition, we also pay attention to the frame usage of "Yu"as well as the adverbial parallel formation and usage of "Yu X_1 Yu X_2".

Secondly, we depicted on the Yu's combination evolution of "X+Yu", here mainly refers to "ShuYu（属于）", "ShanYu（善于）" and other "X Yu" verbs bounding with object, by establishing the identification standard, we defined the scope of modern Chinese verbs bounding with object, and exhaustive list of "X Yu" verbs bounding with object. At the same time, we also analyzed in conjunction-preposition word "YouYu（由于）". In addition, we also explore the preposition "GuanYu、DuiYu、ZhiYu（关于、对于、至于）" and the functions of discourse markers. The formation of "X Yu" words is the results of "X+Yu" lexicalization from cross layered structure.

Then, we also studied the phrases and vocabulary of combination "Yu + X", and the adverb "YuJin（于今）", conjunction "YuShi（于是）", structure "XXYuX", idioms "XYuXX", "V YuX" as a case, studied the diachronic, synchronic characteristics and development trend. "YuX" words and phrases as well as affixation, cliticization, zero pronouns, both mechanisms incorporated, also have the effect of decategorization.

Finally, based on the analysis of the case, the preposition "Yu" evolution pattern, causes and consequences of diversity are summarized, refining. The development trend of "Yu" and other prepositions are analyzed and predicted.

Keywords: preposition "Yu"; cross layer structure; lexicalization; grammatical causes; evolution model

目　录

第一章 绪 论

1 介词"于"研究现状与存在的问题

1.1 研究现状

介词"于"出现的历史很早，在上古甲骨文中就已出现，伴随着语言的发展不断演变，一直使用至今。自《马氏文通》（1898）开始，就有人不断地对其进行关注和研究，发表了大量的研究成果，大致说来，主要集中在以下几个方面。

1.1.1 介词 "于" 来源的研究

杨伯峻、何乐士（1992）等人对"于""於"等有所研究。郭锡良（1997）较早地对介词"于"的来源和发展进行了研究。他认为介词"于"来源于表示"去到"义的动词"于"。随着引进对象的扩大，于搭配的动词也越来越广泛，语义关系也越来越复杂。汉代以后"于"逐渐衰亡，被"在"等多个介词所代替。时兵（2003）对郭文的结论提出异议：介词"于"应该来源于原始汉语的格助词。它和同期介词具有明显不同的特征：对受事补足语的可标识性；使用的不确定性；应用范围的广泛性；位置的灵活性。"于"更多地保存了远古汉语格助词及其演变所遗留的信息。梅祖麟（2004）认为"往于敦""步于敦"同时具有"动₁动₂宾"和"动介宾"结构。这属于语法化中的层次重叠（layering）。连动句是诱发"于"语法化的句法环境。"动₁动₂宾"的"动₂"——"于"演变为介词也就是自然的事情。郭锡良（2005）对梅祖麟、时兵的不同意见提出了反驳，认为由于词义的发展变化，一个词分属不同的词类是个长期存在的事实，坚持自己在前篇所述的观点。张玉金（2009）认为介词"于""於""乎"是同一个词的三种不同形式。介词"于"是由"往"义的动词"于"虚化而来的。"往"义的动词"于"出现的句法环境主要有：名词＋于＋处所名词、使／令／呼＋名词＋于＋处所名词。王月婷（2021）认为"于／於"通常介引非受事，也可介引受事，但

"于/於"的使用不是随意的：它被用来标记动词跟其后名词性成分间的低及物关系，跟动宾结构所体现的高及物关系形成对立。石毓智（1995）从时间的一维性出发，对介词的衍生机制进行了整体的翻译研究。他认为，如果一个句子同时包含多个发生在同一时间位置的动词，主要动词具有指示时间信息的句法特征，次要动词则逐渐退化了一般动词的与指示时间有关的句法特征，衍生了新的词类——介词。他认为介词"于"也是这样产生的。王秀云（2021）研究汉代以后介词"在"成为"于"的主要替代者的句法语义动因，她认为这种替代主要是句法语义优化的结果。

1.1.2 "X 于"的句法功能研究

金昌吉（1996）对介词与介词短语作了较深入的研究。他将介词的句法功能分为核心功能和一般功能，介词的类型分为中心/核心介词、一般介词。"于"即属于前者，金文也指出介词不只是由动词虚化而来，也有古代汉语的沿用、语用推理等。在个案分析中，金文指出"至于"具有下列特点：可以后接一个介词短语；主要用于后续句的句首；主要作用是承接上句，引发话题；可以后接动词性词语"说道"等，因而不应该是个介词。陈昌来（2002）较系统地研究了现代汉语介词的句法、语义、语用功能。具体到"X 于"，主要是介引主事、客事、境事、因事、关事、比事等成分。陈文还对不同介词在来源、语体色彩、音节、形态上的差异进行了分析。董秀芳（2006）认为，古汉语位于动名间的"于/於"是非宾语名词性成分的标志。"于/於 + 名词性成分"充当的是附加语（adjunct），而不是补足语。龚娜（2006）重点对"X 于"结构的语义进行了分析，她认为"X 于"的语义类型主要有客事、主事、与事、因事、关事等，"于"还有帮助不及物动词（语素）、形容词（语素）增加语义指向的作用。张谊生（2010）将"X 于"分为"专用""通用"两大类，并对它们的内部构造进行了细分，重点论述了"于"在"X"词类转换和功能扩展方面的作用，张文同时指出，真正的三音节"A/V 于"词汇词几乎没有，并分析了"于"趋于零形化的动因（韵律制约、"于"的羡余性、表达的经济性等）。毕爱华（2011）重点对"A 于"构造进行了研究，毕文认为"A 于"后续成分为宾语，"A 于 + 宾语"有三种类型——"忠于"类、"急于"类、"长于"类，每一类宾语的类型都有所不同。赵静（2011）在前人的基础上，从历时和共时、静态和动态等方面，对"V+于+NP"结构进行了较为深入的研究，对"于"在古代汉语和现代汉语的功能作了较详细的描写，并对"于"的历时发展进行了一定的分析。其认为类推、语位的凝固化、双音和谐等原因共同推动了"于"的词汇化。

1.1.3 "X 于" 的发展演变研究

吴国忠（1989）对古汉语"于"使用的"随意性"进行了分析，认为语言的结构和语义属于两个不同的平面，它们存在不一致性。同一种结构关系往往表达不同的语义，同一种语义关系也可以用不同的结构关系来表达。他同时指出，"于"的这种"可用而不用"不是省略，而是一种随意性的表现。张斌（1998）指出"在"有时可视作"在于"中省略了"于"，"不至于、有利于"中的"于"通常也可以省略，这些是"可用而不用"而非"该用而不用"，而且"于"的省略更多是节律的制约。刘坚、曹广顺、吴福祥（1995）提出，诱发汉语词汇语法化的一个重要因素是句法位置的改变。当一个动词处于次要位置时，在句法、语义上都依附于其前或其后的中心动词，在句法功能上主要充当状语和补语。随着词义的进一步虚化，作状语的动词虚化为介词，作补语的动词虚化为助词。张振亚（2000）对介词"于"和词缀"于"进行了区分。他根据可否以"于"为中心进行句式转换、"于"能否省略这两个原则，将"于"分为语法介词、语感介词、语感词缀、语法词缀四个类别。并且分析了介词"于"向词缀"于"演化的原因：双音化的大趋势；"于"的前加成分为动词、形容词这样的"强势词语"，逐渐取消了"于"的语法、词汇意义。刘丹青（2001）谈到"于/於"的发展时认为：春秋时，"于/於"就出现过度语法化的现象，其负载的"处所、终点、源点、对象、比较基准"等题元意义逐渐被"在、对、向、比、被"等介词代替，这属于语言的更新现象，从而保证了口头和书面交际的效率。张赪（2002）主要从历时的角度，对汉语介词词组、词序的发展作了系统的考察。她认为介词词组前移发生在魏晋南北朝时期。介词兴替、介词词组的语义、VP 带宾语的情况都在其中发挥了作用。刘丹青（2003）重建了汉语的介词系统：前置词、后置词、框式介词。他将"于、在、到"等词归为双位前置词，大多数时候前置于动词，但可以有条件地用在动词后。刘文还对这类动源前置词的语法化环境进行了分析，大多发生在连动式的句法环境中，经过重新分析，原动词成为句法上的前置词及题元标记。罗国强（2007）对古汉语中"于"的动词用法作了进一步的探讨，认为"于"既表示"往"，也表示"来"，当处于连动结构时，动词的"于"语法化为介词。谢雯瑾（2008）较为深入地分析了"V/A 于 X"的形成、发展与演变，"于"与部分单音节 V 融合，在部分双音节 V 后脱落，都改变了 V 的配价；"于"与部分 [－比较类] A 融合，促使 A 向 V 转类，位于双音节 A 后的于倾向脱落，也促成了 A 的配价和词性的改变。陆露露、叶建军（2021）提出，跨层结构"终于"

最迟在南北朝时期被重新分析为时间副词。"终于"副词化后，功能发生了扩展：一是后接成分由 VP 扩展到 AP；二是后接成分的意义由消极义扩展到积极义，且以积极义为主。

1.1.4 "X 于" 的词汇化和附缀化研究

董秀芳（2002）提出"于是"这个介宾结构的词汇化时，认为介宾结构出现在动词之前时，由于主语常在前文出现过而被省略，动词前的句法位置从表层形式上看，有时就是分句首的位置，而这正是句子层次上连词出现的典型位置，处于这样位置上的介宾结构就有可能被重新分析为一个连词。刘红妮（2009）重点对"终于""由于"不同的词汇化历程、动因和机制进行了详尽的分析。通过考察两者的词汇化历程，她认为：去范畴化和介词并入导致了"终于"的词汇化，而语用推理和韵律因素是"由于"演变的主要原因。张谊生（2010）提出，"敢于、擅于、乐于、急于"等词都还处于粘宾动词阶段，其副词化历程正在形成，这属于句法结构中的滞留表现，下一步将会逐步发展为副词。张成进（2013）对现代汉语的双音介词的词汇化和语法化作了较细致的研究，涉及"X 于"的有"对于、关于、至于、基于"等，着重描写了其词汇化历程并且分析了演化的动因和机制。陈诗语（2018）分析了介词"鉴于"的词汇化过程，并指出其形成动因包括语法层面动词"鉴"和介词"于"的去范畴化及语义漂白、语音层面汉语韵律双音化促动以及认知层面的组块心理与重新分析的心理暗示等。在"于"的附缀化研究方面，张谊生（2010）分别从"X+于"的结构构造、发展历程、语法化后果以及"于"的附缀化成因进行了细致的分析，较早地明确了附缀"于"的存在，张斌（2013）的博士学位论文《现代汉语附缀研究》较全面地对现代汉语的"实源附缀""虚源附缀"进行了研究，并且用单独一章的内容论述了"于"的附缀特征及其零形化趋势。其认为后附性是附缀"于"的主要特征，并且提出附缀"于"主要见于"X+于+N"动宾结构中。张谊生（2012）对附缀"于"的叠加和强化进行了研究，涉及"于"的叠加方式有并存式、累积式，叠加类型主要是增强型。此外，张谊生（2013）又专门对介词的叠加现象展开了研究，也涉及"于"的叠加现象。

1.1.5 "X 于" 的个案研究

饶长溶（1987）就"至于""关于"的词类归属进行了考察，他首先根据两者与一般介词分布句法位置的不同，认为它们"不像是介词"，通过分析它们主要的句法功能，作者认为"至于"应属于连词，"关于"可作为动词的一个小类或作为一个特殊的介词。孙茂松（1998）对"取决"、"来源"和"于"的关系作了个案分析。他认为"取决于""来源于"应该分析为动词，因为它们都必须带宾语，必须和"于"连用（极个别情况下，"于"可以省略），所以这两个词是"动+介+宾"结构的一个极端。宋玉柱（2002）针对"失之于""有失于"的用法进行了比较。傅雨贤（1997）就"对于+O+S+P"句式变换为"S+P+O"的条件进行了分析，傅文认为有三种情况：述语动词后边不带别的成分或只带上形容词补语、动词补语、数量词补语，可以直接变换；动词谓语后带有"得"字标志的补语或介词结构补语的句子，无法变换；句子的述语动词属于"进行、加以、作、有、具有、是"这一类，其宾语是个动词，也不能变换。周芍、邵敬敏（2006）在研究介词"对"的语法化过程中发现：介词"对"的产生大概在东汉末期，原因在于介词"于"的过度虚化。他们认为："于"在春秋时，就出现了过度语法化，到西汉末年，出现了大多数的 V-N 关系，如时间格、处所格、源点格等，"于"呈现出功能负荷过重的现象。于是通过更新，一批动词演变为介词，介词数量也得以增加。该文对"对于"的出现时间也进行了考察：大概出现在晚清，正是语法化中的强化作用，导致"对"附加"于"，使"对"的句法语义得以加强。李广瑜（2009）对"关于""有关""有关于"进行了比较分析。她认为三者都具有表达关涉事物、行为的语义特征，但"有关"的基本义是表达有关系，句法功能主要是作谓语和定语。"关于"在表达关涉事物、行为具有宽泛性，既可以表示具体的，也可以表示抽象的；句法上主要是构成介宾组合充当定语、状语；"有关于"可以是个动词性结构，也可以是个介词性结构。语义上呈现出表达关联到关涉的泛化，现代汉语形成了一个"有 X 于"的强势组合。胡斌彬（2009）对"于"字比较句和"比"字句的差别进行了考察，胡文认为"比"字句在表达各种差比意义时有较强的兼容性，"于"字比较句限于表达异同比较和较为单纯的差比意义，语用上有凸显比较后项的作用，能够和"比"字句形成一定的功能互补。徐景宜（2010）就"关于""对于""至于"充当话题标记进行了比较研究。徐文主要考察了三者的话语功能，它们的差异主要在于："至于"只能标记主话题，"关于/对于"不仅能标记主话题，还能标记次话题，"关于"还能标记语篇。李小军、龚星芸（2022）分析了"至于"的四种功能："达到"义动词、话题转换介词、认识情态动词和道义情态动词，这几种功能的形成，不是源于"至+于"的词汇化，而是位移动词"至"自身语义演变的结果。

1.2 现有研究存在的主要问题

我们认为前人和时贤对"于"及"X 于"已经作了较充分的研究，也发表了大量的研究成果，但是大多集中在"于"及"X 于"的发展演变上，"于 X"涉及较少，且较缺少系统、全面的思考、考察，对汉语介词的演变及发展趋势也有深入思考和进一步研究的空间，主要有以下几点。

1）"X 于"的词汇化研究还不太全面。"X 于"的词汇化大致有哪些类型、哪些方式；这与"X"的特征、"于"后接成分、"X 于"所处句法位置等有着千丝万缕的联系。

2）如何厘清"X 于"发展演变中的中间状态，产生这一语法现象的原因是什么，并且预测它的发展趋势。

3）"于"的发展演变路径究竟怎样，和其他介词的演变是否具有共性，有无类型学的意义。

4）如何从"于"的发展演变，厘清汉语介词系统的发展脉络等。

2 研究方法和角度

历时和共时研究相结合。介词"于"的历史悠久，自上古至今，历经的时间很长、跨越的年代也很长，这也导致它的形式、用法和意义较为复杂。我们必须采用历时和共时相结合的方法，才能较为完整、全面地研究好它的发展演变历程。历时的发展有的还在共时层面有所遗存，共时有时也是历时的某种积淀。二者是相辅相成、互相印证的。

词汇和语法研究相结合。汉语的词汇问题往往牵涉到语法问题。介词"于"在语法化的同时，也在经历着词汇化。词汇、语法互相影响，成为不可分割的有机整体。介词"于"在发展演变过程中，常常处于词汇化、语法化的中间状态，难以截然分开，这要求我们在研究过程中，全面细致地穷尽分析，不能简单化处理。

语言事实描写和语言现象解释相结合。通过翔实、细致的考证、描写，力求最大限度地穷尽介词"于"的语法形式、功能，同时运用语义学、语用学、韵律句法学、认知语法理论等现代语言学的方法，为语言现象寻求合理的理论解释。本课题尽可能地将描写和解释相结合，事实与理论相结合，从而发掘介词发展的共性与个性。

预期的研究成果和创新点：

我们预期通过介词"于"的个案研究，说明一些语言问题，解释一些语言现象，进而深入挖掘汉语介词的演变规律，比如：

1）第一次较全面、较深入地对介词个案——"于"进行考察和剖析，既立足于历时平面的发展历程，又着眼于共时平面的联系与区别，有助于"窥一斑知全貌"，加深对汉语介词的认识。

2）借助对"于"演变的动因、机制分析，揭示"于"得以演变的句法环境，从而分析、预测汉语介词未来的演变趋势，探讨汉语词类系统的发展、变化。

3 研究内容与具体篇章安排

本书主要聚焦介词"于"的演化模式及其多样性机制和后果，第一章为绪论，第十四章为总论，另有三编十二章，具体内容如下。

3.1 第一编 介词"于"的基本性质和用法，共四章

第二章探讨"于"的来源、性质、功能与分化。先秦到魏晋，介词"于"的使用最广，组配形式最多，可以说是"超级介词"，可以介引多种成分，其中大致在先秦后期，"於"和"于"共存并用，并发展了表示"范围、凭借、关涉对象"等新的用法，同时，随着"在"由动词用法发展到介词用法后，承担了"于"表示静态处所、存在空间/时间的用法。"乎"的用法基本与"于"相同，随着"乎"的位置越来越倾向于词尾和句末，"乎"逐渐演变成为一个语气词以及构词后缀。其中，"于""於""乎"三者关系最密切，用法基本相同。

第三章探讨介词"于"的非典型介引功能并进行论述，主要是指"于"介引比较对象、施事角色、关联对象等功能，这些都来源于"于"的介引功能，同时又受到一定的句法环境限制，导致其发展方向也有所不同，"于"字比较句清代渐趋衰落，"于"字被动句在东汉趋于衰落，"之于"关联句在现代书面语里还有较强的生命力。

第四章探讨"于X"作补语以及相关的框式用法，通过句法、语义的分析，对"于"在这一框架中的参与度、后置词的强制性以及"于"语法演变的抽象度变化作了初步的研究。

第五章探讨"于X"充当多项关涉状语的句法类型、功能以及演变历程，梳理"于

X" 充当多项关涉状语时，表示对象 "X" 和谓语核心表示的动作或性质具有关涉性（concerned）的特点。厘清 "于 X" 中的 "X" 对句法成分有一定的选择性，一般都具有［±受动性］［+空间性］［−时间性］等语义特征。介词 "于" 具有 "关涉状语标记" "凸显焦点" 等句法功能。"于 X" 充当多项关涉状语是 "于 X" 补语位置的移位以及语法化中的强化（reinforcement）共同造成的结果。

3.2　第二编　"X+于" 跨层结构的词汇化，共四章

第六章探讨 "X 于" 粘宾动词及其成因，通过对 "X 于" 类粘宾动词的分析，发掘其形成的过程、影响的因素以及与其他类粘宾动词的不同。从中我们可以发现，"X" 的语素义、"于" 的介词范畴等共同促成了 "X 于" 类粘宾动词的形成。当然，这里也和语言的竞争、融合以及语言表达精致化的要求有关系。

第七章探讨连词 "由于" 的形成及其连接功能，本章通过分析 "由于" 的连词化历程，对 "由于" 的句法表现、语义特征以及语用功能进行了探讨，同时对 "由于" 连介兼类词的特点展开了研究，一方面因为词类竞争的关系，介引原因成分的功能主要由 "因、因为" 等词所承担，"由于" 在和这类词的竞争过程中，逐渐失去了介引功能；另一方面，句首的句法位置也加剧了 "由于" 连词功能的稳固。

第八章探讨 "关于、对于、至于" 的介词化及其功能，并对它们不同的功能进行了比较。三者都是由跨层结构最终发展为介词，都有个共同的词缀 "于"，所以它们的演化动因及路径存在一些共性。同时由于词汇化的来源存在不同，导致它们在介引对象、充当句法功能等方面有所差异。

第九章探讨 "关于、对于、至于" 的话题标记功能，这三个词虽然使用频率较高，语义较之最初的跨层结构，已经有较大的演变，但还是保留有一定的词汇意义，这在它们的话题标记功能这一方面也体现了出来，引导的话题成分有所不同，表现的话题特征存在差异，篇章衔接功能也有所不同。

3.3　第三编　"于 X" 介宾短语的词汇化和习语化，共四章

第十章探讨 "于今" 的副词化及其与 "至今" 的竞争、更替。在汉语双音化和词汇化的过程中，"于今" 的副词化过程成为介宾结构词汇化的一个缩影，而 "至今" 的副词化则代表了动宾结构的副词化过程。在两者的演化过程中，"于" 语素义的弱

化和"今"语素义的强化，以及后接成分的扩大，最终导致"于＋今"凝固为一个副词；在词汇的竞争过程中，语义泛化、适应语体宽泛、句法功能多样的"至今"的使用频率渐渐超过"于今"，"于今"的用法就慢慢地萎缩，乃至停滞了。

第十一章探讨习语与格式"XX于X""X于XX"。这两类结构有不同的来源形式，随着语言的发展，在类推作用及韵律和谐等因素的共同推动下，产生了更多类似的结构，丰富了现代汉语的词汇、短语宝库。因为和不同的前附成分、后接成分组合，"XX于X"中的"于"保留有介引功能，"XX于X"有习语化的倾向；而在"X于XX"中，基础型（V＋于＋NP）也有习语化的倾向，词汇化程度较高，"于"作为介词性语素存在。

第十二章探讨"于是"的连词化。通过对"于是"连词化历程的研究，梳理"于是"的表义功能：主要用于句子的承接，通过指称不同的成分，有时表现为因果连贯、顺承连贯等。在和"于今""因此／所以"进行比较后，明确了"于是"连接的层次、连接成分的特征等，深化了对"于是"的语法、语义、语用特征的认识。

第十三章探讨"于"的零形化。通过对"X＋于＋N"句法形式中，"于"零形化的分析，我们可以看出，由于"于"的使用历史悠久，加之"X""N"的语义特征复杂多样，在语言的使用过程中，在语义、语音和语用的共同推动下，大部分"双音节X＋于"中的"于"趋向脱落，逐渐零形化；小部分"双音节X＋于"成为超音步结构体，演变为三音节的语法词，在超音步结构体中，"于"成为后附缀。在这种现象背后，句子语义成分的选择限制、双音化的韵律制约、语用因素都发挥着作用。

第十四章为总论，主要研究"于"以及与其紧邻成分的多样性演化后果，同时对演化后果的进一步发展进行了探究。伴随着后词缀"于"的形成，"X＋于"从跨层结构演化为双音词汇；伴随着后附缀"于"的形成，"X＋于"从组块化演化为韵律词，从专用类组合形式演化为语法词；伴随着后附缀"于"的脱落（零形化），"X＋于"中的谓词"X"逐渐及物化，"X＋（于）＋N"也从超音步结构演化为标准音步。同时，这些演化后的结果还存在进一步发展演化的现象，比如介词叠加、形式固化等，值得更深入地研究探讨。

4 语料来源与体例的安排

本文语料主要来自北京大学汉语语言学研究中心"CCL现代汉语和古代汉语语料库"、陕西师范大学汉籍全文检索系统（第四版）、《现代汉语词典》（2012）、《古代汉语虚词词典》（2001）、《现代汉语八百词》（1999）、《现代汉语逆序词典》（2005）以及百度、新浪等网络，上述例句均加以核实，并标注出处。没有标注出处的少数例句为自拟，文中不再注明。

　　本文的体例是：全文共三编十四章，第一章为绪论，第二章至第五章为第一编，第六章至第九章为第二编，第十章至第十三章为第三编，第十四章为总论。各章独立成章节，各章节小标题按照1、1.1、1.1.1……顺序表示，如果有更多的层次，用a.b.c.表示。例句、图表的排序以章为单位，脚注的排序以页为单位，附录统一置于文后。

第一编
介词"于"的基本性质和用法

第二章 "于"的来源、性质、功能与分化

介词"于"的历史悠久，可以介引多种成分。关于其来源，杨伯峻、何乐士（1993）、郭锡良（1997，2005）、时兵（2003）、梅祖麟（2004）、张玉金（2009）等较详细地对此进行了研究。主要的观点有三种：来源于表示"去到"义的动词"于"，主要有杨伯峻、何乐士、郭锡良等人；来源于原始汉语的格助词，更多地保存了远古汉语格助词及其演变所遗留的信息，主要有时兵等人；来源于连动句"动₁动₂宾"的后项"动₂"，主要有梅祖麟等人。我们认为有必要对介词"于"的分布以及发展演变进行一番全面的考察，从而更好地厘清有关"于"的语言事实。

1 "于"的来源及"於""乎"

1.1 "于"的来源及用法

《说文解字·亏部》："亏，於也。象气之舒亏。"清王筠认为其是"吁"的本字（《说文释例》）。但是，在古籍中，"于"用作本义的并不多，早在甲骨文时期，"于"便假借为动词"往"，进而引申为"到达""在""比"，然后再虚化为一个活跃的介词。如：

（1）卜，行贞，王其步自良于主。（《卜辞通纂》七〇八）

（2）壬寅卜，王于商。（《殷墟甲骨刻辞摹释总集》合集 33124，姚孝遂主编，1988 年中华书局）

（3）帝初于历山，往于田。（《尚书·大禹谟》）

（4）于以采藻，于彼行潦。（《诗经·召南·采蘋》）

（5）杀伐用张，于汤有光。（《孟子·滕文公下》）

这里（1）（2）（3）句中的"于"为动词，分别表示"往""去到""到达"义，而（4）（5）句中的"于"位于谓语动词"行潦""有光"前，开始向介词方向虚化，可理解为"在""比"

义。郭锡良（1997）对介词"于"的来源有比较细致的研究（如前所述），虽然也有人提出不同的见解，但郭文的观点基本被大家所认可。我们这里也采用郭文的观点，不再展开论述。随着"于"介引对象的扩大，搭配的动词也越广泛，语义关系也越复杂。因为语言表达精密化的需要，以及更多介词的出现，汉代以后"于"的介引功能被"在"等多个介词所代替，逐渐衰亡，仅有限地存在于书面语中。

1.2 "於"的起源及用法

於，《说文解字》释为："象古文乌省。"段玉裁注："象古文乌而省之，亦省为革之类。此字盖古文之后出者。此字既出，则又于於为古今字。凡经多用于，凡传多用於。而乌鸟不用此字。"用作名词本义的有：

（6）比徂西土，爰居其野，於鹊与处。（《穆天子传》卷三）

还可用作动词和介词，又借为"于"，最早见于金文。如：

（7）卫有士十人於吾所。（《吕氏春秋·巧艺第二十一·期贤》）

（8）舜有大功二十而为天子，今行父虽未获一吉人，去一凶也，於舜之功，二十之一也。（《左传·文公十八年》）

（9）寡人之於国也，尽心焉而已。（《孟子·梁惠王上》）

上述三句中的"於"分别作"在""比""对于"义。一般认为"于""於"乃假借和被假借的关系，在发展过程中，假借的意义得以存留，而本义渐渐消亡。王力先生在《汉语史稿》里指出，"于"是"於"的较古形式，甲骨文的介词用"于"不用"於"，而《诗经》《书经》《易经》中也以用"于"为常，因此"于""於"为骈文。洪波（1988）对"于""於"的源流进行了较全面的研究，他认为"于"的"往、到达"等较古的动词用法，"於"不具备，而"於"后来发展的引进关涉对象、范围、凭借等较新用法，"于"则没有。如〔转引自洪波（1998）〕：

（10）宋，先代之后也，於周为客。（《左传·僖公二十四年》）

（11）不义而富且贵，於我如浮云。（《论语·述而》）

（12）请神择於五人者，使主社稷。（《左传·昭公十三年》）

（13）苟全性命於乱世，不求闻达於诸侯。（《三国志·蜀书·诸葛亮传》）

（14）於诸侯之约，大王当王关中。（《史记·淮阴侯列传第三十二》）

（15）阿骨打八子，正室生绳果，於次为第五，又生第七子，乃燕京留守易王之父。

（《松漠纪闻》）

上述（10）（11）句中的"於"主要介引关涉对象，（12）（13）句中的"於"主要介引范围，（14）（15）句中的"於"则引进凭借成分等。及至后来，"於"的介词用法逐渐消亡，仅存于上述书面词语中，这也反映出"于""於"基本属于一段时间内的"古今字"，所以大多数语法学家不对它们进行区分。董秀芳（2006）就说，"于""於"大多数情况下用法相同，所以可以不予区分。我们在后面的论述也采取这样的方法。

1.3 "乎"的起源及用法

杨树达（2006）在《词诠》中认为"乎"有"介词"和"语末助词"等用法，其介词用法与"於"相同，他认为"按介词'於'诸用法，'乎'字率皆有之"。例如：

（16）是故得乎邱民而为天子，得乎天子为诸侯，得乎诸侯为大夫。（《孟子·尽心下》）

（17）德辉动乎内，而民莫不承听；理发乎外，而民莫不承顺。（《史记·乐书第二》）

《马氏文通》较早地对"乎"的介字和助字用法进行了研究："乎""於"两字同一用法，而有时不能相易者，此则系乎上下文之语气耳。对"乎"的介词用法主要涉及三点：用于比较，表示相差之义；可以"用附动字，以介转及之词"；表示被动。赵仲邑（1964）认为：介词"于""於""乎"都是由泛声发展而来，在上古，三者同属"鱼部"，虽然"乎"属晓母，"于"属匣母，"於"属影母，语音相差不远，但是在多数情况下，两者用法相通，例如：

（18）鱼相忘乎江湖。（《庄子·大宗师》）

（19）生于今而志乎古。（《荀子·天论》）

但是"乎"在多个方面与"于""於"的介词用法不同，比如"乎"不能被副词修饰等，主要的原因可能是"乎"多数情况下充当语气助词，与居前的动词、形容词关系密切，而与其后的名词、代词或名词性词组关系疏远。周国瑞（2004）认为"乎"的用法大体上和"于（於）"相同。"于（於）"字介宾结构除了作状语外，还可以用于动词后作补语。而"于（於）"字介宾结构除了"恶乎"作状语外，一般都只能用于动词后作补语。"之于（於）"不论是用在谓词前还是谓词后，都不能换成"之乎"。如：

（20）人臣之於（*之乎）其君，非有骨肉之亲也。（《韩非子·备内第十七》）

（21）慈母之於（＊之乎）弱子也，务致其福。（《韩非子·解老第二十》）

（22）舜禅天下而传之於（＊之乎）禹。（《韩非子·十过第十》）

（23）简公失之於（＊之乎）田成，晋公失之於（＊之乎）六卿。（《韩非子·喻老第二十一》）

即使用作介词，仍然具有一定的限制性。"乎"前附的动词一般都具有［＋空间］/［＋时间］等语义特征。"乎"的句法位置以句末为主，较少见于句中位置。

《现代汉语词典》（2012）则标出"乎"一用法为"动词后缀"，"作用与'于'相同"。并列出例词"出乎意料、合乎规律、超乎寻常"等。从共时平面来看，"乎"作为介词的用法，基本和"于"相似，一般限定在上述几个有限的习语中，如合乎（于）情理、出乎（于）意料等，"乎"大多作为介素出现，如：

（24）会上，毛泽东这样当众点名批评江青，似乎出乎不少人的意料，但它却是有着一系列深刻的"背景"的。（《1994年报刊精选》，出自CCL语料库）

（25）打入韩日世界杯半决赛的韩国队，上周三在世界杯足球预选赛上出乎意料地被弱旅马尔代夫队0∶0逼平。（《新华社2004年4月新闻报道》，出自CCL语料库）随着介词系统的逐渐发展完善，"乎"的介词功能慢慢衰落，成为一个构词后缀。构成的词或短语有"郁郁乎、迥乎不同、确乎重要"等。

总体来说，先秦到魏晋，介词"于"的使用最广，组配形式最多，可以说是"超级介词"，可以介引多种成分，其中大致在先秦后期，"於"和"于"共存并用，并发展了表示"范围、凭借、关涉对象"等新的用法，同时，随着"在"由动词用法发展到介词用法后，承担了"于"表示静态处所、存在空间/时间的用法。"乎"的用法基本与"于"相同，随着"乎"的位置越来越倾向于词尾和句末，"乎"逐渐演变成为一个语气词以及构词后缀。其中，"于""於""乎"三者关系最密切，用法基本相同，张玉金（2009）就认为它们是同一个词的三种不同形式。而"在"分担了"于"的部分用法，并且有所发展。史冬青（2009）对先秦到魏晋时期"于""在""乎"的方所用法和时间用法进行了比较分析，根据其研究成果，大致列表如下：

例词	于/於		在		自		乎
介引成分	方所	时间	方所	时间	方所	时间	方所
语法意义	所在所从所到	所在起始终点	所在所到终点	所在	所在所从	起始	所在起点终点方向范围
用例	7325	2759	450	82	770	413	446

其中，"乎"介引的范围更大，也更抽象，在战国前期达到顶峰，"乎""于""在"共同构成方所介词系统。"乎"的介词用法至西汉渐渐萎缩，后来仅出现于仿古用法中。这里我们只是对三者的来源及用法进行了简单的勾画，还需要进行深入的挖掘和探索。

2 介词"于"的基本功能

2.1 表示时间和处所

"于"作介词，可介引时间、处所等，当"于X"位于VP前时，作状语，当"于X"位于VP后时，作补语，以书面语体为多。早在甲骨文、金文时期就看到这样的用例，如：

（26）贞：其于六月娩。（《殷墟甲骨刻辞摹释总集》合集116正，姚孝遂主编，1988年中华书局）

（27）丁亥卜，酒升岁于庚寅。（《殷墟甲骨刻辞摹释总集》屯4318，姚孝遂主编，1988年中华书局）

秦汉时期：

（28）物乃岁具，生于冬，次顺四时，卒于冬分。（《史记·历书第四》）

（29）文合曰："悦子之心，愿交欢于今夕。"（《搜神记·贾偶》，马银琴、周广荣译注，2012年中华书局）

宋元时期：

（30）再考宋祖生于丁亥，而建国于庚申。（《南村辍耕录·正统辨》）

现代汉语中，也能见到这样的用例，如：

（31）八路军前方总指挥部于二十三日命令我一一五师向平型关、灵丘间出动。（《漳平人民革命史》，中共漳平市委党史研究室编，1996年北京广播学院出版社）

（32）这所举世闻名的宫殿始建于1156年，它是历代沙皇的皇宫。（《中国少年儿童百科全书（自然·环境）》，林崇德、王德胜主编，1991年浙江教育出版社）

"于 X"介引时间、处所,有的可以在谓语前作状语,起修饰限制作用,也可以在谓语后作补语,起补充说明作用。如:

（33）这本书于上海出版。

（34）这本书出版于上海。

（35）他的爷爷去世于家乡的老宅子里。

（36）他的爷爷于家乡的老宅子里去世。

张赪（2002）论证了"介词+处所"在谓语前表示行为发生的处所,在谓语后表示动作的归结点,但是在上述例子中,可以看到两句的意义基本没有区别。

我们感兴趣的是,说话人为什么会作出这样的选择?我们认为这主要是语用的差异。作为语言交流提供的信息来说,一般是旧信息在前,新信息在后,句末一般就是句子的自然焦点,是说话人要强调和凸显的地方。状语在前的句子,如（33）（36）句,句子的自然焦点是具体的某个动作行为,而补语在后的句子,如（34）（35）句,句子的自然焦点是某个动作行为发生的时间信息。

2.2 表示关涉

介词"于"一般主要是表示时间、处所,但是还有一种用法需要提及,那就是"于"字介宾短语作状语,用在谓语前,表示关涉,当然这也是一种较书面的用法。如:

（37）若干年来,老人于我,如春风拂人,如夏雨润心。我于老人,自觉只是无尽无休的打搅,或曰打扰。（《人民日报》,1995 年 9 月,出自 CCL 语料库）

（38）"舞蹈对于我来说,就像吃饭、睡觉,是自然而然的一件事。"杨丽萍告诉记者。（《新华社 2004 年 4 月份新闻报道》,出自 CCL 语料库）

"于"除了单用表示关涉,还有连用的用法,如"于国于民""于情于理"等,这是在"于 X"单用作状语基础上的结构扩展,我们将在第五章进行专门论述,这里不再展开论述。

3 "于"的分化——从介词、介素到附缀、词缀

从 CCL 的语料检索来看,"于"作为自由介词,充当介引标记的例子越来越少。这也说明,在共时平面上,"于"的独立性越来越弱,必须依附于其他词语才能出现在话语中。根据依附度的高低,有的已经边界融合,成为一个词,如位于、处于等;有的尚未融合,还未成词,通行的词典都没有收入,只是一个句法上组合的短语结构。

双音节的组合形式有建于、生于、优于、好于等；多音节的组合形式有纠缠于、消失于、有望于、甚至于等；"于"的性质也有所不同，分别为介词、词缀、附缀等。如：

（39）朱德，1886年2月1日出生于四川仪陇县李家湾一户佃农之家。（《中华名将》，苑士军编著，1997年中国经济出版社）

（40）福缘门村位于圆明园以南，去那儿租房的大多是周围院校的学生。（《中国北漂艺人生存实录》，卞庆奎著，2005年中国青年出版社）

（41）北京里头，他这个满族也还有不少人家儿，这有满族呢，现在这甚至于这户口单儿上他不写满族，就写汉族，实际上是满族。（《1982年北京话调查资料》，出自CCL语料库）

（42）雪对人类有很大好处。首先是有利于农作物的生长发育。（《中国少年儿童百科全书（自然·环境）》，林崇德、王德胜主编，1991年浙江教育出版社）

汉语研究一般认为语素为最小的音义结合单位。根据位置的不同，成词语素（构形语素）分为"前置虚素""后置虚素"，前者有"在、从、于、与"等，后者有"的、地、得、吧、吗、呢"等。有一类"于"不再具有"介引"作用，只是充当构词语素，主要有"等于""属于"等。

根据郭锡良（1997）的研究，"于"在春秋战国期间就开始向语素虚化了。例如〔转引自郭锡良（1997）〕：

（43）至于子都，天下莫不知其姣也。（《孟子·告子上》）

（44）王不听，于是国人莫敢出言。（《国语·周语上》）

（45）尽羿之道，思天下惟羿为愈己，於是杀羿。（《孟子·离娄下》）

这里的"至于""于是"等，原本是个跨层结构，现位于句首，有转折连接或顺承连接的作用，变成了连词，其中的"于"介引功能已然淡化，成为了构形语素。张谊生（2010）提出区别介词"于"和后缀"于"的主要区别就是"V/A"的黏着度以及"于"的共现度，黏着度、共现度越高，则"于"越趋于词缀化，反之，"于"则为介词。根据"于"所附着的位置，我们将语素"于"分为以下三类：

3.1 前加式

这里的"于"一般作为词缀，位于词根前，也可以称为前词缀，词缀（affix）一般是指失去语法意义、词汇意义的羡余成分（redundancy）。实际上，从语法来说，不存在完全没有语法意义的语法单位，词缀一个重要的作用就是类化。典型的词缀应该随着典型特征的增强，它与前附成分的黏附性应该越来越弱，离析性也越来越弱，有时候变得可有可无。张斌（2010）提出词缀是不成词的语素，包括构词语素和构形语素，前者是词类的标志，后者是名词、动词、形容词这些词类的次范畴。汉语只有构词词缀"阿、子、头、化、可"等。构成的词有"于今、于飞、于是"等。

3.2 居中式

"于"作为中词缀，构成的词有"重归于好、防患于未然、不齿于人、不绝于耳、耿耿于怀、喜形于色、无济于事、无动于衷、幸免于难"等。

3.3 后附式

3.3.1 后词缀

作为后词缀的"于"，主要位于单音节"V/A"后以及少数双音节"VP"后，这里的"于"语法意义虚化，基本只是一个构形单位，"于"作为后词缀，附着在单音节"V/A"后，构成的词大概有这样几类：

粘宾动词：安于　便于　濒于　长于　处于　等于　富于　敢于　甘于　归于　基于　急于　乐于　忙于　难于　苦于　期于　勤于　善于　适于　属于　位于　限于　陷于　易于　勇于　囿于　寓于　在于　忠于

副词：过于　终于

介词：对于　关于　基于　鉴于　由于　至于

连词：鉴于（连介兼类）　由于（连介兼类）　至于[①]

"于"附着在双音节"VP"后，构成的词有不至于、甚至于、不亚于、习惯于、有利于。

3.3.2 后附缀

张斌（2010）指出，严格意义上的介词和词缀"于"都是少量的，绝大多数演化中的类后缀"于"，其实是处于介词和词缀之间的后附缀（clitic），只是占据一个词法位置，可以删去，不影响词语的句法功能。张谊生（2013）提到"附缀"是指"在句法上有相应地位，语音上失去独立性"。根据前附宿主的不同，这样的 X（于）有：

---

① 张斌（2002）、张谊生（2009）等认为"至于"也是连介兼类词。

1）后附形容词类

这里的形容词主要为两类，一类为涉及对象成分的形容词（热心、痛心、专心、伤心、惊奇、惊疑、惊异、惊骇、淡漠、忠诚、忠实、痛苦、难受、难过、快乐、高兴、兴奋、适宜、适用等），这类词一般具有［＋静态］［＋关涉对象］等语义特征，一般需用前置介词"对"或用后置介词"于"介引对象，随着语用表达或韵律和谐的需要，"于"就脱落了。另一类为表示异同关系的形容词（迥异、不同、相异、相似、等同、类似等）。这类词一般具有［＋静态］［＋比较对象］等语义特征，句法上一般用连词"与""和"连接比较对象，但是也出现用后置词"于"引出比较对象的。

2）后附动词类

根据组合方式的不同，构成的双音节单纯词主要有"辗转、徘徊、蜿蜒"等，构成的双音节合成词一般有"隐现、游离、出没、出入、纵横、贯穿、来往、栽植、造福、服务、钟情、寄情、移情、献身、投身、丧身、埋头、成名、得益、取材、取名、取信、有恩、有惠、任职、任教、起兵、起事、执教、就读、避难、会师、失信、垂青、垂涎、有罪、有愧、加害、让位、让权、让利"等。

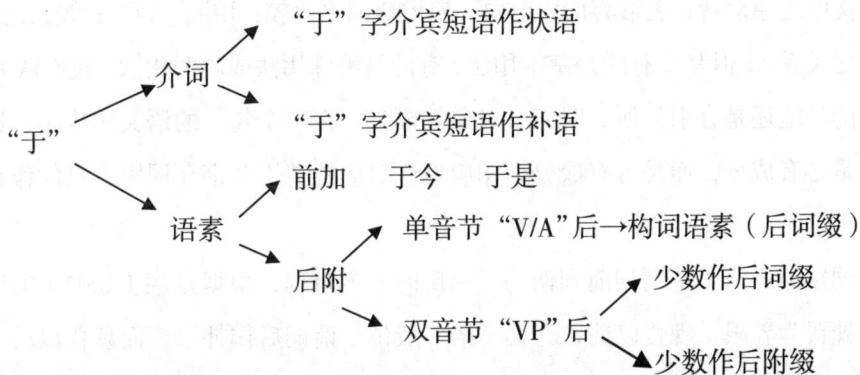

"于"的性质演化图

4 "于"的句法功能

4.1 介引功能

一般认为，典型介词的基本功能为附着定位、不能单用、不作谓语。其中，附着定位是指在任何情况下，介词都必须位于介词宾语的前面，介词宾语不能外移或省略。

就"于"来说，也具有这样的特点。例如：

（46）会后，他继续任中革军委主席、中国工农红军总司令。后摆脱了国民党军的围追堵截，于6月同第四方面军会师。（《十大元帅》，姚有志主编，2009年湖南人民出版社）

（46'）★会后，他继续任中革军委主席、中国工农红军总司令。后摆脱了国民党军的围追堵截，6月，于同第四方面军会师。

（46″）★会后，他继续任中革军委主席、中国工农红军总司令。后摆脱了国民党军的围追堵截，于［ ］同第四方面军会师。

所谓"不作谓语"是指任何一个介词都不能独立作为句子的谓语中心，而是以介词短语的形式充当状语、补语、定语等。介词"于"也不能作为谓语，而"于"字短语一般都是充当状语、补语。这跟"于"的介引功能有关，虽然时贤对介词"于"的介引成分进行了充分的研究，杨树达（2007）在《高等国文法》里甚至认为"于"有16种用法（介动作之对象；介动作之所从；介动作所在之地；介动作之归趋；介所为；介所据；介"在……中"之义；介所在之地位；介动作之时间；表"至""到"之义；表被动文中之原动者；表形容词之对象；表形容词之比较；用同"以"；表人之意旨；表两方之关系），但其实有的是基本用法，有的是特殊用法或临时用法，我们认为"于"最主要的功能还是介引处所、时间、对象等成分。在一个句子的语义构成中，这些一般都不是必有成分，而是可有成分，相应地，对应的"于"字介词短语只能作状语、补语等。

介词短语经历了从谓词前到谓词后的历时发展过程，根据张赪（2002）的研究，大约以魏晋为界限，魏晋以前，介词短语一般位于谓词后作补语，而魏晋以后，介词短语一般位于谓词前作状语，而且这一语法沿用至今。但是，根据我们的语料检索及分析，对于"于"来说，并不符合这样的语序原则，大多还是位于谓语动词后，充当补语，而介词"在""从""自"等，则大抵符合上述的结论。一方面从语料的检索上可以反映出来；另一方面，从这几个介素和其他语素组合成词的数量上也大致可以作出证明。"X于""在X""从X""自X"等构词较多，而对应的"于X""X在""X从""X自"等相对较少。

4.2 赋元功能

刘丹青（2004）提到，直接格（主宾格）不需要另外的赋元手段，这些位置上的题元称为直接题元，而大多数间接格位置上（处所、来源、工具等）的题元，需要专门的标记来表示，这些题元称为间接题元，赋予间接题元的虚词，就称为语法上的介词。从题元理论来说，每一个功能词都有赋元功能，但有一定的限制。"于"能够标示大多数 V–N 关系，如处所格、源点格、目标格、时间格、比较格、伴随格等，但是不能标示宾格、工具格、受益格等。这一点比较有意思。而"把""以""用""被"等介词则可以赋元宾格："把"表示对宾语的处置；"以""用"则表示宾语是作为工具用的；"被"则表示其名词是施事。如：

（47）洗完了呢，就是把那个裹好了，按你们说就是裹啦，按实际上就是，就是，来包。（《1982 年北京话调查资料》，出自 CCL 语料库）

（48）10 月 10 日，朱德与彭德怀以正副总司令的名义发表了毛泽东起草的《中国人民解放军宣言》。（《十大元帅》，姚有志主编，2009 年湖南人民出版社）

（49）彭德怀坚持战斗在最前线，顶住了日寇的进攻，用鲜血保卫了根据地，并迎来了抗日战争的胜利。（《十大元帅》，姚有志主编，2009 年湖南人民出版社）

（50）大小子，在在良乡那儿那儿，那儿因为给干工作呀，被机器给砸了，砸了。（《1982 年北京话调查资料》，出自 CCL 语料库）

为什么会有这样的赋元限制？这应该还是和介词"于"的虚化途径有关系，郭锡良（1997）认为"于"是在"动词/动宾＋于＋处所名词"的句法环境中演变为介词的，"于"用在往义动词之后，"于"的运动方向与动词方向一致，"于"还是动词；"于"用在"入""来""至"等来至义动词之后，"于"的运动方向与动词方向相反，作为连动结构，第二个动词"于"容易发生虚化，"于"的动词义渐弱，介引的功能渐强，经过一定的使用频率以后，"于"就演变为介词了。如〔转引自郭锡良（1997）〕：

（51）丁卯卜，争贞：王往，于敦，不左？（《殷墟甲骨刻辞摹释总集》合集7945，姚孝遂主编，1988 年中华书局）

（52）贞：王往，出，于敦？贞：王弗往，出，于敦？（《殷墟甲骨刻辞摹释总集》合集 7943，姚孝遂主编，1988 年中华书局）

（53）辛酉卜，壳贞，今二月王入于商？（《殷墟甲骨刻辞摹释总集》合集

7774，姚孝遂主编，1988 年中华书局）

（54）贞：方其来于沚？（《殷墟甲骨刻辞摹释总集》合集 6728，姚孝遂主编，1988 年中华书局）

（51）（52）两句中，"于" 在 "往""出" 等动词后，"于" 还是动词；（53）（54）两句中，"于" 在 "入""来" 等动词后，因为动作方向的不同，"于" 已经演变为介词。我们发现，当 "于" 原来的词汇意义逐渐虚化后，"于" 就可以前附于动词后，构成粘宾动词，就可以赋元宾格了。下面两例中的 "属于""疲于" 就分别对宾格 "房山县""奔命" 进行了赋元。

（55）这个电业铸造厂，就在咱们那北京市郊区，房山县，属于房山县，他们一家子都在那，儿媳妇儿儿子都在那儿。（《1982 年北京话调查资料》，出自 CCL 语料库）

（56）临江（在吉林南部）战役南北呼应，使国民党军首尾不能兼顾，疲于奔命，陷入被动。（《十大元帅》，姚有志主编，2009 年湖南人民出版社）

4.3 构词功能

"于" 丧失了介引功能，成为附缀、词缀以后，"于" 就没有了任何的语法意义，主要是在词法上充当构成音节的作用。从形式上看，有的构成双音节词汇；有的构成多音节词汇。从位置上看，有的居于宿主前，如于是、于今、于飞等；有的居于宿主后，如过于、终于、由于等。刘红妮（2009）分析了 "终于" 的词汇化历程后，认为正是动词 "终" 和介词 "于" 的去范畴化促使了连词 "终于" 的形成，这里介词 "于" 的 "去范畴化"，也就是 "于" 在一定语篇条件下脱离其介词的语义和句法特征的过程，也就是不具备了介引功能，在其他的 "X 于" 词汇化过程中，一般也是遵循这样的规律。但为什么 "于" 在表层还要存在呢？我们认为这里主要的原因是单音节宿主的存在。在 "X+于" 结构中，宿主 "X" 的音节数对 "于" 的存废有重要的影响。因为汉语的标准音步是双音节以及双音节的倍数形式[冯胜利（2005）]，当 "X" 为单音节时，"X+于" 易形成一个稳定的标准音步。刘红妮（2009）还对构成不同词类 "X 于" 的原因进行了分析：主要是词汇化的程度高低不同。一般来说，按照词汇化的程度排列是：动词<副词<介词／连词。

当然，"于" 原有的语义、句法特征也对其合成音节具有一定的制约作用，这一点可以和另外一个介引标记"在"作比较。介词"在"主要介引时间、处所、范围、条件等，"在+X"成词的比较多，有"在案、在编、在册、在场、在朝、在读、在行、在乎、在即、在家、在建、在教、在理、在内、在聘、在谱、在世、在逃、在位、在下、在望、在握、在意、在押、在于"等，"X+在"成词的只有"存在、好在"等有限的几个词。"在"的使用历史也很悠久，有动词、介词的用法，它的虚化程度没有"于"高，导致"在"字组合结构词汇化时，对"X"的选择限制较多，一般要求具有较强的[+存在][+范围][+空间]等语义特征。同时也可以看到，"于在""好于""存于"等形式，或者不存在，或者没有成词。

4.4 "于"功能分化的原因

张振亚（2003）根据是否以"于"为中心点进行句式转换、"于"是否可以省略，将"于"分为语法介词、语法语缀、语感介词、语感语缀。他进而分析了介词"于"发展为词缀的两大原因：一是双音化的大趋势；二是"于"前附的动词、形容词在词义上，都有较强的指向性和具体性，是组合上的成分的强势语言，构成了取消介词"于"语法意义、词汇意义的前提和基础。谢雯瑾（2008）也提到在先秦汉语中，"于"的前附成分具有方向性。我们认为介词"于"功能分化的原因主要有以下两点。

4.4.1 介词"于"过度使用到功能弱化

根据洪波（1988）、李英哲（2001）、史冬青（2009）等人的研究，上古前期，常用的介词仅限于"于""在""以""用""由""自"等少数几个，其中"于"的意义最宽泛，使用范围最广，功能最多，被大量地、广泛地使用。洪波（1988）对"于"的动词、介词关系及各项介词用法之间的关系进行了梳理，大致呈现出这样的特点：

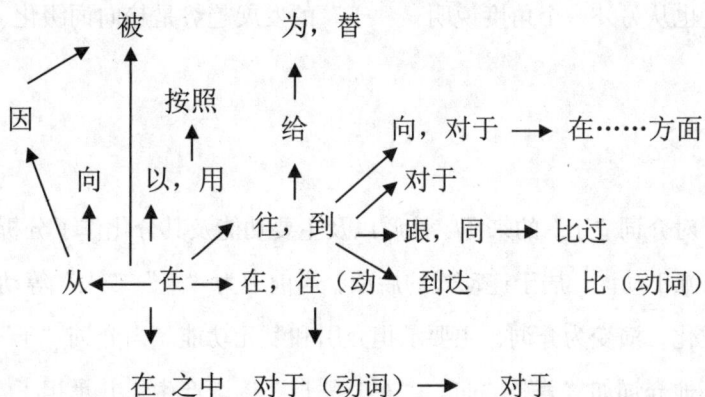

从中可以看出，"于"的语法意义繁多，使用频率远远高于其他介词，属于过度使用状态，李英哲（2001）称之为"通用"（general）介词。到了两汉魏晋时期，除了沿用上述介词以外，还出现了"著""向""就""临""及""到"等更多的介词，在使用频率上，"在"的频率急剧上升，据史冬青（2009）的统计，仅就表示"所在"，"于"就由上古时期的90%下降到60%，而"在"则由《左传》中的3.04%上升到30%。这里一方面是因为汉语介词系统的不断丰富和完善，李先银（2010）提到，随着语言形式化和范畴化的发展，尤其像起点—终点等语义范畴的建立，就必然要求产生新的介词，如"在、自、从"等，分担"于"的句法功能；另一方面是语言使用者不断求新求变的结果。及唐宋、明清后，"于"的使用空间不断压缩，功能渐趋单一，主要集中在表示处所、时间等；到了现当代，"于"单独表示处所、时间的更少，大多和一定范围的动词构成组合形式，共同表示这样的语法意义，少数作为附缀、词缀等形式存在。组配形式的减少，就必然促使"于"的介引功能弱化。

4.4.2 双音节的韵律促动

根据联系项居中原则，介词"于"居于动词和名词之间，起介引作用。结合"于"字介词短语的历时发展情况，其位置经历了居于谓词前或谓词后并存到主要居于谓词后的改变，这样的后果，必然导致介词短语的前项（介词"于"）经常与谓语核心的谓词"X"（动词或形容词）长期并列使用。虽然这是一个动介组合的跨层结构，但是在重新分析、隐喻等机制下，在双音节的韵律促动下，部分跨层结构发生词汇化，成为一个词汇，一些位于单音节谓词后的"于"也就从句法成分发展成为一个词内成分，而另一些位于双音节谓词后的"于"也就从句法成分发展成为一个附缀，乃至脱落。通过对当代语料的检索也可以发现，在口语中，已经极少出现独立使用介词"于"的例子了，这也从另外一个角度说明，"于"的发展趋势是趋向词缀化、附缀化、零形化的。

本章小结

本章主要对介词"于"的来源、性质以及主要功能及其分化作了分析，根据研究，介词"于"来源于动词，居于连动式的后项，当前项为"来""入"等动词时，"于"逐渐发生了虚化，演变为介词，主要承担介引和赋元功能。当介词"于"介引功能过于宽泛时，其他介词如"著""向""在""自"逐渐产生，并承担了"于"的部分介引功能。在不同的词法环境中，"于"分别虚化为词缀、附缀等：位于单音节"V/A"后以及少数双音节"VP"后，"于"虚化为后词缀；位于部分双音节"VP"后（"扎根"类），"于"虚化为后附缀；在一定的条件下，"于"可以脱落，成为零形式。

第三章 介词"于"的介引功能

"于"作为介词，主要介引处所、时间、对象等成分，大多依附于谓词后，共同引出支配的成分。作为单个的介词"于"，还可以介引比较对象、动作的施事、关联对象等，这些用法都来源于先秦，有的现在还在一定范围内使用，有的基本不再使用，这些可以视作"于"的非典型介引功能。本章主要考察"于"非典型介引功能的来源和发展，从而帮助我们更全面地认识"于"的特征以及其在汉语介词系统中的地位。

1 介词"于"介引比较对象

1.1 介词"于"介引比较对象的来源

马建忠（1898）论及古代汉语的比较范畴时，将其分为三类：平比、极比和差比。其中"差比"的例子即为"于"字比较句——"凡人心险于山川"。一般认为古代汉语通行的比较格式是"于"字句，而"比"字句则是汉魏六朝以后兴起的［黄晓惠（1992）］。郭锡良（1997）认为，春秋战国时期，当"于"用在形容词后时，产生了引进比较对象的用法，这是介词"于"的一大发展。如［转引自郭锡良（1997）］：

（1）聚其族焉而居之，富于其旧。（《左传·襄公二十八年》）

（2）天下莫大于秋毫之末，而大山为小。（《庄子·齐物论》）

（3）王如知此，则无望民之多于邻国也。（《孟子·梁惠王上》）

洪波（2010）认为，"于"作动词时，有"到达""在""比"义（由"到达"义引申而来），进而虚化出一系列介词用法。如：

（4）《太誓》曰："我武惟扬，侵于之疆，则取于残，杀伐用张，于汤有光。"（《孟子·滕文公下》）

洪波（2010）认为，"于"作"过""比"的用法，来源于动词"比"的虚化，这里是程度上的比较，比较对象和比较内容都出现了。当"于"引进比较的对象时，"于"

作 "比、过" 义或 "跟、和、同" 义，谓语中心词有两类：动词、形容词。当 "于" 前的谓语中心词为动词时，动词一般为 "比" "异" "同" 等表示异同类的动词，"于" 作 "跟、和" 义，例如：①

（5）曹操比於袁绍，则名微而众寡。（《三国志·蜀书·诸葛亮传》）

（6）此二君者异於子干。（《左传·昭公十三年》）

（7）人同於己则可，不同於己，虽善不善。（《庄子·渔父》）

当 "于" 前的谓语中心词为形容词时，形容词多为表示性状或特征的词，"于" 作 "比、过" 义，例如：

（8）季氏富於周公。（《论语·先进》）

（9）青，取之於蓝而胜於蓝。②（《荀子·劝学》）

这里我们赞同郭锡良（1997）的分析，"于" 字比较句的形成，应该是在 "V+于+处所" 句法环境中完成的。一般认为，最常用的句型也最稳固，也最容易类推、扩散。当谓词由动词扩展到形容词，介词宾语由处所扩展到人物、对象时，"于" 字比较句就形成了。

1.2　"于" 的功能及 "于" 字比较句的发展

1.2.1　"于" 的功能

杨伯峻、何乐士（1992）认为表示比较是形容词谓语句的作用之一，我们不认同这样的处理。胡斌彬（2009，2010）对先秦汉语的 "于" 字比较句进行了较全面的研究，他认为 "于" 字比较句并不只表示 "差比"，还表示同比、异比、平比、极比、比拟等。我们认为是这样的，"于" 最本质的功能就是介引比较对象。其实比较句不同的比较意义是由比较模式 "XW于Y" 中 "W" 的语义决定的，当 "W" 为 "同、异、等、类" 等词时，"于" 字比较句表示 "非差比" 义；当 "W" 为 "大、小、红、长、短、强、弱、轻、重、先、后、速、贤、多" 等性质的形容词时，"于" 字比较句表示 "差比" 义，如：

（10）"韩华" 们的另一个热门行业是中医药业。他们自己称汉医，韩国人则认为是韩民族本身的医药事业，称这是异于西医的 "韩医"。（《新华社2004年3月

---

① 如前所述，我们认为 "於" "于" 是古今用法的差异，这里不再对 "於" "于" 加以区分。
② "取之於蓝" 的 "於" 应该为介引处所，表示 "从" "自" 义。

份新闻报道》，出自 CCL 语料库）

（11）那时的市上，完全充满了一种<u>类于</u>猫屎的难闻的气味，而小贩们的连呼"榴梿""榴梿"的呼声，也是充斥得满街满巷。（《椰子与榴莲》，许杰著，1994 年河北教育出版社）

（12）他们说英国有雄厚的力量，认为日寇不敢<u>轻于</u>向他们挑衅。[《文史资料精选（第 10 册）》，《文史资料选辑》编辑部编，1990 年中国文史出版社]

（13）尽管 2003 年淮河洪水量级<u>大于</u>1991 年，汛情<u>重于</u>1991 年，但灾情<u>轻于</u>1991 年，抗灾投入<u>少于</u>1991 年，灾害造成的损失<u>小于</u>1991 年。（《新华社 2004 年新闻报道》，出自 CCL 语料库）

按照一般的理解，上述（10）（11）句是平比，（12）（13）句是差比，但是在我们看来，这里的类别与谓词的语义有关，而非"于"的功能，"于"的核心功能就是介引比较对象。

1.2.2 "于" 字比较句的发展

黄晓惠（1992）指出，古代汉语差比句形式有 XW 于 / 如 Y 与 X 比 YW 等句法表现形式，两者基本呈互补分布状态。前者的"W"主要为形容词，表示差比；而后者的"W"主要为动词，可以表示平比、极比、差比。"于"字比较句通行于上古，明代衰减，清代渐趋衰落。而"比"字比较句崛起于汉魏六朝，金、元时，使用频率超越"于"字句；明、清时，占据比较句的主流。具体情况见下表[转引自黄晓惠（1992）]：

资料年代	各句式	XW 于 Y		XW 如 Y		X 比 YW	
		次	%	次	%	次	%
六朝、唐	194	132	68.1	28	14.4	34	17.5
宋	53	26	49.1	11	20.7	16	30.2
金、元	118	4	3.4	72	61	42	35.6
明	134	2	1.5	47	35.1	85	63.4
清	368	5	1.3	23	6.3	340	92.4

由上表也可以看出，自清以后，"比"字句——"X 比 YW"成了使用最广泛的比较句形式。"于"字比较句和"比"字句的此消彼长，和其本身具有的一些局限性是密切相关的：

a. 语义上的局限

"于"字比较句既可以表示人、物、事件等不同对象之间的比较，也可以表示同一对象在不同时间、地点上的差别，这样的话可能会造成多义或歧义理解，不利于交流的进行。

b. 语法上的局限

"于"字比较句的比较项只是一部分单音节性质形容词，动词、双音节形容词都不能作为比较项出现，动作行为、状态好坏等区别都无法比较，无法涵盖更多的表义内容，满足不了人们精细表达的需求，而"比"字句这方面的适用范围则大得多。如：

（14）这不是赵雅芝吗，多年不见，我差点没认出她。赵雅芝<u>比</u>以前成熟多了，浑身上下透着一股少妇的风韵。（《中国北漂艺人生存实录》，卞庆奎著，2005 年中国青年出版社）

（15）写这封信的那双手，是<u>比</u>这信纸还要洁白的。（《威尼斯商人》，威廉·莎士比亚著，朱生豪译，2016 年人民文学出版社）

c. 语用上的局限

一般来说，比较句中，说话人应该重在比较的结果，重在比较的区别，听话人关注的也是不同点。所以句子的自然焦点应该在句末。但是"于"字比较句的句末自然焦点是比较对象，这样的话，在与"比"字比较句的竞争中，自然处于劣势，所以就日渐衰落了。

（16）他过去也是一位群众演员，但他的运气<u>比</u>我好，只跑了一年多的龙套，就让一位导演看上了，如今在影视圈也算是个有些名气的演员了。（《中国北漂艺人生存实录》，卞庆奎著，2005 年中国青年出版社）

（17）尽管 2003 年全省供电情况好<u>于</u>上年，但枯水期电力需求缺口达到 250 万千瓦，拉闸限电时有发生。（《新华社 2004 年 1 月份新闻报道》，出自 CCL 语料库）

上述（16）（17）句，比较结果都是"好"，但（16）句的自然焦点在"好"上，而（17）句的自然焦点落在比较对象"上年"上，如果想要重点表达比较结果"好"，只有通过重读，将其变为对比焦点。

胡斌彬（2009）提到，"于"字比较句在现代汉语中仍有存留，W 主要限于单音节形容词，一般用来表达异同比较（同于、等于、异于、大于、小于等）以及比较单纯的差比意义。语用上凸显比较后项 Y。"于"字比较句仍然具有一定的生命力。现在偶见于书面语体中，"于"和前附的几个形容词（"优、大、红、不亚"等）由于使用频率的关系，还形成了"莫过于""不亚于"等短语词形式，有人也认为是"于"字比较句的否定形式，如：

（18）李重申说，在敦煌保存的诸多弓箭文化资料中，最精彩的莫过于莫高窟 290 窟窟顶的 "佛传故事" 画第六十二幅。（《新华社 2004 年 5 月份新闻报道》，出自 CCL 语料库）

（19）今天农村税费改革的意义，不亚于 "大包干"，我们必须认识到这件事的重大意义。（《中国农民调查》，陈桂棣、春桃著，2004 年人民文学出版社）

2　介词 "于" 介引施事角色

介词 "于" 主要承担介引功能，但介引的对象多数都是句子所陈述事件的参与者，从配价来说，属于可有成分，但这里的 "于" 所介引的对象是施事角色，一般都是动作行为执行者，属于必有成分，具有一定的特殊性，同时这一用法也具有阶段性。在现代汉语中，基本很少出现。

2.1　"于" 表示被动的来源

郭锡良（1997）提到，在甲骨文中，"于" 可以用在 "受事＋动词＋于＋名词" 句法环境中，如［转引自郭锡良（1997）］：

（20）三百羌用于丁。（《殷墟甲骨刻辞摹释总集》合集 295，姚孝遂主编，1988 年中华书局）

（21）丙寅卜，亘贞：王赋多屯，若于下上？（《殷墟甲骨刻辞摹释总集》合集 808 正，姚孝遂主编，1988 年中华书局）

（22）贞：王赋多屯，不左，若于下上？（《殷墟甲骨刻辞摹释总集》合集 809 正，姚孝遂主编，1988 年中华书局）

但是他也提出，（20）句中 "于" 引进的是受益者，（21）（22）句引进的是范围，"于" 字句还不能算真正的被动句。王力（2004）认为，汉语真正的被动式出现在春秋以后，这一点成为大家的共识。洪波（2010）认为介词 "于" 表示被动可能有三个方面的来源：

1）由介引处所的用法引申而来。

当 "于" 介引处所时，动词很复杂。一部分动词本身和主语就存在受动关系。如：

（23）寡君闻君亲举玉趾，将辱于敝邑。（《左传·僖公二十六年》）

这里的 "辱" "君" 即是受动关系，"于" 字句自然就变成了被动句。当 "于" 后介引的名词有 "处所" 或 "人物" 两解时，有时就会存在歧义现象，这也可以理解成 "于"

处于由 "在" 义向 "被" 义转化的过渡阶段。如：

（24）天下之恶一也，恶于宋而保于我，保之何补？（《左传·庄公十二年》）

2）由介引事物领有者或存在处的用法引申而来。

"获得" 义动词不光可以带名词性宾语，也可以带动词性宾语。当它带动词性宾语时，动作和主语便构成受动关系。如：

（25）取陵於大国。（《左传·昭公十六年》）

（26）灌夫受辱于居室。（《汉书·司马迁传》）

3）由介引原因或凭借的用法引申而来。

洪波还认为 "于" 的被动用法也可能来源下列的两处用法：

（27）莫敖狃于蒲骚之役，将自用也。（《左传·桓公十三年》）

（28）曰："异哉！吾闻之也：'辩而不德，必加于戮。'"（《左传·襄公二十九年》）

（27）句中的 "于" 有 "因" "被" 两解，而（28）句中的 "于" 也有 "以" "被" 两解。我们认为前两个来源有一定的道理，当 "于" 后为 "人物" 或 "机构" 类处所名词且可以施与一定的动作行为时，"于" 表示被动，而第三个来源是以今义来猜度旧的用法，存在一定的缺陷。

2.2 "于" 的作用及发展

2.2.1 "于" 在被动式中的作用

a. 介引施事成分。这里的施事成分一般为发出动作行为的人物。如：

（29）通者常制人，穷者常制于人。（《荀子·荣辱》）

（30）劳心者治人，劳力者治于人。（《孟子·滕文公上》）

上述所举句中，前句为主动宾，后句为主动 "于" 宾，但语义关系却是相反的，前句为施事—受事，后句为受事—施事，由此也可以证明 "于" 的语义特征为 [＋被动]，"于" 介引的是施事成分。

b. 引出动作行为的事物。如：

（31）郤克伤于矢，流血及屦。（《左传·成公二年》）

c. 引出动作行为发生的空间。如：

（32）及寡人之身，东败于齐……南辱于楚。（《孟子·梁惠文章句上》）

d. 有时动词前还有 "受" "见" 等字和它相呼应，共同表示被动意义。如：

（33）而智勇多困于所溺。（《新五代史·伶官传序》）

（34）臣诚恐见欺于王而负赵。（《史记·廉颇蔺相如列传》）

2.2.2 "于" 字被动句的发展

唐珏明、周锡复（1985）研究发现，先秦汉语被动式发展层次分明，呈现出由单一向多样的趋势，"于" 字最早出现，最占优势，其次是 "为" 字式、"见" 字式，最后是各种综合型的被动式以及 "被" 字式。根据曹凤霞（2012）的统计，春秋战国时期的 "于" 字句 15117 例，标记为被动句的有 644 例，其中 "于" 字被动句 410 例，虽然仅占 "于" 字句总量的 2.7%，但是占标记被动句的比例为 64%，具有绝对优势。由此可见，"于" 字被动句在汉语早期是居于绝对主流地位的。同时还存在 "见、为、见……于" 等形式，自汉代以后，常见的被动句标记主要就是 "为、被" 等，"于" 字被动句渐趋衰落。"于" 字被动句大致的发展脉络如下：

盛行阶段（春秋战国时期）→ 并行阶段（先秦西汉时期）→ 衰落阶段（东汉以后）

现在，"于" 字被动句只是偶见于书面语体中。如：

（35）不乱于心，不困于情。不畏将来，不念过往。如此，安好。（《丰子恺：不宠无惊过一生》，丰子恺著，2016 年浙江文艺出版社）

（36）在于指出它是不束缚于任何特定的存在的，不束缚于一般存在的任何个别性的，并且不束缚于生命的。这表明过程是一个双重的行动。（《精神现象学》，黑格尔著，贺麟、王玖兴译，2011 年商务印书馆）

3 介词 "于" 介引关联对象

在汉语中，常常存在 "A 之于 B" 的形式，如 "公之于众、告之于民、取之于民用之于民"，也有 "鱼之于水、民之于君" 等，因为前者相当于合音词 "诸"，用法比较单一，我们这里主要对后者 "N 之于 N" 的 "之于" 进行研究。关于 "之于" 句中 "于" 的功能，时贤的观点主要有三种：动词说；介词说；组合结构成分说。我们简单列举如下：

a. 动词说

以马建忠为代表，100 多年前他就在《马氏文通》中提出："'之于' 二字，即所以申其对待之义，而用若读之坐动者然。"宋绍年（2004）认为，其实这里指的是 "于" 字用作 "坐动"，即充当谓语核心的动词，"于" 字可解释为动词 "对待"。整个 "之于"结构，可以码化为"起词+之+动宾短语"。陈仕益（2008）对此也有类似的阐述。

b.介词说

以王力为代表，王力先生在《古代汉语》里指出，有时候，不是在主语、谓语间用"之"字，而是在主语、"于"字介宾词组间用"之"字。也就是"主语+之+'于'字介宾词组"。楚永安（1986）、许仰民（2001）在此基础上，进行了更详细的分析和研究。他们认为"之于"结构主要作主语，有时还作谓语和宾语。

c.组合结构成分说

也就是吕叔湘所说的"组合式词结的极端活用"，"把谓语的补词提出，用'之'字和主语合成组合式词语。简单来说，也就是话题移位"。

d.介引关联对象说

袁本良（2002）认为"X之于Y"体现的是"X""Y"两个语义成分之间的关系，整个话语结构的主题定位在事物与事物之间的联系上，说话人重在就两者之间的联系进行评述，发表意见。李英哲（2004）认为，虽然在古代语料中，"于"可以表示"关联、指向、像、是、存在、位于、有、到、从、被"等意义，但最基本的定义是"关联、指向"，其他的意义是在不同语境中产生的。我们认为两位先生的观察是有一定道理的，《现代汉语词典》（2012）对"关联"的定义为：事物相互之间发生牵连和影响。我们认为这里的"于"主要承担的应该是介引关联对象功能。"之于"句的后续部分主要就是对"于"所介引的关联对象之间的关系进行评述，如：

（37）黄土与黄金之于农民，孰重？中国新一届政府自有一杆秤。（《新华社2004年3月份新闻报道》，出自CCL语料库）

（38）他说："黄土之于科学家就像是钢琴之于音乐家。音乐家用钢琴谱出美妙的音乐，科学家在黄土上不断取得创新和超越。"（《新华社2004年2月份新闻报道》，出自CCL语料库）

（39）雪山之于人类，或许只是一种能够欣赏和翻越的美景。（《新华社2004年4月份新闻报道》，出自CCL语料库）

（37）（38）（39）句都着力于"黄土、黄金—农民""黄土—科学家""雪山—人类"之间的联系，进行进一步的阐述。当然这里后续的阐述有比拟，也有转折等。

3.1 "之于"的形成及"之"的功能

3.1.1 "之于"的形成

张国光（1998）提到"之于"句的源头时，认为："之与"是"与"的加强式，"于"犹"与"也。所以"X之与Y"也可写作"X之于Y"。其认为存在两个"X之于Y"，其中一个是施事句"X之于Y"，"于"作"在，存在"义，如：

（40）朔于敝邑，亚大夫也。（《左传·昭公七年》）

（41）孙子之于卫也，位在上卿。（《左传·成公三年》）

张文认为两句是同类的，（41）句"之于"句，是（40）句"于"字句的加强形式，而另外一个是主题句"X之于Y"，"于"作"对待，对于"义，我们认为理解为"关联"更为合适。如：

（42）君子之于天下也，无适也，无莫也，义之与比。（《论语·里仁》）

（43）知其说者之于天下也，其如示诸斯乎？（《论语·八佾》）

（44）人之于天也。以道受命。于人也。以言受命。（《春秋谷梁传·庄公》）

这里也就是吕叔湘所说的"组合式词结的极端活用""把谓语的补词提出，用'之'字和主语合成组合式词语。简单来说，也就是话题移位"。现在，仍然常见到类似的句子，如：

（45）黯然伤怀来自于大师本身具有的艺术地标性价值。这一点恰如迎客松之于黄山，园林之于苏州，标志着那个领域鲜明的风格。（《新华社2004年6月份新闻报道》，出自CCL语料库）

（46）同时我们也明白，100之于4000，只是一个零头，100这个数字还很小。（《中国少年儿童百科全书》，林崇德、王德胜主编，1991年浙江教育出版社）

我们认为吕先生的观点是正确的，"之于"句的形成应该是语用的用法体现在语法上，说话人把要凸显的内容，通过"之于"的句法手段提前，然后展开评述。

3.1.2 "之于"句中"之"的功能

大致说来，大家对"之"的功能主要的认识有：

a. 改变句子结构

王力（1956）认为介词"之"可以把句子结构变为仿语结构（短语）。如：君子之至于斯也，吾未尝不得见也。"至于斯"是个仿语结构，"君子至于斯"是个句子结构。"之"插入主语、谓语之间后，"君子之至于斯"又成为仿语结构。具体到"之于"句中，如果谓语结构没有动词，则在"之"后插入"于"字介宾短语，作为解释、说明的对象，如［转引自王力（1956）］：

（47）君子之于天下也，无适也，无莫也。（《论语·里仁》）

（48）寡人之于国也，尽心焉耳矣。（《孟子·梁惠王上》）

（49）孔丘之于至人，其未邪？（《庄子·德充符》）

b. 加强语气

张国光认为："之于"是个组合结构，"于 Y"为动词短语，"X 之于 Y"是"X 于 Y"的加强式，"之"也即是加强标记。如：

（50）人主之于人也，或有所知而听之。（《韩非子·人主第五十二》）

（51）人主于人，有所智而听之。（《韩非子·孤愤第十一》）

相较于（51）句，（50）句"之于"小句后，还可以添加判断句式"也"，与其加强语气相和谐。

c. 舒缓语气

对于用于主谓之间的"之"字，不少人认为是个"语气助词"，可用可不用，主要的作用是舒缓语气，调谐音节。林海权（2010）提到，"之"字也可以在"为"字介宾词组后、及物动词谓语前，构成"为……之＋所＋谓语"格式。如：

（52）悲仁人之尽节兮，反为小人之所贼。（《楚辞·惜誓》）

（53）天欲义而恶不义。然则率天下之百姓，以从事于义，则我乃为天之所欲也。（《墨子·天志上》）

同样的，"于"字介宾结构前的"之"也有舒缓语气的作用，也可以不用，如：

（54）口之于味也，有同耆也。（《孟子·告子上》）

（55）始吾于人也，听其言而信其行；今吾于人也，听其言而观其行。（《论语·公冶长》）

我们通过比较（54）（55）句可以发现，前句相对来说，给人的感觉是语气比较平和、舒缓。

3.2 "之于"句的功能与发展

3.2.1 "X 之于 Y" 句的语义功能

袁本良（2002）提出，"X 之于 Y"表现出来的是事物联系态之间的语义关系，以不同事物或同一事物的不同方面相互之间联系为核心的语义结构。"X 之于 Y"的位置可以居于句首，可以位于后段小句，有时也可后附判断句标记"也"，"X 之于 Y 也"，以加强判断、强调语气，如［转引自袁本良（2002）］：

（56）夫仁人之于兄弟，无臧怒，无宿怨，厚亲爱而已。（《汉书·贾邹枚路传第二十一》）

（57）上之于下，如保赤子。（《荀子·王霸》）

（58）私家之富，若田氏之于齐也。（《史记·李斯列传第二十七》）

（59）天子贤圣之君，犹慈父之于孝子也。（《后汉书·郑范陈贾张列传第二十六》）我们发现，在当代语料中，"X 之于 Y"以前段小句为多，作为话题，成为后续小句评议的中心，如：

（60）圣诞之于英国人，犹如春节之于中国人，是一年中最隆重的节日。（《新华社 2004 年 12 月份新闻报道》，出自 CCL 语料库）

（61）河南之于中国，如中国之于世界。（《1994 年报刊精选》，出自 CCL 语料库）

（62）巴特勒质疑生理性别作为自然事实先于文化建构的社会性别存在，她说："社会性别之于文化并不像生理性别之于自然。"（《女性主义》，李银河著，2021 年江苏凤凰文艺出版社）

3.2.2 "之于" 的语用功能

在句法形式上，施事、主事、系事、当事这些语义成分一般不能直接发生语义关系，都需要通过谓词作为途径和桥梁。但是，说话人选择"之于"来作桥梁，自然就有语用上的目的。袁本良（2004）曾用以下三句话来说明：

（63）人不可以一日违衣食。

（64）衣食不可以一日违于人。

（65）衣食之于人也，不可以一日违也。

（63）句是以施事"人"作为句法结构的主语，（64）句是以受事"衣食"作为句法结构的主语，而（65）句则不是以施事或受事作主语，而是以"施事和受事之间的关系"

作为主语，进而展开判断、评述。从下句中也可以看出：

（66）其实 2004 年<u>之于</u>中国乒乓球队是极为不平凡的一年，这位 "国球" 的当家人原本有很多生动鲜活的故事可以用来讲述。（《新华社 2004 年 12 月份新闻报道》，出自 CCL 语料库）

（67）化妆<u>之于</u>一个女人，应该既是快乐的事，也是无奈的事。（《本草纲目和黄帝内经中的女人养颜经》，张小暖著，2009 年武汉出版社）

3.2.3　语篇功能

"之于" 结构所指一般是一种关系或一个比较对象，显然需要进一步的说明和解释，不然句子语义不完整，好像话没有说完，我们认为 "之于" 具有引起下文的语篇功能。如：

（68）环境形象<u>之于</u>企业形象，犹如面容<u>之于</u>人，反映着企业的整体管理水平、经济实力和精神面貌。（《1994 年报刊精选》，出自 CCL 语料库）

（68′）环境形象<u>之于</u>企业形象。（语义不完整）

（69）音乐<u>之于</u>舞蹈，在于其以视听同步的效果强化舞蹈的节律感和逻辑性，而文学<u>之于</u>舞蹈，在于几乎百分之百的接受者都是用 "文学性" 的运思来诠释并理解舞蹈的。（《1994 年报刊精选》，出自 CCL 语料库）

（69′）音乐<u>之于</u>舞蹈。（语义不完整）

上述 "之于" 句，如果没有后续句进行补充、说明，就会让人觉得没有成为一个完整的语篇。

3.2.4　"之于" 句的发展：表示对待→表示关联

很长一段时间，"之于" 句所表示的都是 "对待" 义，符合吕叔湘所说的 "谓语补词提出"，在 "之于" 句中，也常常有 "对于" 同时出现，如：

（70）从那以后，于立群<u>对于</u>郭沫若如像婵娟<u>之于</u>屈原，她视郭沫若为亲人，为恩师。（《1994 年报刊精选》，出自 CCL 语料库）

（71）在此情热下，这场尚未 "盖棺" 的 "蛋官司"，<u>之于</u>河北大学，打个平手就是胜利；而<u>对于</u> "格林" 公司，接受调解即意味着失败。（《1994 年报刊精选》，出自 CCL 语料库）

上述（70）（71）句中，"之于" 和 "对于" 相互呼应，应该表示比较明确的 "对待" 义。随着语言的发展，"之于" 句也出现了一些发展变化。张谊生（2013）认为 "X 之于 Y"

已经构式化，我们认为是有一定道理的。在当代语料中，"之于"作为并不常见的书面虚词组合，我们认为，"之于"出现了连词的趋势，有时甚至表示"和、跟、与、同"的意思，但它连接的是词类，一般属于比况式的虚拟关联，还属于发展过程中，用例也不是太多，但是可以想象，"之于"的这一用法一定还会继续存在下去。如：

（72）在他看来，他和他的同事们就像小草，而人民如同春阳，他们享受着人民的关爱而无从报答，就像小草<u>之于</u>（和）太阳，就像儿子<u>之于</u>（和）母亲。（《新华社 2004 年 3 月份新闻报道》，出自 CCL 语料库）

（73）民间丰富多样艺术形式大多附着在一定的民俗活动中，如剪纸窗花<u>之于</u>（与）婚俗，功德画<u>之于</u>（与）丧俗。（《1994 年报刊精选》，出自 CCL 语料库）

（74）如同水<u>之于</u>（和）人的生命，资源和再生资源是国民经济和社会发展的重要物质基础。（《1994 年报刊精选》，出自 CCL 语料库）

本章小结

本章主要对介词"于"的非典型介引功能进行论述："于"分别具有介引比较对象、介引施事、介引关联对象等功能，而这些都来源于"于"的原型介引功能，同时由于受到一定的句法环境限制，其发展方向也有所不同。"于"字比较句清代渐趋衰落，"于"字被动句在东汉趋于衰落，"之于"关联句在现在书面语里还有较强的生命力。

第四章 "于X"作补语以及相关的框式用法

"于"作为框式介词的用法由来已久,但研究的文献不多。Adele E.Goldberg(2007)最早提出框式介词的说法,最初称之为框缀(circunfix),后来改称为框式介词(circumposition),形式一般为前置词(preposition)、后置词(postposition)同时共现。如闪语族的 Amharic 语:ba-bei vast(英译为 in-house interior;汉译为在房子里)。陈昌来(2002)认为汉语的介词可以和名词、介词、助词、连词等构成介词框架,并指出了不同类型介词框架的句法功能和语义特征,具体到"于",主要是介引处所、时间、对象等。刘丹青(2004)认为"框式介词"大多不是固定词项,多数情况下是一个前置词和一个后置词在句法组合中临时共现,所以属于句法范畴,而"前置词""后置词"则属于词法范畴。王萌(2006)研究"里"类框架后置词时,对"PX 里"这一框架里的"PX"也有所研究。"于 X+后置词"在句法形式上主要表现为"于+NP+后置词"[①],这里的后置词有"前、后、上、下、中、之前、之后、之上、之下、之中"等,句法上主要充当补语或状语,时贤对"于"这一具体介词的框式用法涉及较少。我们认为有必要对这一个案进行深入的研究,以便厘清它的真实面貌。

1 "于X"的类型

1.1 "于X"的分布

1.1.1 "于X" 作前置状语, 补充说明动作行为发生的时间、 地点范围。 这里的方位词主要有前、 中等。

(1)各方原则同意于今年6月底之前在北京举行第三轮会谈,并同意成立工作组,为会谈作准备。(《新华社 2004 年 4 月份新闻报道》,出自 CCL 语料库)

---

① 我们这里暂不讨论"对于……来说"等后置词为准助词的结构,也不讨论如"于+NP+(以)+方位词"式的结构。

（2）英国哲学家、教育家斯宾塞早在一百多年前就提出，要使儿童<u>于快乐中</u>掌握知识。（《品尝生活》，吴志实著，1992年北京广播学院出版社）

"于X" 作前置状语时，句子的谓语结构一般比较简单，这里的状语一般不能移位至谓语后充当补语。

（1'）★各方原则同意在北京举行第三轮会谈<u>于今年6月底之前</u>，并同意成立工作组，为会谈作准备。

（2'）★英国哲学家、教育家斯宾塞早在一百多年前就提出，要使儿童掌握知识<u>于快乐中</u>。

1.1.2 "于X" 作后置补语，补充说明动作行为发生的时间、地点范围。作为后置词的方位词主要有前、后、上、下、中等。

（3）史、罗这个计划将五军、六十六军（欠一师）分布<u>于长达三百余公里之平（平满纳）曼（曼德勒）公路上</u>，既不能攻，亦不能守，我极端反对。（《文史资料精选（第10册）》，《文史资料选辑》编辑部编，1990年中国文史出版社）

（4）云岫寺是始建于宋代的一座古刹，坐落<u>于深山之中</u>寒来暑往已800余载。（《修上山公路 云岫寺出了100万》，日德清新闻网，2007年2月27日）

（5）老阿爸和众人将这对生死相恋的亡灵合殓一棺，高高地悬葬<u>于三峡崖壁之上</u>。（《1994年人民日报》，出自CCL语料库）

动词后的介词短语充当宾语还是补语，学界有不同的看法：有的因介词常可以不出现而认为是宾语，如朱德熙（1990）等；有的认为是补语，如胡裕树（1987）等；有的认为是处于补语到宾语的演化过程中，如金昌吉（1996）等。具体到"于X"，我们认为可以通过能否用"V什么"提问进行判断，如果可以提问，则是介词短语为宾语，如果不能，则是补语。通过鉴别，上述几句中的"介词短语"都不能用"V什么"进行提问：

（3'）★史、罗这个计划将五军、六十六军（欠一师）分布什么？

分布于长达三百余公里之平（平满纳）曼（曼德勒）公路上。

（4'）★云岫寺是始建于宋代的一座古刹，坐落什么？

坐落于深山之中。

（5'）★老阿爸和众人将这对生死相恋的亡灵合殓一棺，高高地悬葬什么？

高高地悬葬于三峡崖壁之上。

据此，我们认为将动词后的"于 X"处理为补语更为合适，"于"的介词功能明显，主要介引时间、地点成分。

《现代汉语八百词》（1999）对介词短语的位置作出了这样的说明："现代汉语中的介宾短语大多位于谓语动词（形容词）之前，少数在其后。"这也成为学界的共识，但这里的介宾短语主要是指"P+NP"形式。就"于+NP+后置词"来说，根据统计，在使用频率上，"于 X"作后置补语的比例远远大于作前置状语的比例。我们随机抽取"于+NP+中"的前 100 条语料，两者之间的比例为 98%：2%，其他类型的"于 X"也大致如此。同时，方位词的选择也呈现出一定的互补性："于 X"作状语时，"X"中出现的方位词一般是"中、之中、前、之前"等；"于 X"作补语时，"X"中出现的方位词一般是"上、下、之上、之下、前、之前、后、之后、外"等。因为"于 X"作状语的情况比较单纯，我们这里主要对其作补语以及相关的框式用法进行研究。

1.2 "于 X"作补语的分布类型

当"于 X"充当后置补语时，主要有两种分布类型：紧邻分布、间隔分布。具体情况如下。

1.2.1 紧邻分布。 所谓紧邻分布是指 "于 X" 与前面的动词紧密连用， 中间无名词等插入成分。 在句法上表现为 "VP+于+NP+L" [①]。 如：

（6）镜泊湖位于我国黑龙江省宁安县南部，藏身<u>于崇山峻岭之中</u>，唐代称为"忽汗海"。[《中国少年儿童百科全书（自然·环境）》，林崇德、王德胜主编，1991 年浙江教育出版社]

（7）在莲鞭的节上，发生须根，扎根湖底；萌生叶片和花茎，挺立<u>于水面之上</u>，风姿绰约。[《中国少年儿童百科全书（自然·环境）》，林崇德、王德胜主编，1991 年浙江教育出版社]

"于 X"的这种分布类型是大量的，动词和后置词的类型也较为多样。

1.2.2 间隔分布。 所谓间隔分布是指 "于 X" 与前面的动词间隔连用， 中间插入名词等成分。 在句法上表现为 "VP+NP_1 于+NP_2+L"。 如：

（8）你必须礼贤下士，然后才能有云龙风虎的气概。为何现在的为政者，却拒绝

---

① 这里的"L"指的是方位词。

人才<u>于千里之外</u>。(《作家文摘1996A》,出自 CCL 语料库)

(9)对于亨利·詹姆士,融绘画<u>于小说中</u>可是他最擅长也是他作品最独特的一个魅力。(《读书 /vol−185》,出自 CCL 语料库)

动词如 "摒除、融、置、救" 等,一般都具有较强的 [＋处所] 语义特征,必须后附有方位题元,句子才能成立。这里的 "NP₁" 也可以用介词 "把 / 将" 等提至谓词前,"于 X" 与前面的动词、形容词就紧邻共现了,如:

(8′)你必须礼贤下士,然后才能有云龙风虎的气概。为何现在的为政者,<u>把 / 将</u>人才拒绝<u>于千里之外</u>。

(9′)对于亨利·詹姆士,<u>把 / 将</u>绘画融<u>于小说中</u>可是他最擅长也是他作品最独特的一个魅力。

2 "于 X" 的句法分析

2.1 V 的选择与限制

当 "于 X" 后附于 V 时,一般形成 "V/ 于 X" 的结构,"于 X" 尚未与前附的V 构成一个整体。如果 V 和 "于" 分界融合,"于" 的介引功能弱化,已经前附的 V 成为附缀,这时的 "V 于" 则不在讨论之列,"于" 也不具备框式用法。范宁(2012)提到 V 双后的 "于" 不能脱落的两个标准:NP 多为处所或时间宾语;谓词 V 与 "于" 的共现率低,"于" 也较易被其他类似介词(如 "在" 等)所替换。我们这里参考其标准,用共现率来判断 "V/ 于" 是否分界融合,一般 V 与 "于" 在语料库中占有50% 以上的,我们即视为 "于" 已经附缀化了,由于汉语双音节的音律限制,这时的 "于" 也可以脱落,所以也就不能形成所谓的介词框架了,下表中的 "凌驾于、根植于" 等就不属于本章的研究对象。

V	全部语料	"V于" 共现	占比	"于" 的性质
分布	6622	384	5.8%	介词
来源	9328	1336	14.3%	介词
凌驾	388	295	76%	附缀
根植	211	163	77.3%	附缀

2.2　V 的语义特征

崔希亮（1999）从配价的角度，考察了 2898 个常用动词，其中有 1394 个可以出现在"在"字结构中，能够进入"在"字结构的动词都具有动态动词（dynamic verbs）的特征，这些动词主要有听、爱、调查、登记等，在语义上或具有主动态、被动态、自发态等特点。龚娜、周先忠（2000）曾将"V 于"的语义类型分为客事、主事、与事、因事、关事、比事等，然后又分为涉事、止事、位事、当事、共事等语义下位类型。崔应贤（2012）通过对"于"的历史考察与共时分析，将可以附带"于"的双音节动词分为三大类：行为动词（安装、安葬、藏身、储藏等）、关系动词（并列、从师、得力、得益、归咎等）、情状动词（侧重、不止、拘泥、局限等），其中行为动词可附加"于 X"。虽然时贤的分析分别从动词配价、语义类型、双音节动词等角度出发，但主要都建立在动词词汇义的基础上，具有一定的合理性。在此基础上，我们认为"于 X"可以前附的"V"一般都是动态动词，语义方面一般具有［＋处所］［＋位移］；［＋处所］［＋存在］；［＋时间］［＋始/止点］等特征，同时每组动词和"于 X"的次类组配能力也有所不同，具体分析如下：

V 的语义特征	于 N (之)上	于 N (之)下	于 N(之) 前/后	于 N (之)外	于 N (之)中	于 N 里	例词
处所、位移(移入)	＋	＋	－	－	＋	－	安葬、藏身、埋头等
处所、位移(移出)	－	－	－	＋	＋	－	救、排斥等
处所、存在(状态)	＋	－	－	＋	＋	－	立足、坐落、盘旋、建设、垂直、独立、徘徊、强加等
处所、存在(情状)	－	－	－	－	＋	＋	保留、沉浸、沉迷、沉湎、沉溺、沉醉、痴迷、留恋等
时间、始/止点	－	＋	－	－	＋	－	惨死、丧命、牺牲、死、就义、生、脱胎、兴起、形成、肇始等

从上述表格中可以发现，"于"赋予处所题元的作用还很强，"于 X"前附的 VP 一般具有［＋处所］语义特征，以及由其通过隐喻等途径引申的［＋时间］［＋对象］等语义特征。如果不具有上述特征，则无法和相应的后置词构成框架。如：

（10）★致力于改革中　★取决于政策后

2.3　V 的结构类型

从 V 的内部结构看，大致有这样几个构成：

VN 式

（11）置身于战争之外，对于交战国任何一方不采取敌对行动的国家，称中立国。（《中国儿童百科全书》，出自 CCL 语料库）

（12）从此史迪威就以中国战区参谋长的身份，卑躬屈膝于亚历山大之前，把中国远征军完全任亚历山大宰割。（《文史资料精选（第 10 册）》，《文史资料选辑》编辑部编，1990 年中国文史出版社）

VV 式

（13）经过漫长的历史变迁，藏族除聚居于西藏之外，还分别聚居在四川、青海、甘肃、云南等省的一些地区。（《西藏的主权归属与人权状况》，中华人民共和国国务院新闻办公室，1992 年 9 月 22 日）

（14）已经装设飞机弹射机的大船，既已由其他船只代替，可往返航行于弗里敦到不列颠的航线上。（《第二次世界大战回忆录：伟大的同盟》，温斯顿·丘吉尔著，韦凡译，1995 年时代文艺出版社）

这里的动词在语义上都具有［＋动作］［＋附着］等特征，从配价上看，都属于二价动词，"于 X" 引导的短语作为 VP 的必有成分，表示动作发生的处所、时间、范围等。如果没有，则句子无法成立或不太成句：

（11′）＊置身（于战争之外），对于交战国任何一方不采取敌对行动的国家，称中立国。

（12′）＊从此史迪威就以中国战区参谋长的身份，卑躬屈膝（于亚历山大之前），把中国远征军完全任亚历山大宰割。

2.4　NP 的选择

2.4.1　普通名词

这里的名词主要有处所名词、时间名词等。"于" 的本义是 "往"，后接处所名词，当动词义弱化后，后接的名词范围扩大，时间名词等都可以成为它的宾语，介引的对象不断扩大，如：

（15）在峨眉山地区，由于森林茂密，山下河流交错，密如蛛网，水汽来源充足，经常有云雾弥漫<u>于半山之中</u>。（《孩子们最想知道的自然百科：神奇自然现象》，崔钟雷主编，2007 年吉林摄影出版社）

（16）毛泽东同北京大学一位教师谈到对《水浒》的看法，他说，"宋江投降，搞修正主义"，"屏晁盖<u>于一百零八人之外</u>"。（《周恩来的一生》，力平著，2001 年中央文献出版社）

2.4.2 抽象名词

NP 不仅可以是具体名词，也可以是抽象名词，例如：

（17）在观察的意识看起来，规律的真理性也象感性存在之是为意识的对象那样，<u>存在于经验里</u>，而不是自在和自为的东西。（《精神现象学》，黑格尔著，贺麟、王玖兴译，2011 年商务印书馆）

（18）斯丹达以一种超然<u>于善恶观念之上</u>的目光，怀着钦佩的感情望着他们，把他们当作力的化身。（《读书 /vol-054》，出自 CCL 语料库）

这里的"经验""善恶观念"等名词，都属于抽象名词。从认知语言学来说，这是隐喻机制在发挥着作用，从空间域转移到时间域，从具体名词转移到抽象的名词等。

2.5 后置词的强制性共现

陈昌来（2002）提到，"于"位于动词后时，一般不需要方位词，但当处所词或名词是单音节时，要用方位词，如"记于心间""葬于山中"等。"于"位于动词前时，方位词的使用与意义有关。不强调空间、时间的前后或范围可以不用方位词，若强调空间、时间的前后或范围，则要用方位词，方位词的使用具有强制性。如：

（19）火车<u>于 10 点 30 分</u>发车。

（20）大家相约<u>于 5 年后</u>聚会一次。

（20）句相比于（19）句，因为要强调"5 年后"这一时间范围，所以方位词必须出现，不然则表达的语义不同。根据刘丹青（2004）的研究，从中古到清代的 12 种文献材料中，"于"字短语在动词前时，用方位词多于不用方位词；用在动词后时，不用方位词多于用方位词，这主要是因为随着后置词的语法化，中古以后汉语方所类题元往往只靠方位词虚化来的后置词介引，它们处在比前置词更有利的中介位置上，所以往往能够取代很大一部分前置词的作用，如"于"字短语在动词前就用方位词，在动词后就不用［转引自刘丹青（2004）］：

（21）譬如大龙，若下大雨，雨<u>于阎浮提</u>，城邑聚落，悉皆漂流，如漂草叶；若下大雨，雨<u>于大海</u>，……譬如其雨水，不从天有，元是龙王<u>于江海中</u>将身引此水。（《六祖坛经·般若》）

而语料中，未见到相反的情况：同一义类的介词短语在动词后用方位词，在动词前则不用。

储泽祥（2004）提到了"在 + 方位短语"里方位词可以隐去的 6 种情况①，在此基础上，我们认为"于 X"中的方位词强制共现主要受 NP 语义方面的因素制约：位置表达必须具体、维向必须确定；不带有处所特征的一般事物名词或不可以预见位置、维向的介词短语。

（22）之后，他又来到什邡开凿古瀑口，终致辛劳成疾，死后埋葬<u>于什邡章山</u>，至今其境内处处都保留有后人缅怀李冰的遗迹。（《市场报 1994 年 B》，出自 CCL 语料库）

（23）她随黄帝南巡死于衡山，遵其遗嘱埋葬<u>于故乡盐亭县青龙山上</u>。（《新华社 2004 年 9 月份新闻报道》，出自 CCL 语料库）

上述两句谓语动词都是"埋葬"，但前句的处所题元只是普通处所名词（什邡章山），而后句的处所题元则用"普通处所名词 + 方位词"（故乡盐亭县青龙山上）表示，两者在表义上并无具体差别，主要在于说话者认为位置表达是否需要具体、维向是否需要确定而已。

3 "于 X" 中 "于" 的性质

时贤对"于 X"中"于"的句法功能研究颇多，大多认为是介引处所、时间、对象等。如陈昌来（2002）、王萌（2006）等，刘丹青（2004）根据介词语义的抽象度，认为"于"等前置词属于基本关系介词②，表示各种基本题元（处所、时间等）。董秀芳（2006）则从标记的角度提出："于"的功能看似很多，但核心功能应该是"非宾语名词性成分"和"间接题元"的标记。

---

① 一般事物名词和"中国、湖北省、四周"等类处所词以外；语义上起转化作用并有句法强制性的方位词以外；除 NP 是单音节的以外；除表示离析式空间关系 NP 以外；位置表达不必具体、维向不必确定的 NP；带有处所特征的一般事物名词或可以预见位置、维向的介词短语。
② 刘丹青（2004）将三级介词分为：纯联系项介词；基本关系介词；具体关系介词。

3.1　"于"的句法功能

"于"作为纯粹的介词，主要介引处所、时间、对象、状态等。介词短语可前置于动词，也可后附于动词，"于"不可脱落。这点在"于 X"的间隔分布中尤为明显：

（24）葬我<u>于高山之上</u>兮，望我故乡。故乡不可见兮，永不能忘。（《台湾爱国怀乡诗词选》，巴楚编，1981 年时事出版社）

（25）正像任何一个具有现代意识的高级官员，吴仪从来不拒新闻界<u>于千里之外</u>。（《博集广汇》，《读者参考》编辑部编，1994 年学林出版社）

（26）斯珀洛克寓幽默<u>于严肃之中</u>，观众在捧腹大笑的同时又能受到启发，《特大号的我》因此获得了桑丹斯电影节最佳导演奖。（《新华社2004年6月份新闻报道》，出自 CCL 语料库）

上述三句中，"于"分别引进处所、状态等，如果没有这些引入成分，"于 X"就无法和前面的谓词"葬""拒""寓"产生联系。在"于 X"的紧邻分布中也是如此：

（27）这些镜头的处理，使观众对安托万深感同情，以致沉湎<u>于这个角色的情绪中</u>。（《不可不知的影视》，王振华编，2005 年延边大学出版社）

（28）为了加强各拱圈间的联结，用九道铁横贯<u>于拱背之上</u>，又用腰铁嵌入拱石之间……（《高中生研究性论文精编》，朱昌元主编，2003 年浙江古籍出版社）

Redouane&Waltraud（1997）指出，"于"和"在"介词词组向来就有动词前和动词后两个位置。介词词组的分配一直受到同一种限制的支配，即是否具有论元地位，论元介词词组一直出现在动词后，只有在焦点化的情况下才出现在动词前；非论元介词词组，早期甲骨文中可以出现在动词前后，后期通常出现在动词前，介词词组的分布变化不具备线型演变。吴福祥（2012）提出："处所介词短语是表达活动进行或事件发生的处所的介词短语。介词的宾语表达的是事件或情状的背景信息，而非事件的参与者；句法上这类句法成分是主要动词的附结语（adjunct），而非补足语（complement），先秦汉语通常位于 VO 之后，现代汉语位于 VO 之前。"我们认为前者的观察是对的，按照构式语法的观点，每一个被连接到直接语法功能项的论元角色在构式中都应该得到侧重[①]。"于 X"无论位于谓词前后，都应该属于重要的参与者角色。

[①] 参见《构式：论元结构的构式语法研究》，Adele E.Goldberg 著，2016 年北京大学出版社。

3.2 "于" 的语用功能

由于 "于" 的使用历史悠久，其间又历经词汇兴替、更新、强化等，所以在语料的检索中就可以发现，"于X" 有时可以替换成 "在X"，表达意义基本没有差别，例如：

（29）三叶虫广泛分布于（在）世界各地的古生代地层中。[《中国少年儿童百科全书（自然·环境）》，林崇德、王德胜主编，1991 年浙江教育出版社]

（30）中国的悠久历史造成了节日内涵的多层次叠压，但建立于（在）传统农业社会之上的价值观念和思维方式决定着今天我们所见到的节日的基本面貌。（《中国文化百科》，李琳主编，2009 年内蒙古人民出版社）

这里用 "于" 或 "在" 主要是语体的选择关系。书面语中多用 "于"，显得正式、规范；口语中多用 "在"，显得亲切、自然。但是我们也发现，当作者为了强调 "于" 所介引的信息时，"于" 一般不可以用 "在" "自" 等介词替换，"于X" 所在的位置一般也是句末补语位置，充当新信息，强调论元所占据的空间、时间以及特征等，从而更容易引起听话人的注意和重视。

（31）1978 年 12 月份召开的中共中央十一届三中全会作出决定，彻底为彭德怀平反昭雪，恢复其名誉。为人民奋斗一生的共和国元帅终于可以瞑目于(＊在)九泉之下了。（《红军长征系列——巧渡金沙江》，唐涛等主编，2005 年远方出版社）

（32）后来在谈到自己的共产主义信仰时说："思想是颤动于（＊在）狱中"，一种革命意识的萌芽，"是从这个时候开始的"。（《晚霞集——论浙东学术与浙江精神及其他》，王凤贤著，2006 年浙江人民出版社）

"于X" 从状语位移到补语位置，句子的信息焦点自然也就落脚在补语上。所以这里的 "于" 在语用上充当焦点标记的作用。

有时候，当 "于X" 附于及物动词后时，如果 "于X" 省略，句子也是成立的，但是从信息传递的角度来说，听话人总觉得得到的信息是不完整的。例如：

（33）这支部队身穿黑色制服，佩戴骷髅标志，名义上隶属于冲锋队，实际上早已独立（于冲锋队之外）。（《中国儿童百科全书》，出自 CCL 语料库）

（34）在最初一二批抗日义勇军返回时，苏军曾试图用一定数量的车辆运送，由于道路太滑和四周的积雪太厚，这些车辆全都抛锚（于冰天雪地之中）。（《1994 年报刊精选》，出自 CCL 语料库）

通过后附"于 X",传递的信息更加丰富、全面,更好地传达说话人的语用目的,这是表达精细化(elaboration)的体现。

3.3 "于"的发展

我们认为"于 X"中"于"的性质并不是固定不变的,它也在不断发展,经历了逐渐语法化的过程,抽象度不断递增,参与度逐渐递减,形成了大致如下的连续统:介词→附缀→词缀。

作为介词框架来说,"于"不能脱落,如果脱落,框架也就不能称为"框架"了。但实际语料中,当"于"前的谓词为部分双音节谓词时,"于"又可以脱落,如:

(35)若要列举香港酷似动物的山峰,狮子山必定位居榜首。这块巨岩状如一头雄赳赳的狮子,横卧(于)<u>九龙群山之上</u>。(《新华社 2004 年 1 月份新闻报道》,出自 CCL 语料库)

(36)看来他们全都醉心(于)<u>单调琐碎的日常工作之中</u>了。(《美国悲剧》,西奥多·德莱塞著,潘庆舲译,2006 年湖北人民出版社)
这里的谓词一般是具有[+处所义]的双音节及物动词,"于"应该属于本章前面所说的附缀,主要充当羡余功能。

谢雯瑾(2009)提到,"根植类"动词,如"取材、从师、移情、迁怒、受命、醉心"等,在从 VO 到 VO/O 的发展过程中,方位词"上、下、中"率先脱落,随着名词性成分受事性增强,"于"也失去了存在的意义而逐渐脱落,"于"的介引功能也渐渐弱化。其实并不是因为"于"后的名词性成分受事化,导致了"于"的脱落,而是因为"于"后的名词性成分始终并不具备典型受事的特征,但是"根植类"动词配价成分必须具有[+处所义],同时在后置方位词的强制作用下,"于"才逐渐脱落,然后随着方位词的语法化,抽象度增加,部分方位词逐渐脱落,最终导致 VO/O 结构的形成。如:

(37)优楼频罗迦叶非常欢喜,从此和弟子们,<u>投身于佛法的怀抱中</u>,做了佛陀的常随众弟子。(《佛教故事大全:弟子·警语篇》,慈庄法师编著,2014 年东方出版社)

(38)新中国诞生后不久,他就<u>投身于中国人民的建设事业之中</u>,在中华大地上辛勤耕耘了将近 10 个春秋。(《1994 年人民日报》,出自 CCL 语料库)

（39）中国乒乓球队这支冠军之旅却已经<u>投身于火热的军营</u>，用军训磨练意志品质，用"思想奠基"迎接新奥运周期的"基础年"。（《新华社 2004 年 12 月份新闻报道》，出自 CCL 语料库）

从上述的几个句子中也可以看出，方位词的脱落与否，并不影响"于"的羡余功能。"于"是否与谓词"V"共现，是后附还是隐含，主要取决于谓词是否具有［＋处所］的语义特征。

我们发现，"于"有时脱落，句子同样成立：

（40）全国先进工作者、优秀共产党员，靠的是成年累月不计名、不为利，埋头<u>于创作之中</u>，十七年中竟有三分之二的时间不在家。（《我的丈夫汤晓丹》，蓝为洁著，出自《大众电影》1997 年第 1 期）

（41）可见他并不是埋头<u>古籍之中</u>，也不是只对自己专门研究的范围之内的东西感到兴趣。（《读书/vol-147》，出自 CCL 语料库）

上述两句动词都是"埋头"，前一句后接了"于 X"作为补语，而后一句则直接后附 NP 作为宾语。我们发现：前句省略"于"，好像不太自然，而后句添加"于"后，则没有什么区别。

（40′）*全国先进工作者、优秀共产党员，靠的是成年累月不计名、不为利，埋头创作之中，十七年中竟有三分之二的时间不在家。

（41′）可见他并不是埋头于古籍之中，也不是只对自己专门研究的范围之内的东西感到兴趣。

王萌（2006）发现：介词的主要语法功能是介引体词性词语给谓语动词。在语义平面上，介词是谓语动词与体词性成分间论元角色的显性标记。张谊生（2010）提到，由于受到"V/A 于"双音节音步的韵律制约、附缀"于"的功能羡余性以及"V/A＋X"表达的经济性等原因，"V/A 于"的附缀日趋脱落，"V/A"发生了功能转类以至及物化了。我们认为这只是一方面，更主要的是和"于 X"前附的动词有关，动词的语义蕴含（entailment）了介词"于"的语义，使"于"的语义和动词的语义发生融合（fusion），导致"于"隐含或脱落。

（42）市场虽然离城区较近，但地处乡村，独立（　）旷野之中，不毗邻生活区、居民区，亦城亦乡。（《1994 年报刊精选》，出自 CCL 语料库）

（43）即使她们自己想上学，由于重男轻女思想压力，她们也只得游离（　）校门

之外。(《人民日报》,1993年6月,出自CCL语料库)

这也可以从那些"于"必须共现的句子中得到证明:

(44)印度独立后,他死于一个暗杀者的枪弹之下。(《中国儿童百科全书》,出自 CCL 语料库)

(45)都江堰建于岷江冲积扇地形上,为无坝引水渠系。[《语文素养教程(上册)》,蔡文秀、韩瑾主编,2014年科学技术文献出版社]

上述(44)(45)句中的"死"和"建"无法和"于"发生语义融合,"于"也就无法隐含或脱落,必须共现于句子的表层。

4 "于 X" 和 "在 X"

"于"和"在"都是汉语中历史悠久的介词,"在"是个古老的介词,在甲骨文中很多,段玉裁《说文解字注》中对"在"的注解为:"在,存也。存,恤问也。按:虞夏书,在训察,谓在与伺音同,即存问之义也。在之义,古训为存问。今义但训为存入之存。从土。才声。"《现代汉语词典》(第6版)对"在"的介词注为:表示时间、处所、范围、条件等。史冬青(2009)对先秦到魏晋期间"在"的演变进行了考察,据其研究,先秦两汉期间,"在"主要作为动词使用,介词的用法为少数,到魏晋南北朝,"在"用为介词的频率大大提高,据统计,"在 + 场所"用例占介引场所的介词词组用例比例达17%,介词"在"大量地使用起来。初始时,主要表示静态的处所,史冬青(2009)称之为"停点"位置,主要是指事物附着或滞留的方所,如 [转引自史冬青(2009)]:

(46)鱼潜在渊,或在于渚。(《诗经·小雅·鹤鸣》)

(47)公子连亡在魏。(《吕氏春秋·当赏》)

还可以表示动作行为发生或状态存在的方所,如:

(48)象往入舜宫,舜在床琴。(《孟子·万章上》)

(49)楚王死,太子在齐质。(《战国策·齐策三》)

先秦至魏晋,"在"也可以表示"终点",即物体运行之后到达的方所。到唐宋时期,这一用法逐渐增多起来,如:

(50)员外一面请先生吃斋,就将画收在袖子里。(《平妖传》,罗贯中、冯梦龙著,1981年豫章书社)

(51)志在垛上,少间都射在别处去了。(《朱子语类》卷九)

除了表示方所以外，"在"还可以表示一般动作发生的时间；表示出现、消失以及不明显的动作发生的时间，这里的动词一般限定在"生、死、定、处、改、放、排、出生、发生、发现、布置、安排、固定、确定"等。如：

（52）时间定<u>在</u>后天下午。

（53）运动会安排<u>在</u>四月份。

大致来说，"在"的介词用法主要表示静态的处所、时间，语义上必须凸显［＋存在］［＋范围］［＋空间］等特征。所以在动作或状态发生或进行的处所这一句法意义方面，两者存在同一性。如前例（29）（30）等。但是我们感兴趣的是两者之间究竟存在何种差异，促使说话人进行了不同的选择？

我们选取动词"埋"作为个案进行观察，试图比较详细地区别出两者的细微差别。以动词"埋"作为个案的原因，因为其是个三价动词，在语义场上一般必须有施事、受事、动作发生的空间三个论元。通过北大语料库检索，共有合格语料72句，在构成"埋＋P＋NP＋之中"的句子中，P主要分为"在"、"于"、"Ø"（"在""于"均不出现）三类，具体分布情况如下：

	埋	掩埋	埋葬	埋没	埋伏	埋头/首	埋身	深埋	长埋	久埋	淹埋	埋置	半埋
在	12	5	/	7	1	1		4	/	/	1	1	1
于	1	/	1	2	/	6	1	2	/	1	/	/	/
Ø	/	/	/	/	/	7	/	/	1	/	/	/	/

从上表中可以看出：当"埋"单用时，后接的介词短语倾向为"在"；当"埋"前有状位成分修饰时，介词短语亦倾向为"在"。当"埋"构成"埋＋NP"短语时，后接的介词短语倾向为"于"或隐去。

我们还发现，"在X"的句法功能比"于X"更加宽泛。

1）"在X"可以作句首状语或作句子谓语，而"于X"不能。

（54）1895年1月30日～2月11日，<u>在</u>威海卫之战<u>中</u>，指挥北洋舰队抗击日军。（《世界著名军事家缩影》，刘洋、陈浩编著，2005年远方出版社）

（55）因为奥运会，北京还取消了地铁站内的商业经营，港铁的经营模式就难以在4号线运用，经营状况不佳<u>在</u>情理<u>之中</u>。（《中国经济周刊》，2012年10月16日）

2）"在X"表示人或事物的位置时，在动词前后都成立，意义差别不大，而"于X"则往往不成立。

（56）我字写<u>在</u>黑板上。我<u>在</u>黑板上写字。

（57）拒敌<u>于千里之外</u>。★<u>于千里之外</u>拒敌。

3）判断词、副词后往往只能出现"在 X"短语，而不能出现"于 X"短语。

（58）这就是<u>在</u>/★<u>于</u>中国远征军之上，再加上一层重复机构。[《文史资料精选（第 19 册）》，《文史资料选辑》编辑部编，1990 年中国文史出版社]

（59）据上海发布消息，网传普陀区出现流感死亡病例一事，目前该病例是否感染 H7N9 禽流感，卫生部门正<u>在</u>/★<u>于</u>检测、诊断<u>中</u>。（《网传普陀出现流感死亡之病例 沪卫生部门正在检测诊断》，东方网，2013 年 4 月 4 日）

4）后附叠加的层次不太一样。张谊生（2013）提到具有 [＋处在] 语义特征的双音节动词，如"屹立、矗立、伫立、坐落"等，可以先附加"在"，再叠加"于"，例如 [转引自张谊生（2013）]：

（60）酒店坐落<u>在于</u>世界闻名的西街——"洋人街"口，"碧莲峰"脚下。左畔"双月溪"面对漓江。（阳朔特色旅游网，2009 年 7 月 14 日）

这里的"在""于"都是附缀，"在"附加在动词宿主上，而"于"附加在语法词"X在"上。而"X 于在"等叠加形式虽然在网络上也可以看到，但接受度相对较低，这可能与"在"还具有一定的动词性有关，而"于"的动词性已经很弱。两者间的具体差异我们将另文专论。

本章小结

本章主要对"于 X"作补语及"于"的框式用法进行了句法、语义的分析，同时就"于"在这一框架中的参与度以及"于"语法演变的抽象度变化作了初步的研究，但是由于缺少细致的量化分析，所得出的结论难免有失偏颇，有待进一步深入的探讨。吕叔湘（1980）指出，汉语的方位词常常跟介词"在、到、从"混合使用，别的语言里的"介＋名"短语，汉语里有时候必得用"介＋名＋方"来说。例如，英语的"in the room"，汉语里的说法是"屋子里"或"在屋子里"。介词"于"的框式用法的进一步研究空间很大，继续对这一语法现象的研究探索，也许可以揭示"于 X"在类型学方面的意义。

第五章 "于 X"充当多项关涉状语

"于 X"充当多项关涉状语是指"于"介引多个对象,位于谓词前作状语,修饰谓语核心所表示的动作或性质。在句法上经常表现为"于 X_1 于 X_2",也有"于 X_2 于 X_3 于 X_4"等[①],前贤对此研究不多[②],本文尝试对此进行考察,以期发现一些语言现象背后的规律。本文语料除非特别标注,均来自北大语料库。

1 "于 X"作状语的形式、功能

1.1 "于 X"作状语的形式

1.1.1 原型 "于 X_1 于 X_2"式

这里的 X_1、X_2 有"国 / 民""天 / 地""公 / 私""情 / 理 / 法"等,在语义方面同属于一个范畴,都具有[±受动性][+空间性][-时间性]等语义特征,语音上较整齐、和谐。在语义层级上,一般都属于同一层级,都直接和谓语结构发生语义关系。

(1)众所周知,配套的发明创造同时得到实施无疑于国于民将有更大的贡献。因此,各级管理机关应特别关注这种情况。(《技术贸易实务》,曾鹏飞编著,1989 年冶金工业出版社)

(2)只要夺回了卡诺,我们于名于实都是卡诺骑士团,一定会因此获得更多协助的。(《罗德斯岛战记》,水野良著,哈泥蛙译,2007 年南海出版公司)

---

① 为便于行文,下文涉及"于 X_1 于 X_2"及"于 X_1 于 X_2 于 X_3 于 X_4"等,除非特别指出,均以"于 X"表示。
② 吕叔湘主编的《现代汉语八百词》提到"于"用于动词前有三种用法——表示时间;表示对象;表示范围,但对于多项关涉状语没有涉及。"于 X"作单项状语较简单,本文暂不涉及。

1.1.2 非原型 "于 X_1 于 X_2 于 X_3 于 X_4" 等

这里的 X_1、X_2、X_3、X_4 在语义上也同属于一个范畴,在结构上是并列的关系,如:

(3)只有24个小时,当时还来不及考虑营销的事,但经验告诉我们这是<u>于国于民于企业</u>都大有好处的项目。(《1994年报刊精选》,出自CCL语料库)

(4)加强对劳务人员的技能培训,<u>于国于民</u>,<u>于现在于将来</u>,都是极有意义的。(《1994年报刊精选》,出自CCL语料库)

"X"不光包括名词,也包括代词,以及指称性的动词及动词短语等,这些体词性成分位于"于"后,共同作为"于"的介引对象。如:

(5)"事情常常是这样的,<u>于你于我</u>都是一样,总有些什么纠纷的。"他在昏黑中,稳定地走着。(《查泰莱夫人的情人》,D. H. 劳伦斯著,饶述一译,1988年艺苑出版社)

(6)大家议论纷纷,每个人都在说机器龙的好处,<u>于攻于守</u>都绝不可以抛下它们不带到战场上去。(《兄弟之战》,杰夫·葛伯著,章泽仪译,2001年西藏人民出版社)

与此同时,由于范式的类推作用,这里的 X_3、X_4 等在形式上更为多种多样,不仅可以是词,还可以是短语结构,说话者根据语境的需要,类推出更具话语效果的句法形式来。如:

(7)得跟小西谈谈了,不能再这样下去了。这件事,这种事,<u>于情于理于哪个方面</u>,都说不过去。(《新结婚时代》,王海鸰著,2006年作家出版社)

(8)眼见价格不适应广大消费者的支付水平,任其挤占道路,白耗汽油,<u>于国于民于"轿的"司机个人</u>三者都不利。(《1994年人民日报》,出自CCL语料库)

这里的"哪个方面""'轿的'司机个人"都已经不是词,而是短语结构。

1.2 "于X"作状语的句法选择

1.2.1 "于X"与"都"

"于X"作状语一般至少涉及两个关事,说话人意在指出自己所言之事与相关对象的关系,所以这里一般都和范围副词"都"共现。如果不用"于X都"句子也是成立的,但说话人的主观性表达得就没有那么凸显了。如:

(9)校修好了,他们的子女却被乱收费、高收费关在学校大门之外,<u>于情于理于法</u>都是说不过去的。(《1993年人民日报》,出自CCL语料库)

（9′）校修好了，他们的子女却被乱收费、高收费关在学校大门之外，（于情于理于法都）是说不过去的。

1.2.2 "于X" 与 "有 / 无 N"

"于X"作为关涉状语，必然就涉及"X"的结果，这就形成了一个构式——"于X有 / 无N"，"N"常见的词语有"利、益、用、好处、益处"等，这里的"N"在语义上常常具有［＋积极］［＋褒义］色彩。这里的构式意义应该为：对于关涉对象 X_1、X_2 以及 X_n 形成了某种积极或消极的结果。构式具有凝固化的特点，在此基础上，有的"于X有 / 无N"进而凝固为短语结构或类固定短语结构[①]，如于事无益、于事无补、于我心有戚戚焉、于心何忍等。

（10）这不仅<u>于事无益</u>，反而易引发矛盾。（《亲爱的丫头Z》，柯继铭著，2020 年天地出版社）

（11）威胁或施压不但<u>于事无补</u>，反而会激化矛盾，起破坏作用。（《1994 年人民日报》，出自CCL 语料库）

（12）但它对于清朝的作用，就像给一个垂死的病人，安上一只好胳膊，<u>于事无补</u>了！（《1994 年报刊精选》，出自CCL 语料库）

这时整个短语结构或类固定短语结构充当谓语，作为主语的陈述，状语和谓语的分界消失，融为一体，成为一个述谓结构。

"于X有 / 无N"在句法形式上也具有一定的灵活性，可以形成"于 X_1 于 X_2 有 / 不 V_1、于 X_3 于 X_4 有 / 不 V_2"等形式，增加了语言的表达效果。如：

（13）困税也是笔者想象出来的一个新词，意思是指<u>于情于理不通</u>、<u>于法不容</u>但广为盛行、难以治理的税收棘手问题。（《1994 年报刊精选》，出自CCL 语料库）

1.2.3 "于X" 的位置选择

王一平（1999）提到介词短语"在＋处所"作状语位于句中位置时，必须具备这样几个条件：句中动词重叠；动词后出现宾语、动态助词、各类补语（时量、动量、结果、趋向等补语）时，"在＋处所"只能位于句中，不能位于句末。结合"于X"作多项关涉状语的句法位置来看，一般位于主语后、谓语动词前。当主语因为某种语用目的临时移位于小句句首时，这时的"于X"就可以位于主语前，有点充作话题的

[①] 张斌（2000）认为"类固定短语"是模仿成语的某些格式创造出来的，有比较固定的格式，主要是根据交际需要临时创造出来的。我们在《现代汉语词典》中没有发现"于事无补"等作为词语出现。

意味。这时的副词"都"不再是范围类副词，而是评注类副词。[1]如：

（14）他知道该是明确自己的判断的时候了，也同样该是明确自己态度的时候了，于公于私，他都不能再保持沉默。（《十面埋伏》，张平著，2001年群众出版社）

（15）看看当年莫名其妙地非要请命外任一别数年竟一次也不回京来看看我这个老丈人于情于理你都说不过去！（《大宋提刑官》，钱林森、廉声著，2005年群众出版社）这里的副词"都"的语义指向，表面上看，分别是前指"他""你"，但是从这个语篇的含义来看，"都"更应该是前指话题成分"于公于私""于情于理"，分析成评注类副词更为合适。

1.3 "于X"作状语的功用——关涉状语标记

1.3.1 "于X"作状语的语义特征

鲁川（1989）提到，汉语没有格语法，但存在格关系，汉语的格关系的形式是介词和语序。"于X"作状语属于"邻体"中的"关涉"格。潘国英（2002）把现代汉语的状语语义特征分为：[＋动状]［＋时间］［＋处所］［＋情状］［＋环境］［＋程度］［＋否定］［＋关涉］［＋关联］［＋评价]等。其中［＋环境]又分为［＋条件］［＋因由］［＋依凭］［＋范围]等次类。

（16）所以，当德尔公司将其全新观念推向14个城市时，在用户中何以引起强大反响，刮起阵阵"德尔"旋风，也就不难理解了。（《市场报1994年A》，出自CCL语料库）

这里的状语"在用户中"主要表示范围，而对于［＋关涉]类状语，潘文认为是介词"关于"引导的状语。陈昌来（2002）认为：句子语义结构中动作行为所关涉的有关对象、方面、范围、条件等成分，称为关事成分。介引、标记关事成分的介词是关事介词。关事介词又分为对象介词、方面介词、范围介词、条件介词等次类。"于X"作状语即属于对象介词短语。"X"属于可有语义成分，必须有介词介引才可以共同修饰谓语。

我们同意鲁川和陈昌来的观点，认为这里"于X"充当状语主要的语义应该为［＋关涉]，表明"于"介引的对象和谓语核心具有关涉性（concerned）[2]。

---

[1] 参见张谊生《现代汉语副词研究》。

[2] 袁毓林（2002）认为"关涉性"是其所指表示相应感事所感知的对象和目标的关联物。我们这里借用其名称，表示介引对象与谓语所表示的动作或性质的相关性。

1.3.2 "于 X" 作状语的语义类型

1.3.2.1 表示谓语核心所涉及的对象。

一般可以替换成"对/对于 X"。①这里的"X"一般具有[＋受动性][＋空间性][－时间性]等语义特征。[＋受动性]（causally affected），即所指事物承受由动词所表示的动作、行为的影响[转引自袁毓林（2002）]。

（17）前者无须多作考虑；能让蒋益澧调升广东巡抚，<u>于公于私</u>（对公对私）都大有好处。（《胡雪岩全传》，高阳著，2003 年中国友谊出版公司）

（18）可见，搞那一套迷信活动，<u>于国于家于己</u>并无益处。（《墨中三味》，马立诚著，1995 年华艺出版社）

1.3.2.2 表示谓语核心所依据的对象。

一般可以替换成"从 X 来说"。这里的"X"一般具有[－受动性][＋空间性][－时间性]等语义特征。如：

（19）石林建厂<u>于法于理</u>都不该，主要责任者缘何却"高升"？（《1994 年报刊精选》，出自 CCL 语料库）

（20）经济驶入快车道，股市却长期低迷，<u>于情于理</u>都说不通。（《1994 年报刊精选》，出自 CCL 语料库）

无论是谓语核心所涉及的对象抑或是依据的对象，我们认为两者仍然表明"于"介引的两个（包括两个以上对象）和谓语核心具有关涉性。我们将这里的"于 X"统一称为多项关涉状语。

1.3.3 "于 X" 作关涉状语标记

沈家煊（1999）提到，名词作状语一般要受到限制，仅有时间词和处所词、范围词可以直接作状语。其他名词作状语要加以下三类标记的一个：作为语义格标志的介词、副词性后缀"的（地）"、表比况的后缀"似的"。陈昌来（2002）提到，一个句子的动核和它的必有语义成分如施事、受事间搭配无须标记，而与因事、位事、关事等语义成分搭配，往往需要标记。这也可以从时间词、处所词不带标记作状语和"于 X"作状语的比较中看出来：

（21）汽车展会<u>于早上 9 点</u>开始，我们公司的 8 个模特、经纪人和化装师等人在

---

① 这里暂不涉及"对"和"对于"的区别，后文有论述。

8点钟就全部到达展会的一个化装间，在一个小时内我们紧张化装着衣。（新浪网，2006年12月13日）

（22）他是一个商人，就是和自己的女婿做生意，也不可能随便亏掉自己的本钱。更何况于情于理，我也该让他收走！（《乔家大院》，朱秀海著，2005年上海辞书出版社）

根据沈家煊（1999）判断有无标记项的标准①，我们认为在表示关涉关系时，"于"为有标记项，而没有"于"的关涉状语为无标记项。

2 "于X"作状语的探源、发展

2.1 "于X"由连动到述补

陈昌来（2002）提到，句法结构位置是诱发动词虚化为介词的前提条件。古代汉语介词主要出现在两个位置。一是动词前，构成NP+PP（P+NP）+VP结构；二是动词后，构成NP+VP+PP（P+NP）结构。根据郭锡良（1997）、梅祖麟（2004）、张玉金（2009）的考察，"于"原本是位移动词，表示到某处去，由于经常位于连动结构 V_1V_2O 的后项（即 V_2 位置），逐渐语法化为介词。我们认同前贤的观点，"于"最初为动词，表示"往、到"义，后语法化为介词，介引的对象初为处所、方位，由于隐喻机制的作用，"于"的语义逐渐泛化，介引的对象也扩展到方向、时间、对象、终点等。例如［转引自张玉金（2009）］：

（23）辛酉卜，争贞：今日王步于敦，无害？（《殷墟甲骨刻辞摹释总集》合集7957，姚孝遂主编，1988年中华书局）

（24）乙酉卜，行贞：王步自遘于大，无灾在十二月？（《殷墟甲骨刻辞摹释总集》合集24238，姚孝遂主编，1988年中华书局）

（25）告追于王。（《多友鼎铭》）

（26）自襄至于膏，亡灾？（《殷墟甲骨刻辞摹释总集》合集28188，姚孝遂主编，1988年中华书局）

上述（23）句中，"于"为动词，为"往、到"义；（24）句中的"于"，因为居于

---

① 沈家煊（1999）归纳的六个标准为：组合标准、聚合标准、分布标准、频率标准、意义标准、历时标准。

"自……于……"短语结构中，"于"可分析为动词或介词；（25）（26）句中的"于"则为介词，分别介引对象、终点。

2.2 "于 X"由述补到状中

张斌（2003）提到，实体类别和关系类别有时交织在一起。"介词短语"即是如此，它们在形式上有一定的特征，可以作为确定实体类别的依据。同时，"介词短语"的作用相当于副词或形容词，又可以看作关系类别。张赪（2002）分析了魏晋南北朝时，介词引导的处所名词从动词后移位到动词前，与介词短语的语义有直接的关系：前置表示动作发生的场所，而后置则主要是表示动作的终结点，而何乐士（1998）、刘丹青（2003）等认为是介词的固有用法。钟明荣（2007）通过古今汉语介词前置的比较研究，提出这涉及说话焦点的前移。我们认为：介词短语移位至谓语前，初始是临时的用法，但随着句法功能的固化，使用频率的增加，逐渐成为固定用法，主要是介引空间、时间、对象、范围等，而位于补语位置的介词短语，因为黏附于谓语动词后，逐渐成为谓语结构的一部分，介词会附缀化乃至脱落（参见本书第十三章相关论述）。如：

（27）现在，已经发现四千多种抗生素，有近百种已经应用于医疗和工农业生产。
[《中国少年儿童百科全书（自然·环境）》，林崇德、王德胜主编，1991年浙江教育出版社]

（28）观察力就是主体运用感觉、知觉和表象，或者借用观察手段作用于客体的能力。（《论矛盾转化》，荣开明、赖传祥著，1987年上海社会科学院出版社）

2.3 "于 X"由并列状中到习语化

董秀芳（2002）提出："并列短语之所以能够形成，并列项在语法范畴上通常情况下必须一致，如名词性成分和名词性成分并列。在语义上，并列项必须相近、相对或相反。"结合"于 X"的形成来看，于 X$_1$、于 X$_2$ 一般都是介宾短语，在语义上基本属于相近、相对等。如：

于国于民　于国于家于己　于情于理　（相近）

于情于法　于公于私　（相对）

并列状中短语"于 X"能够存在，同时也是语法化强化的结果。刘丹青（2001）指出："语法化中的强化（reinforcement）是指在已有的虚词或虚语素上加上同类或相关的虚化要素，使原有虚化单位的句法语义作用达到加强。强化有具体强化、同义强化（又可细分为同义并列强化和同义框式强化）、连接强化、焦点强化四种。所谓同义并列强化是指将几个同义的虚词加在一起构成一个同义的新虚词，如'倘若''得来'等。"我们认为"于 X"的连用也应该属于语法化中的强化，通过并列连用，使原来不能成立的得以合理存在，并且加强了句法语义的作用。如：

（29）而此种观点，<u>于法于理</u>都是讲不通的。（《1995 年人民日报》，出自 CCL 语料库）

（29′）＊而此种观点，于法是讲不通的。

　　　　＊而此种观点，于理是讲不通的。

随着"于 X"的使用频率增多，说话人会根据语境需要，替换相应的"X"，表达不同的意义，"于 X"的形式逐渐固定，而意义并不固定，"于 X"渐渐习语化了。如：

（30）既然选择了这一行，就要干一行爱一行，<u>于党于民</u>问心无愧也就无怨无悔。（《1996 年人民日报》，出自 CCL 语料库）

（31）他重视也善于审时度势，没有决胜的把握不轻易出手，在出手之前，总是让自己<u>于理于势</u>立于不败的地位。（《1994 年报刊精选》，出自 CCL 语料库）

我们认为，通过上述的分析，大致可以看出"于 X"作多项关涉状语的发展路径：当"于 X"占据谓语前位置时，初始主要介引处所名词，随着语言的发展，"于"介引的范围不断扩大，逐渐到时间名词、对象名词等，"于"的语义不断抽象，"于 X"的功能也不断扩展，从充当时空状语到多项关涉状语以及到独立述谓结构，"于 X"充当多项关涉状语的形成过程大致如下：

"X" 时空名词→对象名词→并列对象名词→并列短语结构→类固定短语结构

"于 X" 时空状语→关涉状语→多项关涉状语→述谓结构

3 "于 X"作状语的表达、语用

3.1 "于 X"多项状语句的主观性

沈家煊（2001）认为语言的主观性研究主要集中在三个方面：说话人的情感（perspective）；说话人的视角（affect）；说话人的认识（epistemic modality）。虽然这三个方面很难截然分开，但是还是有一些语言印记，体现出语言的主观性，表示说话人对整个事件的立场、态度和情感。张赪（2002）将"于 X"作为"引进对象"类介词短语，"于 X"句主要表示动作行为与对象有无关系；表示动作行为对对象的态度和感情，如［转引自张赪（2002）］：

（32）少所人<u>于佛</u>无疑，<u>于法</u>无疑，<u>于僧</u>无疑。（《大智度论》，龙树菩萨造，鸠摩罗什译，王孺童点校，2014 年宗教文化出版社）

（33）牧牛之人<u>于我</u>有恩。（《贤愚经》卷九）

具体到"于 X"多项状语句来说，说话者的主观性可以从谓语核心的表达看出来。谓语部分基本都是评价性的，主要有两大类：

3.1.1 积极的评价

所谓积极的评价即对关涉的对象作出的都是正面、正向的评价，谓词主要有"有利、有益、有好处"等，例如：

（34）在全管区内实行货运计划改革，这是一件<u>于国于民于铁路本身</u>都<u>大有好处</u>的事，可喜可贺可赞。（《1994 年人民日报》，出自 CCL 语料库）

（35）徐义德发现自己又猜错了，原来是要他立功，<u>于己于人</u>都<u>有利</u>，何乐而不为？（《上海的早晨》，周而复著，2019 年人民文学出版社）

3.1.2 消极的评价

所谓消极的评价即对关涉的对象作出的都是负面、负向的评价，谓词主要有"不利、无益、不通、无补"等，例如：

（36）但他深知：一切莽撞行为，<u>于人于己</u>皆<u>不利</u>，遂竭力忍耐，起身告辞而出。［《世界文学名著百部（日本卷）》，马松源主编，2012 年线装书局］

（37）但念老纪只身一人，诚恳相邀，不去有碍情面，<u>于情于理</u>都很难讲得过去。（《北大"屠夫"》，陆步轩著，2016 年世界图书出版公司北京公司）

上述几句无论是积极的评价还是消极的评价，都明显地反映出说话人的主观态度、立场，带有说话人的主观色彩。

3.2 韵律方面的和谐功能

"于 X"作多项关涉状语，介词所介引的都是同一类成分，连用起来，往往构成修辞上的排比格，介词在排比格中起到"提示语"的作用。从韵律上来说，四字格一般为复合韵律词，是两个标准韵律词（两个音步）的复合，韵律上更为和谐、稳定［冯胜利（1997）〕。而"于X"无论是两项还是多项，都是四字格或四字格的演变形式，并且重音都落在"X"上，重音格式都是"轻重轻重"，遵循重音模式"右重"的规律，并且呈现出句法和韵律的一致性，因而也具有一定的稳定性和能产性。

于国于民　于国于家于己　于情于理　于情于理于法（·为重音位置）

3.3　书面语体的优先选择

"于X"作为时间、空间类状语，优先选择书面语体，而"在"则是口语语体偏多。根据人民网的语料检索，"于"出现在新闻标题中的语料就达 116000 多条。作为多项关涉状语，"于X"也是如此，更多地出现在新闻报道、法院公告以及政治宣言、声明等政论类文体中。

4　"于X"作状语的比较、凸显作用

4.1　凸显焦点

一个句子的语义重心往往是这个句子的焦点。一般情况下，句子的信息按照从旧信息到新信息的原则编排，句末成分通常是新信息，也被称为常规焦点、自然焦点。与此同时，还有对比焦点、标记焦点等[①]，帅志嵩（2009）认为，现代汉语在没有重音、语调等标记的情况下，介词结构往往就是句子的对比焦点。自然焦点是必有的，而对比焦点不是必有的，对比焦点与自然焦点的区别在于，前者有一个选择范围，而后者没有这样一个选择范围。具体到"于X"充当的多项关涉状语，我们认为"于"就是对比焦点，是为了凸显谓语动作或性质所涉及的对象，凸显对象和谓语动作或性质的关涉性。如：

（38）孩子与狗，如此重轻颠倒，本末倒置，发展下去，后果不堪设想。

（38'）孩子与狗，如此重轻颠倒，本末倒置，发展下去，于国于家于己，后果不堪设想。（《市场报》，1994 年 5 月 21 日，出自 CCL 语料库）

比较两句间焦点的差别，可以看出：前者的话语焦点是自然焦点"后果不堪设想"，而后者因为有介词结构，话语的焦点就是对比焦点"于国于家于己"。

---

① 冯胜利（2005）认为有词汇焦点、结构焦点、辖域焦点、广域焦点等。

随着语言的进一步发展，"于 X" 慢慢脱离谓语核心的管束，移位至小句主语前，成为话题，它的凸显度就更高，层级上属于句子层级。如：

（39）你设法把阿香找回来，<u>于情于理</u>，你都欠了阿香的。（《月朦胧鸟朦胧》，琼瑶著，1985 年作家出版社）

（40）转换一下受害者和加害者的角色，<u>于情于理</u>，美国军方难道不该自省吗？（《新华社2004年5月份新闻报道》，出自CCL语料库）

4.2 语义单指

介词短语位于句中作状语时，语义指向往往具有多向性。根据申敬善（2006）的研究，"在 + 处所" 在句中的语义指向有三种：单指（指向动词）、双指（指向主语、动词或动词、宾语）、三指（指向主语、动词和宾语），如 [转引自申敬善（2006）]：

（41）小学生常<u>在作业本的后面</u>乱画。（指向动词）

（42）老王<u>在飞机上</u>俯瞰上海。（指向主语、动词或动词、宾语）

（43）老师<u>在黑板上</u>写了三个字。（指向主语、动词或动词、宾语）

（44）他<u>在院子里</u>种了一棵桂花树。（指向主语、动词和宾语）

上述例句中的介词短语分别是单指、双指和三指。而 "于 X" 充当多项关涉状语时，语义指向一般是谓语动词，只和谓语动词直接发生语义关系，如：

（45）镇政府征求库区 4 个村的意见，大家都认为这样做<u>于公于私</u>都有利。（《1996年人民日报》，出自CCL语料库）

（46）我们大家每年都来植树。植树造林<u>于国于民</u>意义重大，是为子孙后代造福的事业。（《1995 年人民日报》，出自 CCL 语料库）

这里的介词短语 "于公于私" "于国于民" 语义指向都是谓语，分别和后面的谓语 "有利" "意义重大" 直接发生语义关系。

4.3 作关涉状语的 "于 X" 与 "对 X"

周芍、邵敬敏（2006）论述了 "对" 有三个义项——引进动作对象；引进对待对象；表示评议角度，并分别分析了对$_1$、对$_2$、对$_3$的语法化过程。我们认为这里的 "对$_3$" 引进的即是关涉对象，"对$_3$X" 作关涉状语。陈昌来（2008）提到，"于" 也可以表示 "对/对于……来说/而言" "对于" 同样的语法意义。如 [转引自陈昌来

（2008）]：

（47）你看这里这些人，因见老太太多疼了宝玉和凤丫头两个，他们尚虎视眈眈，背地里言三语四的，何况<u>于我</u>？（《红楼梦》第四十五回，曹雪芹、高鹗著，1997年浙江古籍出版社）

陈文认为：介词"对"最早出现的句法结构是S+对+之+曰；S+对+人名+曰；S+对+人名+言+宾语+曰；然后通过句法位降格，逐渐语法化为介词，所以"对X"作关涉状语时，"X"通常为具有［+对象性］［+空间性］等特征的名词，这时"于X"差不多可以换作"对X"，但"X"一般也要换作相应复杂的形式，如：

（48）如果在日常工作中，能少讲点排场，少摆点阔气，<u>于国于民</u>将有多大好处啊！（《1993年人民日报》，出自CCL语料库）

（49）她认为杨部长讲的透彻，解开了她思想上的疙瘩：不没收，不挤垮，<u>对国家对人民</u>都有好处，最后还是要改变为公有制的。（《上海的早晨》，周而复著，2019年上海人民出版社）

但是通过CCL语料库和人民网的语料检索，在使用频率上，"于X"作状语比"对X"作状语要多出很多，这可能是因为在书面语中，"于X"比"对X"作状语更为精练和简洁，这也是语言经济原则的要求，因而更为常见。

例句	CCL语料库	人民网
于国于民	54	1031
对国家对人民（来说）	6	529
于公于私	27	708
对单位对个人（来说）	0	2
于情于理	27	2113
从情理上说/来说	20	184
于法于理	4	362
从法理上说/看	21	681

上述统计中"于法于理"有点特殊，它出现的有效语料比"从法理上说/看"要少，这可能是因为"于法于理"不像"于情于理"那样通俗易懂，更不如"从法理上说/看"来得简单，所以才出现这样的情况。

随着语言的不断发展，介词的分工越来越细化，但是又和介词本身的语义特征有关，"于"的语义特征主要表现为［+起点］［-终点］［+所在］，而"对"的语义特征主要表现为［+对象］［+方向］［+对待］等。如：

（50）操之过急，于/*对事无益。

（51）决不对/*于困难低头。

（52）这样做，对/*于解决问题起不了多大作用。

（53）这种气体对/*于人体有害。

4.4 "于X"作关涉状语与"对于X"作状语

陈昌来（2002）提到，"对于"属于关涉状语中的对象介词。如：对于一个学生来说，学习是第一位的。"对于"是"对""于"连用形成的跨层结构，边界逐渐消失以及词汇双音化的结果。周芍、邵敬敏（2006）提出"对于"主要是引进对待对象，和"对₂"句法功能相当。[①] "对于"是"于"过度虚化，然后通过前加引进对象较具体的"对"，来强化自身因语法化损耗而十分抽象的意义。"对于"引进的对象有诸多限制：当介词宾语为单个名词，谓语为简单形式或介词宾语为复杂形式，谓语为简单形式时，"对于"都无法成句。张韶磊（2010）通过统计发现，现代语料中，"对于X"一般处于主谓之间，作状语。当代语料中，"对于X"更倾向处于句首位置，作话题。根据我们的考察，"对于X"和谓词的关系越来越松散，而和宾语的关系更加紧密，句法功能逐渐由充当状语发展为更多地充当定语，乃至慢慢地话题化了。如：

（54）看来，突破旧体制，对于政府，对于企业都是一个至关重要的课题。（《1996年人民日报》，出自CCL语料库）

（55）面对市场经济的发展，有些人见利忘义了，"红岩魂"展览的轰动，反映人们对于腐败、对于奢靡之风的厌恶和批判。（《1996年人民日报》，出自CCL语料库）

（56）对于离休，对于生活琐事，对于飞涨的物价，甚至对于死亡……父亲都表现出一种安之若素听之任之的坦然。（《作家文摘/1994》，出自CCL语料库）

上述（54）（55）（56）句中的"对于X"分别作状语、定语、话题成分，即使有时充当状语，这里介引的也是对待对象，而非关涉对象。当"于X"与"对于"共现时，可以比较清楚地看到两者在使用上的区别：

（57）既然上峰有命令，看来背景很深，执行起来只是个时间和方式的问题。于公于私，对于本旅来说，都不能说这是一桩坏事。（《历史的天空》，徐贵祥著，

---

① "对₁"为介词，引进动作的对象或方向，参见周芍、邵敬敏（2006）。

2012年作家出版社）

（58）对于梁大牙，无论于公于私，江古碑自然又多了些不明不白的怨恨，所以下手也就更狠了……（《历史的天空》，徐贵祥著，2012年作家出版社）

我们认为这也是周芍、邵敬敏（2006）所言"'对于'和'对₂'句法功能相当"的原因所在。例如：

（59）尽管我知道在我死后会有人对叶赛宁无尽无休地狂吠，但这对于/对他，对于/对我都无所谓了。（《跟随勇敢的心：我最难忘的读书之旅》，王开岭著，2002年中国工人出版社）

（60）这种孤芳自赏对于/对社会，对于/对顾志达们尚待发展的追求真理的事业，都是没有好处的。（《读书/vol-028》，出自CCL语料库）

同时，"对于X"中的X₁、X₂在语义上除了相近、相对的并列关系以外，还有递进关系等；在形式上，X₁、X₂不再总是同样的音节，而是复杂许多，奇偶均有，这就决定了"对于X"充当多项关涉状语时，基本不会与"于X"存在同一性，例如：

（61）他说："我无论站在台上或站在台下时，对于/*于失败，对于/*于罪孽，对于/*于殃咎，都是用一副冷眼看待，都是用一个热心惊赞。"（《读书/vol-056》，出自CCL语料库）

（62）一次无意的遭遇，对于/*于雄鹿比比，对于/*于木嘎，对于/*于我这个不幸的旁观者，都极其偶然！（《呦呦鹿鸣》，白桦著，出自《花城》，1998年第1期）

从上述"于X"与"对X""对于X"作关涉状语的粗略对比中可以看出，伴随着语言的发展，介词相互竞争又和谐共存："于X"倾向介引语义并列的多个关涉对象，同时因韵律整齐，逐渐习语化；"对X""对于X"倾向介引对待对象，X₁、X₂间的语义有并列、递进等多种关系，韵律上也奇偶有加，难以习语化。

本章小结

本章对"于X"充当多项关涉状语的句法类型、功能以及演变历程作了一定的梳理，可以发现："于X"充当多项关涉状语表示对象"X"和谓语核心表示的动作或性质具有关涉性（concerned）。"于X"中的"X"对句法成分有一定的选择性，一般都具有［±受动性］［＋空间性］［－时间性］等语义特征。介词"于"具有"关涉状语标记""凸显焦点"等句法功能以及排比的修辞功能。"于X"充当多项关涉状语是"于 X"补语位置的移位以及语法化中的强化（reinforcement）共同造成的结果，增加了语言表达的丰富性以及多样性。

第二编
"X+于"跨层结构的词汇化

第六章 "X 于"粘宾动词及其成因

杨锡彭（1992）提出，和普通动词相比，粘宾动词是指那些必须和宾语共现，不能单说，句法上不自足的动词，已被大多数词典收录。《现代汉语描写语法》（2010）将此类词称为"黏宾动词"，指出它们在语义上不能自足，必须与所带的宾语共现才能表达一个相对完整的意义，而且宾语定位在动词的后边。本文按照通行的说法称其为"粘宾动词"。《倒序现代汉语词典》（1987）、《汉语动词用法词典》（1999）、《现代汉语逆序词典》（2005）、《现代汉语词典》（2012）等词典都收录了数量不等的"X于"动词（参见附录）。高苗红（2008）、李德鹏（2009）对"单音节语素＋于"的类型、词汇化程度及成因进行了分析，认为韵律的双音化、语位的凝固化、语法的重新分析是主要成因。

时贤的研究大多集中在共时平面对"X 于"的词汇化进行研究，描写和分析比较宏观，且对"X于"粘宾动词的特点着墨不多。我们试图通过较详细的分析研究，对"X于"的粘宾动词化有个较深入的了解。

1 "X 于"粘宾动词的范围与类别

1.1 "X 于"粘宾动词的范围

如何界定粘宾动词？尹世超（1991）、杨锡彭（1992）、刁晏斌（2004）都有所提及。毛颖（2010）在前人的基础上提出粘宾动词的界定标准为动词的粘宾性，主要表现为：述宾结构中宾语的非省略性、述宾结构中宾语的非易位性、述宾关系的非解体性。根据这些标准，她从《现代汉语词典》（2005）和《现代汉语逆序词典》（2005）中穷尽地筛选出 35 个"X 于"粘宾动词，如下：

安于　便于　濒于　长于　处于　等于　富于　敢于　甘于　归于　基于　急于　见于　介于　乐于　利于　流于　忙于　难于　苦于　期于　勤于　善于　适

于　属于　位于　限于　陷于　易于　勇于　囿于　寓于　在于　忠于　拙于

我们认同这样的界定是较为合理的，本文也采用此标准。根据上述研究，综合现在通行的词典收录情况，我们详尽地列出 "X 于" 类粘宾动词如下：

安于　碍于　便于　濒于　长于　处于　等于　富于　敢于　甘于　归于　基于（动词、介词兼类）　急于　见于　鉴于（动词、介词兼类）乐于　忙于　难于　苦于　期于　勤于　善于　适于　属于　位于　限于　陷于　易于　勇于　囿于　寓于　在于　至于（动词、介词、连词兼类）　忠于

但是，也应该看到，"X 于" 粘宾动词是一个动态的范围，由于每个 "X 于" 的个体差异，有的已经完成了粘宾动词化，并且进一步词汇化，如 "等于""在于""急于" 等。① 有的还处在粘宾动词化的过程中，暂时未被收入词典中。如 "勤于""忙于" 等。

1.2　"X 于" 粘宾动词的类别

吴锡根（1994）将只能带体词性宾语的粘宾动词称为体宾动词，只能带谓词性宾语的粘宾动词称为谓宾动词（"便于、乐于"），既可带体词性宾语又可带谓词性宾语的粘宾动词，称为两用动词（"等于、长于、归于" 等）。在此基础上，我们根据 "X 于" 粘宾动词所接宾语的特点，将其分为三类。

1.2.1　带体词性宾语的粘宾动词

主要的动词有 "安于、碍于、见于、富于、期于、适于、属于、位于、限于、陷于、囿于、寓于、忠于" 等，如：

（1）另外，考古人员还发现了白釉绿彩制品，大量见于唐代晚期地层和灰坑内，器形丰富，釉色纯净，色泽鲜艳。（《新华社 2004 年 5 月份新闻报道》，出自 CCL 语料库）

（2）不幸的是，公司领导人被初期的胜利冲昏了头脑，渐渐变得安于现状，不求进取了。（《商业领袖》，李代维、阿苇、唐颖编著，1999 年广东经济出版社）

1.2.2　带谓词性宾语的粘宾动词

主要的动词有 "便于、濒于、处于、基于、鉴于、乐于、忙于、难于、敢于、甘于、急于、苦于、勤于、易于、勇于" 等，如：

---

①"等于""在于" 等还可以后接小句，充当小句标记。"急于" 等词有副词化的倾向。

（3）此外，尼日利亚4个国有炼油厂管理不善、<u>濒于</u>倒闭，这使尼日利亚这个世界第六大石油输出国还不时闹点油荒。（《新华社2004年5月份新闻报道》，出自CCL语料库）

（4）一般轮式汽车<u>难于</u>通行的地域，它凭着这双"铁脚板"——履带，差不多都可以畅行无阻。（《科学的昨天、今天和明天》，伟丽、赵中颌等编著，2000年四川人民出版社）

1.2.3　带体词/谓词性宾语的粘宾动词

这类动词主要有"等于、长于、归于、善于、至于、在于"等，如：

（5）女性叙述事情常带有浓厚的感情色彩，<u>长于</u>形象思维，擅长文学、艺术、语言、医学、史地等学科。（《中小学生个性心理与教育》，钦建华著，2003年第二军大学出版社）

（6）曹操戎马倥偬一生，用兵灵活，<u>长于</u>选将用将，治军严整。（《未来军事家必读之辉煌将帅》，谢永亮编著，2005年中国文联出版社）

上述（5）（6）两句中的粘宾动词"长于"的宾语，既有体词性宾语"形象思维"，也有谓词性宾语"选将用将"，其他几个词语也是类似的情形。

2 "X 于"粘宾动词的句法特点

2.1　动词/形容词性语素"X"的特征

崔应贤（2012）对"X"进行了分类，形容词主要有状态、程度、量度等类别，动词主要有自主动词和非自主动词等。但崔文中提到的"X 于"比较宽泛，不少不是本文所涉及的粘宾动词。我们关心的是，为什么有些单音节动词/形容词性语素没有和"于"形成粘宾动词，而偏偏"安、乐、苦、急、易、难"等类语素易于和"于"形成粘宾动词？我们认为，"X 于"中"X"的特征主要有：

1）动态性较弱

"X"一般只具有有限的谓词功能，不能重叠，不能带"着、了、过"等实体助词。如果是形容词，一般是性质形容词。董秀芳（2002）提到动宾式短语词汇化时，动词成分的语义特点就是动作性较弱，动态性较弱的动词更加容易和宾语发生词汇化。我们发现："X 于"中的"X"动态性一般都较弱，表现为不能重叠，不能加时量短语、时体助词。就形容词来说，性质形容词一般都具有静态性特征。张国宪（2000）认为形容词在时间链条上的表现大致为：变化形容词 > 状态形容词 > 性质形容词。换言之，从左至右，时间性依次减弱，动态性依次减弱，空间性依次增强。毛颖（2010）从动词的过程结构，论证了粘宾动词的弱动作性，这与我们的观察也是一致的。在其基础上，我们发现 "X 于" 粘宾动词大多属于 "无限时间结构" 动词，表现为 "无起点、无终点、无续段"，这里的动词性语素一般没有对应的具体动作行为，即使是有表示动作的，也是弱动作，如 "在" "等"。而像动作性强的动词性语素则不能构成类似的 "X 于" 类粘宾动词，如：

（7）★跳于　★迟于　★吃于

2）自由度较低

一般来说，词的自由与黏着按照是否能单独成句为标准，语素的自由与否则以能否独立成词为标准。通过观察，我们发现，这里的 "X" 多数自由度较低，具有较强的黏着性，也就是说，如果是动词性语素，自由度不高，不能独立成词，如果是性质形容词等，没有特定的语境，一般不能单独提问或回答，如：

（8）★善不善？善。

（9）★安？安。

正因为不能独立成词，所以上述的 "X" 必须和其他语素（自由语素或黏着语素）组合起来，才能构成词语，但是我们也发现少数形容词性的 "X" 好像具有一定的自由度，可以直接用来提问或回答，如：

（10）苦？苦。

（11）急？急！

其实，这里 "苦" "急" 相对动词性的 "善" "安" 等来说，具有了一定的自由度，但是在上述例句中，如果没有语调、一定的上下文等语境配合，也是不能成句的。

3）语义较抽象

毕爱华（2011）提出有 28 个典型的性质形容词可以和 "于" 连用：

暗、长、短、淡、贵、苦、宽、老、轻、深、严、远、薄、乏、富、急、精、近、广、懒、累、忙、难、偏、巧、勤、迟、穷。

通过对照词典收录情况，我们发现并不是所有的典型性质形容词都可以构成 "X 于" 类粘宾动词。我们感兴趣的是：为什么这类形容词能够和 "于" 组配，构成 "X 于"

类粘宾动词？尹世超（1991）提出：绝大多数的黏着动词同义词群都属于表示抽象关系的词类［转引自尹世超（1991）］：

归——归于　属——属于　等——等于　在——在于

由此思路出发，我们发现，这里的"X"也具有［＋抽象性］的语义特征。那些表示实体关系的性质形容词，如"红""绿""明""暗"等，一般则无法构成"X于"类粘宾动词。

（12）＊红于　＊绿于　＊暗于　＊亮于

4）"X"的词汇意义相对或相近

从我们所列举的"X于"类粘宾动词，"X"的词汇意义大多是相对或相近的：相对的有苦/甘、难/易、安/急、居/处/位、擅/长、勤/懒等；相近的有归/属、便/利、勇/敢、乐/甘等。这应该是语言的更新和强化的结果，被更新的"旧词"依然在共时平面留存，丰富了语言的表达。如：

（13）他说："我们乐于听取各方意见，并将依照中国法律和国际规则，认真处理侵权事件。"（《新华社 2004 年 4 月份新闻报道》，出自 CCL 语料库）

（14）但对于那些安于清贫、甘于寂寞、潜心学术的学者，我们无法不表示我们的敬意。（《1993 年人民日报》，出自 CCL 语料库）

2.2　宾语的特征

在粘宾动词中，"X于"类粘宾动词的宾语除了具有一般宾语的特点外，还具有自己的一些特色。董秀芳（2002）论证了能够词汇化的动宾式短语，宾语成分具有非具体性、非个体性和无指性。我们发现，"X于"后的宾语一般以谓词性宾语为多，主要的特征有：

1）宾语多为双音节

吴为善（2006）提出，两个音节构成基本韵律单元（音步）的倾向，在这个韵律单元的作用下，两个紧邻出现的单音节词，由于"高频共现"（frequently co-occur）就有可能复合为一个语言单位，这即是汉语的"双音化"现象。具体到"X于"类粘宾动词，宾语的选择也受到双音化的制约，一般为双音节体词或谓词，这样就较容易形成"四字格"的稳定音步，在韵律上较为和谐、稳固。如：

（15）乐于助人　便于办事　属于祖国

2）宾语语义具有空间性

李英哲（1980）认为，"于"作为通用介词，当位于动词之后、大多数名词之前时，可以把这些名词作为处所词。毕爱华（2011）分析归纳了"A 于"的宾语语义类型有［＋处所］［＋对象］［＋方面］［＋原因］［＋目的］［＋被动］［＋时间］等。该文在分析了几个常用"A 于"后，提出宾语倾向为谓词性宾语。我们认为，"X 于"的宾语无论是体宾还是谓宾，都具有［＋空间性］特征。这也符合词语搭配间词汇的选择和语法的选择关系。这里的谓词性宾语都已经指称化，都具有"空间性"。如：

（16）**勇于**追梦／思考　**敢于**追梦／实践　**勤于**圆梦／思考

谓词的主要特征是时间性，但同时也应该具有一定的空间性。"X 于"后谓词结构本身应该占据一定的空间，当其充当宾语时，谓词结构指称化，空间的特征更为凸显。这可能跟"于"本身的介引功能有关，优先选择具有［＋空间］以及与空间有关的宾语组配，而那些虽然存在一段时间，但与上述原则有所违背的宾语，使用的频率慢慢减少，逐渐就被淘汰了。如下面例句中的"蔽于""明于""暗于"等：

（17）凡人之患，**蔽于**一曲，而**暗于**大理。（《荀子·解蔽》）

（18）有的人**明于**知人，而**暗于**知己，稍有作为就骄傲自满。（《徐季子文选》，徐季子著，2002 年宁波出版社）

3）宾语为非典型受事

董秀芳（2006）认为：动名词之间的"于"所标记的语义角色为非典型受事成分，大多表示涉及对象、范围等，如果是处所、时间等语义角色，则可以移位至动词前直接作为状语，甚至词汇化为偏正类词语。例如：

（19）吃食堂　在食堂吃／廷见　见于廷

Hopper&Thompson（1980）曾把及物性的原型特征概括如下：[①]

构成要素	及物性高	及物性低
参与者	两个及以上	一个
行为	行为	非行为
体	完成	未完成
瞬时性	瞬时性	非瞬时性
意志性	有意志性(自主)	无意志性
肯定性	肯定	否定

---

① 有关 Hopper&Thompson 及物性理论转引自毛颖（2010）。

续表

构成要素	及物性高	及物性低
方式	真实行为	非真实行为
施动性	可能性高	可能性低
宾语受影响程度	完全受影响	没有影响
宾语个体化程度	高度个体化	非个体化

这里和宾语有关的要素主要是参与者、施动性、宾语受影响程度、宾语个体化程度等。从语料检索来看，宾语的及物性都比较低，都属于非典型受事。

3 影响"X+于"粘宾性的因素

3.1 "X"语素义的制约

毛颖（2010）根据 Hopper&Thompson（1980）的及物性理论，提出动词的及物性梯度为及物性高的及物动词（有被动式）—及物性较低的及物动词（无被动式）—及物性最低的及物动词（粘宾动词）—不及物动词。由于粘宾动词的低及物性，导致其对宾语语义成分的影响力低，宾语不得不和动词"捆绑"在一起，共同表达一个完整的意思。如果宾语易位，则句子无法成立。例如［转引自毛颖（2010）］：

（20）很多年轻人敢于挑战自我。

★挑战自我很多年轻人敢于。

我们认为这样的分析有一定的道理，但是粘宾动词的低及物性如何形成的更应该值得研究。刘红妮（2009）论证"加以"的多元词汇化和语法化时，认为"加"的不同语素义导致了"加以"的不同演变途径及结果。这给我们提供了思路和借鉴。我们认为"X"的不同语素义应该也会影响"X 于"的演变。因为，同样是"X+于"非句法结构，有的则形成了述补结构，有的则形成了偏正结构，并没有形成"X 于"类粘宾动词，例如：

（21）生于北京 > 始于足下 > 溶于水中 > 利于行事

目前来看，通行的几部语言学词典尚未把"生于""始于""溶于""利于"收录进去，也就是它们还没有成词。就"X 于"类粘宾动词来说，语素"X"应该具有［+关涉］［+弱动作］等语义特征。

3.2 "于" 介词范畴的影响

李德鹏（2009）对 "单音节动词 + 于" 的词汇化过程进行了研究，认为 "处于、归于、属于" 等双音节动词是由 "动词 + 于" 词汇化的结果。"处于、寓于、陷于、在于、居于" 这几个词中，单音节动词（处、寓、陷、在、居）都包括了介词 "于" 的语义 "在、到"，从而使 "于" 没有任何意义而后附。"归于、属于、期于" 则是动词 "归、属、期" 和后面的成分构成动宾关系，同时不包含 "于" 的意义，"于" 也不起任何介引作用，"归于、属于、期于" 在汉语双音化的趋势下逐渐成词的。"战于、会于、盟于" 则由于相应的单音节动词 "战、会、盟" 和 "于" 后的成分构成动补关系，所以无法成词。我们认为这样的分析有失偏颇。如果诚如所言，单音节动词（处、寓、陷、在、居）同样也包括了介词 "在""到" 的语义，为何没有形成 "处在、寓在、陷到、归到、居在" 等双音节词？

刘红妮（2009）分析 "'终于' 的词汇化" 时认为，"于" 的介词并入以及 "终" 和 "于" 的去范畴化[①]，最终导致了副词 "终于" 的形成。而我们发现，在 "X 于" 类粘宾动词中，"于" 虽然是一个构词语素，但没有完全去范畴化，还是具有一定的介词范畴特征。毛颖（2010）分析 $X_单 P$ 复合式粘宾动词的粘宾性成因时，认为 "P" 虽然内化为词内成分，但是还保留着原来的语义指向，客观上强制性要求这些复合式动词带宾语，最终导致这类粘宾动词的形成。

李英哲（1980）提到，早在《诗经》《尚书》等先秦文献中，"于" 即是一个构词能力极强的动词性语素（作为动词和介词），动词意义比较宽泛，除了用作 "关联、指向、像" 以外，还普遍用于存在句中，表示 "是，存在，有"。具体到 "X 于" 类粘宾动词中的 "于"，主要还是介引关联的对象、指向的对象、存在的处所等。如：

（22）工作搞对的有我的份，搞错的也有我的份，不能把那时候的失误都<u>归于毛主席</u>。（《新华社 2004 年 8 月份新闻报道》，出自 CCL 语料库）

（23）壁虎外貌虽则丑陋，但它是<u>善于捕食蚊蝇</u>的 "壁上小老虎"。[《中国少年儿童百科全书（自然·环境）》，林崇德、王德胜主编，1991 年浙江教育出版社]这里的 "于" 分别介引关联的对象 "毛主席"、指向事件的对象 "捕食蚊蝇"。随着

---

① 去范畴化是指词类在一定的语篇条件下，脱离其基本语义和句法特征的过程［参见刘红妮（2010）］。

被支配对象的范围逐渐扩大，"于"介引的作用越来越弱，构词的作用越来越大，"于"和"X"的关系越来越紧密。甚至，在一定的语篇条件下，"于"有时可以被省略，"X"独立成词。例如：

（24）敢试敢闯 归我／他 属孩子们

与此同时，"X 于"也作为一个组块，和其他一些词语组配，构成习语化的"X 于 XX"，如疲于奔命、严于律己、毁于一旦、流于形式、拟于不伦、轻于鸿毛、死于非命等，"于"所支配的对象趋于固定，大多为组合式合成词。

4 "X 于"粘宾动词化的历程及机制（以"属于""善于"为例）

"X 于"粘宾动词主要分为两类：动词性语素（"属""归""等""用""趋"等）＋于；形容词性语素（"善""乐""苦""安""长""急"等）＋于。由于每个形／动语素的历时发展不尽相同，这里仅以"属于""善于"为例，试图梳理一下它们的发展、演变历程。

4.1 "属于"的粘宾动词化历程

属，《说文解字》："连也"。段玉裁《说文解字注》解释为："连者，负车也。今字以为联字。其义实通也。"

（25）维桑与梓。必恭敬止。靡瞻匪父。靡依匪母。不属于毛。不罹于里。（《诗经·小雅·小弁》）

（26）夫十二经脉者，内属于腑脏，外络于肢节，夫子乃合之于四海乎。（《黄帝内经·灵枢·海论第三十三》）

这里的"属"应该为不及物动词，意为"连"或"联"，"于"为介词，作"到"解。随着语言的使用次数增多，"属"的意义发生引申，意为"成为一部分／类"，如：

（27）鸟鱼皆生于阴而属于阳。（《大戴礼记·易本命第八十一》）

（28）秋，八月，辛卯，沙鹿崩。林属于山为鹿。（《谷梁传·僖公·卷第八》）

这里的"属"还是为不及物动词，意为"成为一类"。"于"为介词，作"在"解。"于+N"构成的介宾短语作补语，补充说明动作存在的处所。当"于"后接的对象为"天子""尚书""公"等官职类名词时，"属"进一步引申为"附属、归属"之义。例如：

（29）《王制》曰："八伯各以其属属于天子之老。"曰二伯。（《白虎通义》卷三）

（30）鲁本立上下二军，皆<u>属于</u>公，有事则三卿递帅之而征伐。（《汉书·卷二七中之上·志第七中之上》）

（31）中郎少卑，<u>属于</u>尚书；不偿其劳，乃相大夫。（《韩愈集·卷二十六·碑志》）

当 "属于" 前有 "已" "咸" 等副词修饰时， "属于" 的核心谓语地位得到加强， "属于" 已经完全粘宾动词化了。例如：

（32）只是有人物底去处，则天地之化已<u>属于</u>人物，便不尽由天地，故曰 "间"。（《读四书大全说·卷八·孟子》）

（33）凡得养失养及陷溺梏亡，咸<u>属于</u>习。（《孟子字义疏证·卷中·天道四条》）

4.2 "善于" 的粘宾动词化历程

善，本义为良，引申为友善、善良。 "善于" 出现的句法环境主要有：A. "善于 + NP"；B. "不／莫善于 + AP"。其中 A 式中 "于" 引进关涉对象，B 式中 "于" 引进比较对象。我们认为 A 式应该是引起 "善于" 词汇化的句法环境。

先秦时期， "善" 主要作为动词，意义为 "与／对……友善"， "于" 引导动作的对象。 "善于" 只是线性序列紧邻位置的两个句法成分，并不直接发生句法关系。

（34）修<u>善于</u>身，名誉起也。（《楚辞章句》卷四）

（35）宋华元<u>善于</u>令尹子重。又<u>善于</u>栾武子。（《左传·成公十一年》）

这里 "于" 后接成分主要是 [＋有生] 的人物名词。先秦时期， "于" 基本是作为介引对象的标志。秦汉时期， "于" 主要是以 "不／莫善于 + AP" "善于 + NP" 形式存在，但是也出现了为数不多的 "善于 + VP" 形式。例如：

（36）七年，迁南阳太守，性节俭而政治清平，以诛暴立威，<u>善于</u>计略，省爱民役。（《后汉书·杜诗传》）

秦汉以后， "善于 + VP" 逐渐增多，这里的 "VP" 既有具体动作动词，也有抽象动作动词。例如：

（37）弘道身长六尺五寸，性敏悟，能属文，尤<u>善于</u>句读，凡经史，皆一览无遗。（《全唐文》卷七六〇）

（38）恪既历任将军，立功塞外；立本唯<u>善于</u>图画，非宰辅之器。（《旧唐书·阎立德传》）

（39）<u>善于</u>御抚，得士卒之心，长于政术，致廉平之美。（《凉州府志备考·艺文》

卷二）

（40）孝标<u>善于</u>攻缪，博而且精，固以察及泉鱼，辨穷河豕。（《史通·内篇·补注第十七》）

上述几句中，"句读""图画"等词为具体动作动词，"御抚""攻缪"等词为抽象动作动词。同时，"善于"的动词义增强，可以直接后接普通名词作宾语。例如：

（41）沈约云："敬元尤<u>善于</u>隶书，子敬之后，可以独步。"（《法书要录》卷八）

（42）将食，李曰："陆君<u>善于</u>茶，盖天下闻名矣，况扬子南零水又殊绝，今者二妙，千载一遇。何况之乎？"（《苕溪渔隐丛话后集》卷第十一）

通过北大语料库以及汉语古籍检索（第 4 版）可以看出，自南北朝以后，"善于 + VP"的使用次数明显增加，出现的频率也在增多，导致"善于"逐渐从跨层结构演变为一个粘宾动词。

4.3 "X 于" 粘宾动词化的机制

Bybee（1985）指出，在语义上与动词相关性越大的语素越容易与动词融合（fuse）或变得依附于动词 [转引自董秀芳（2002）]。董秀芳（2002）提到"至于、由于、终于"等类词的词汇化时，认为它们是从跨层结构演变过来的，只不过"至于、由于"发展为介词，"终于"发展为副词。我们认为"X 于"类粘宾动词应该也是从跨层结构演变过来的。"X 于"粘宾动词化的句法环境应该是 X + 于 + NP。首先"X"和"于"线性顺序紧密排列，"于"介引名词性成分，最开始主要是处所类名词（有生类名词也可以看作广义的处所名词），随着介引对象的扩大，非处所类具体名词、抽象名词逐渐成为介引的对象，这些介词的宾语常常可以在语境中不言自明或在上下文中出现而被省略，"于"后的 NP 就经常以零形式出现，"于"的支配对象经常空缺，最终促使"于"前附"X"，逐渐黏合成词。"X"的及物性差，导致"X 于"必须和宾语一起共现。分界转移（boundary shift）也应该是"X 于"粘宾动词化一个很重要的机制。张谊生（2011）认为汉语中有一部分介词本来和介词宾语一起在动词后面充当补语，随着表义重心的转移，分界就会发生转移。比如介词"于、在、以、乎"本来都是动词虚化而来的，在长期充当补语的过程中，形成了前附式结构，如安 / 于 / 现状、生于农村，乐于助人、敢于承认、便于联系、急于了解、善于掩饰，事 / 在 / 人为、危在旦夕、迫在眉睫、意在言外，得 / 以 / 延续、数以万计、坐以待毙，出 / 乎 / 意外、瞠乎其后、神乎其神等。我们认为这些结构的前附式成分有些会逐渐成为粘宾动词。

4.4 "X 于"粘宾动词的发展

如前所述,"X 于"类粘宾动词的范围是动态的,一方面,还会有"X + 于"组合结构完成词汇化,成为新的粘宾动词,当然这是一个较长的时间。张谊生(2010)提出,汉语的词汇化一般经过三个阶段:韵律词、语法词、词汇词。像"位于""见于""拙于"在《现代汉语词典》(2012)中就没有被列入。另一方面,现有的粘宾动词还会向前发展,如"疲于",由于词汇化的阶段完成得较早,基本是个成熟的粘宾动词。同时,通过类推等方式,现在还形成了"疲于"类四字格短语,如疲于应付、疲于对付、疲于解释等,有的还成为成语,如疲于奔命等。我们认为随着语言的发展,还会产生更多由"X 于"粘宾动词形成的"X 于 XX"四字格短语。

本章小结

本章对"X 于"类粘宾动词进行了分析,力图发掘其形成的过程、影响的因素以及与其他类粘宾动词的不同。从中我们可以发现,"X"的语素义、"于"的介词范畴等共同促成了"X 于"类粘宾动词的形成。当然,这也和语言的竞争、融合以及语言表达精致化的要求有关系,有待于进一步的考察和挖掘。

第七章 连词"由于"的形成及其连接功能

"由于"是一个比较常用的虚词,多见于书面语。《现代汉语词典》(2012)、《现代汉语八百词》(1999)、《现代汉语虚词词典》(2001)等,都标注"由于"的词性为介词、连词。由此可见,"由于"属于介、连兼类词,是大家的共识。因为其连词用法要远超于介词用法,我们这里采用刘红妮(2009)的处理办法,也称之为"连词—介词"兼类词。刘楚群(2002),李晋霞、刘云(2004),郑丽(2008),刘红妮(2009),李晋霞(2011),张田田(2013)对其形成过程以及与"因为""既然"等词的差别,进行了较多的研究。我们认为"由于"与相关连词的差别,时贤研究较为详细,但是作为连词的个性特征还有待进一步的挖掘和分析,以便摸清其来龙去脉,从而更好地认识"由于"的连词化历程。

1 "由于"的词汇化历程及特点

1.1 "由于"的词汇化历程

郑丽(2008)对"由"及"由于"的虚化过程进行了考察,她认为"由""于"经历了凝固化和语法化的过程。《说文解字》没有收入"由",属于古字字形,本义是"木生条",即"条生于木",从而引申出"产生、源自、经由"的动词义。如:

(1)信不由中,质无益也。(《左传·隐公三年》)

(2)所敬在此,所长在彼,果在外,非由内也。(《孟子·告子上》)

刘红妮(2009)主要从复合介词的角度进行研究。基于刘文的研究,我们大致可以看到"由于"的词汇化脉络,详见下文:

最早在先秦,就出现了"由+于"的并列形式,但用例不多,这里的"由"为动词,介词"于"和其后的宾语一起作动词的补语,如:

(3)故古之为国者,无使民自贫富,贫富皆由/于君,则君专所制,民知所归矣。

（《尹文子·大道下》）

两汉、魏晋时期，"由于" 在句子表层还是 "动词 + 介词" 的跨层组合，如：

（4）勇力所生，生于美色；祸难所发，<u>由 / 于</u>勇力。（《论衡·言毒第六十六》）

（5）荐舜之本，实<u>由 / 于</u>尧，此盖圣人欲尽众心也。（《三国志》卷四）

（4）句中，"生于""由于" 对举，而（5）句中，动词 "由" 前有副词 "实" 修饰，这里也说明 "由 + 于" 还是两个独立的组合成分。

根据刘红妮（2009）的考察，唐代 "由于" 还比较少见，散见于少数几个文本材料中，"由于" 也还没有成词，属于 "动 + 介" 的跨层组合结构。但是通过我们的分析，我们认为在隋唐时期，既有不少跨层形式的 "由 + 于"，也有已经成词的动词 "由于"。例如：

（6）汉伏波将军马援讨林邑蛮，路<u>由 / 于</u>此，立碑石，龟尚在。（《旧唐书·卷四一·志第二一》）

（7）比来所遣外任，多是贬累之人，风俗不澄，实<u>由 / 于</u>此。（《旧唐书·卷八八·列传第三八》）

（8）且生死寿夭，<u>由于</u>自然；刑德威福，关之人主。（《旧唐书·卷七九·列传第二九》）

（9）冬至自有常数，朔名<u>由于</u>月起，既月行迟疾无常，三端岂得即合？（《旧唐书·卷七九·列传第二九》）

（6）（7）句虽然都有 "由于此" 这一形式，但（6）句中应该是 "路由 / 于此"，意为 "路上经过到这里"，"由" 作 "经过" 义。（7）句中，应该切分为 "实 / 由 / 于 / 此"，"由" 作 "来源" 义。（8）句中，前句 "由于" 和后句 "关之" 正好对举，这里的 "由于" 从句法功能上看，独立充当谓语，从韵律上，"由于自然" 和后面的 "关之人主" 一样，倾向被理解为 "2+2" 的韵律结构，"由于" 作 "根据" 义，应该已经成词了。（9）句中也大致属于类似的情况。我们判断唐朝应该就是 "由于" 成词的年代，而非刘红妮（2009）所说的明朝。宋代，动词 "由于" 的后接成分出现了扩大，既有体词性成分，也有谓词性成分。如 [转引自刘红妮（2009）]：

（10）所谓 "约之以礼" 者，能守礼而<u>由于</u>规矩也。（《朱子语类》卷三三）

（11）然守死生于笃信，善道<u>由于</u>好学。（《朱子语类》卷三五）

（12）然无底工夫，则<u>由于</u>能寡欲。（《朱子语类》卷九四）

（13）今日人才之坏，皆<u>由于</u>诋排道学。（《朱子语类》卷一八〇）

明代，随着"由于"后接成分的扩大，其动词性减弱，当后接更多的谓词性短语和小句时，"由于"开始向连词演化，同时和一些结果连词"所以""因"等共现，如：

（14）宠之以位，位极则残；顺之以恩，恩竭则慢。所以致弊，实<u>由于</u>此。（《三国演义》第五十六回，罗贯中著，2002 年四川人民出版社）

（15）<u>由于</u>甘蔗园中收得养育，因立甘蔗为第四姓。（《众许摩诃帝经》卷二）

清代，"由于"作为连词的用法继续增多，其连词用法慢慢成熟。如：

（16）剥肤之惨，在子孙为不孝，在父母家长为不仁，而推其原则，<u>由于</u>不合礼而已。（《北东园笔录初编》卷五）

（17）其所以蒙此恶名，亦<u>由於（于）</u>自甘下流，故天下之恶皆归之。（《莨楚斋随笔》）

（18）便是节子平日虽守礼谨严，乃半<u>由于</u>生性不喜风华，半<u>由于</u>没有他欢喜的男子。（《留东外史》，不肖生著，1998 年中国华侨出版社）

民国期间，"由于"的使用频率急剧上升，后面开始接体词性的词语，其介词用法开始出现，如：

（19）作俑虽<u>由于</u>昔人，而滥觞实至此而斯极。（《巢林笔谈续编·陈检讨集》）

（20）其女<u>由于</u>愤怒而成疾，而且病一天天重下去。[《中国古代艳史大系（第六卷）》，彭诗垠著，1999 年大众文艺出版社]

我们认为，"由于"的介词用法是由其动词用法演化而来的，当"由于"带体词性宾语位于谓语前项时，"由于"发生了降格，句子核心让位于其后的谓语，动词"由于"发生了第二次虚化，不过这次是向介词演化。同时也出现了"由于……使""由于……所以"等句型，如：

（21）<u>由于</u>刚才的事情，<u>使</u>老人家想到男大当婚，女大当聘，闺女素兰不小了。（《雍正剑侠图》，常杰淼著，燕雨石点校，1995 年北京十月文艺出版社）

（22）这里原来是深达 200 米的海底，这个小岛是<u>由于</u>火山的不断活动而升起的，<u>所以</u>呈圆锥形。[《中国少年儿童百科全书（自然·环境）》，林崇德、王德胜主编，1991 年浙江教育出版社]

此时"由于"的介词化尚未完成，介词化程度还比较低，原因在于"由于"后接的一般都是表示原因的宾语。

1.2 "由于"的词汇化特点

我们感兴趣的是：在"由于"的词汇化过程中，"由于"是从"由（动词）+于（介词）"发展到介词然后到连词，还是先发展到连词然后到介词，抑或是两条并行不悖的途径？郑丽（2008）认为"由于"是"由（动词）+于（介词）+NP"的跨层结构虚化来的，"由"和"于"经常相邻出现，经过重新分析后，慢慢就凝固为一个双音节词了。它和"由"（动词）虚化成"由"（连词）的途径基本相同。刘红妮（2009）则通过历时语料的考察认为：明朝，连词"由于"正式成词，使用频率也逐渐增加，民国期间介词的用法也开始出现，且连词的用例要多于介词的用例。刘文据此称之为"连—介"兼类词，而非"介—连"兼类词。吴福祥（2003）根据 Liu&Peyraube（1994）的理论观点，验证了汉语"和"类连词的演变途径为"动词→介词→连词"，刘丹青（2003）对此并不完全赞同，认为介词和连词的语法化程度相差不大，要根据具体的情况来判断，我们认为刘丹青的观点是比较符合语言实际的，根据"由于"的实际演化情况来看，动词"由于"在隋唐时期词汇化为动词，在明朝，开始出现连词的用法，在晚清、民国初期在其动词用法基础上又演化出介词用法，它们的演化路径应该是：

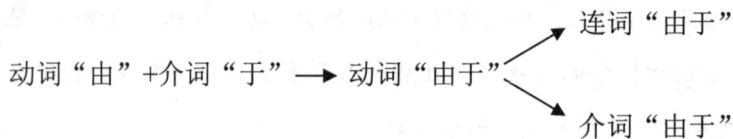

$$\text{动词"由"+介词"于"} \longrightarrow \text{动词"由于"} \begin{cases} \longrightarrow \text{连词"由于"} \\ \longrightarrow \text{介词"由于"} \end{cases}$$

"由于"成词之初，"于"分界转移为词内成分时，"由于"还是一个动词，位于谓词核心；当"由于"所接对象分别为谓词性成分（或小句）、体词性成分，动词"由于"即演化为连词、介词了，如：

（23）房东的儿子是北大的厨子，也是个心地善良的人，他每隔几天就来看望父亲一次，这位中年人由于长期待在北大，也耳濡目染得像个有学问的人。（《中国北漂艺人生存实录》，卞庆奎著，2005年中国青年出版社）

（24）正是由于平型关战斗的意义重大而深远，此战在全国的舆论工具中成了重大新闻，被各报刊登载。（《中华名将》，苑士军编著，1997年中国经济出版社）

（25）因为人们不必为它作出努力，所以能缓解由于紧张的心理活动而带来的疲劳，使人们的心理活动变得轻松。

上述（23）（24）句中的"由于"后接的成分分别是述补短语、主谓小句，所以其是动词，而（25）句中的 "由于" 后接的成分则是名词性短语，这就是介词的功能了。

2　"由于" 的句法分布

2.1　介词 "由于" 的分布位置

介词 "由于" 可以介引名词或名词性短语，出现在单句或复句中，一般位于谓语核心前，作状语，如：

（26）那是我小时候记事，由于我爱人，经常到这儿来，她是住在那儿。（《1982年北京话调查资料》，出自 CCL 语料库）

（27）在五十年代初期和中期，林彪由于身体等方面的原因，没有担任什么重要职务，工作也不很积极。（《中华名将》，苑士军编著，1997 年中国经济出版社）

（28）1916 年 3 月，彭德怀（当时名彭德华）投到湘军当了一名二等兵，由于作战勇敢，几年后升为连长。（《中华名将》，苑士军编著，1997 年中国经济出版社）

2.2　连词 "由于" 的分布位置

"由于" 还常常位于谓词性名词、短语、小句前，以位于主谓短语前更为多见，充当连词。如：

（29）希望他们能收下我，哪怕再低的工资，我都愿意在那儿待下去，但由于我缺少资历，他们往往只和我见了一面后便将我拒之门外。（《中国北漂艺人生存实录》，卞庆奎著，2005 年中国青年出版社）

（30）由于宋子良搞得一塌糊涂，以后改由交通部部长俞飞鹏亲自兼任总局长。［《文史资料精选（第10册）》，《文史资料选辑》编辑部编，1990年中国文史出版社］

2.3　介词 "由于" 和连词 "由于" 的区分

通过考察，我们认为连词 "由于" 和介词 "由于" 可以借助能否删去，确认它的句法性质：能够删去的，"由于" 为连词，不能删去的，"由于" 为介词。这是因为介词充当谓词和名词的中介和桥梁，没有其介引，无法和谓语发生关系，而连词的省略，主要导致连贯性的缺乏，并不影响句法形式的成立，如：

（31）由于卡蒂诺，我打得很卖力，并得到许多球，这要感谢斯蒂夫。（《姚明自传：我的世界我的梦》，姚明口述，里克·布切主笔，2004年长江文艺出版社）

（31'）＊卡蒂诺，我打得很卖力，并得到许多球，这要感谢斯蒂夫。

（32）我把手搭上了小姐的肩上，这个小姐长得有点像我大学时代的梦中情人郭静。不过，大概由于读书不多，她在气质上根本无法和郭静比。（《中国北漂艺人生存实录》，卞庆奎著，2005年中国青年出版社）

（32'）我把手搭上了小姐的肩上，这个小姐长得有点像我大学时代的梦中情人郭静。不过，大概读书不多，她在气质上根本无法和郭静比。

（31）句中的"由于"不可删去，为介词；（32）句删去后基本没有改变句子的意思，为连词。与"因为"可以形成前果后因句不同，"由于"句一般只能位于复句的前项，说明原因，形成前因后果句。屈哨兵（2002）提出有6例"由于"句居后，但储泽祥、陶伏平（2008）根据自己的材料认为没有这样的句子存在。通过语料检索，我们认为这样的情况应该是不存在的。李晋霞（2011）就指出：在无标记状态下，"由于"在语篇连贯中是启后的，通常用于句内，是复句内部关联词，而"因为"既可以启后，也可以承前，可用于句内也可用于句外，既是复句内部关联词，也是语篇衔接语。如：

（33）第三次，我跳好了，可是由于下面垫的海绵太薄，导致我左腿摔伤，至今还留下疤痕。（《中国北漂艺人生存实录》，卞庆奎著，2005年中国青年出版社）

有的时候，为了某种表达的需要，"由于"还可以连用，集中表现形成一个结果的原因，增加强调的语用色彩。如：

（34）星期一晚上，由于时差，也由于终于看到自己接近NBA的梦想而兴奋，我整晚都睡不着。（《姚明自传：我的世界我的梦》，姚明口述，里克·布切主笔，2004年长江文艺出版社）

（35）越南胡志明主席发表文告说："在日内瓦会议上，由于我国代表团的斗争，由于苏联和中华人民共和国两国代表团的帮助，我们取得了一个伟大的胜利……"（《青少年一定要了解的政治家》，许召元编著，2009年延边人民出版社）

2.4 "由于"与连词、副词的共现情况

2.4.1 "由于" 与相关连词的共现情况

通过语料考察，我们发现"由于"一般单用，引导一个原因小句，一般不要求后

项结果小句必然出现连词（"因而、因此、所以、以致"等），随机抽取 100 个语料，后句出现结果连词的只有 7 例，只占到 7%，单用率为 93%。如果和结果类连词共现，它们则分别作为原因小句和结果小句的标记，共同组成因果复句。如：

（36）这次伏击战，<u>由于</u>部署周密，动员有力，指挥得当，<u>所以</u>打出了一个漂亮的歼灭战。（《中华名将》，苑士军编著，1997 年中国经济出版社）

（37）据当时初步统计，<u>由于</u>指挥错乱，<u>致</u>各部队被敌杀伤、落伍、染病死亡的，比在战场上与敌战斗而死伤的还多数倍。［《文史资料精选（第 10 册）》，《文史资料选辑》编辑部编，1990 年中国文史出版社］

邢福义（2002）提到："由于"句重在分析理由，所以大多数不出现结果标记（"所以、以致"等），我们认为"由于"复句的表义重心应该就是"由于"小句。如果"由于"删去，句子仍然成立，但只是一般性的叙述因果，如：

（38）人类为了生存、发展，要向环境索取资源。早期，<u>由于</u>人口稀少，人类对环境没有什么明显影响和损害。［《中国少年儿童百科全书（自然·环境）》，林崇德、王德胜主编，1991 年浙江教育出版社］

（38'）人类为了生存、发展，要向环境索取资源。早期，人口稀少，人类对环境没有什么明显影响和损害。

（39）大多数的问题，那个赛季我已经听过很多遍了，但是<u>由于</u>我在同一个新翻译合作，我必须回答所有的问题，他才知道说什么。（《姚明自传：我的世界我的梦》，姚明口述，里克·布切主笔，2004 年长江文艺出版社）

（39'）大多数的问题，那个赛季我已经听过很多遍了，但是我在同一个新翻译合作，我必须回答所有的问题，他才知道说什么。

通过对比，我们细细地品味，会发现："由于"句中，前后的因果关系显得很明了，"由于"小句位置比较突出；而无"由于"的句中，可以感觉出说话人的表义在后面的结果，导致这一结果的原因并没有得到重点突出。

我们也可以从"所以"句的用例，来进行逆向分析，看看"原因小句"标记的隐现情况，经过 CCL 语料库检索，我们得出的大致情况如下表：

	"所以"句 (78297)	占比	"以致"句 (5444)	占比	"因此"句 (76666)	占比
"因为" 共现	20917	26.7	911	16.7	9618	12.5
"由于" 共现	8418	10.7	193	3.5	9744	12.7

"因为……所以"句只是一般的因果句，而"由于"句重在"对原因的理由性质进行强化"。这也可以从使用频率上反映出来。从CCL语料库来看，两者的用例大致如下表：

	CCL 语料库	教育部语料库
"因为……所以"句	132653	8969
"由于"句	88944	8074

2.4.2 "由于" 与相关副词的共现情况

"由于"还可以与评注性副词"可能""也许"等紧邻共现，如：

（40）在这个地方建都几年，由于可能国内的政治形势、军事形势又迁都到另一个地方，直到它统治比较稳定。（《解读中国古代都城》，刘庆柱著，2003年2月17日《百家讲坛》）

（41）原来，捆绑原木的铁链可能由于生锈的原因，突然发生断裂，结果导致木材的重量全集中到船的左边。（《新华社2004年4月份新闻报道》，出自CCL语料库）

（42）也许由于是在沙漠之中，古城看去灰蒙蒙，城市象是罩了一层尘土。（《1994年报刊精选》，出自CCL语料库）

这些评注性副词的辖域，可以涵盖原因小句，也可以被涵盖在原因小句里，出现上述差别，主要与两者的句法位置有关。句法位置居前的一般涵盖后者。

3 连词"由于"的语义特征

刘楚群（2002）比较了"由于"和"因为"的语表、语义、语用差异，认为"由于"句在表示逻辑因果联系上弱于"因为"句，主要表示前后分句在语义和时间上的前后相接。李晋霞（2011）对"由于"和相关的连词"既然""因为"等进行了比较，分析其在因果配位、主客观性、语用强化、衔接指向等方面的差异。张田田（2013）则比较详细地论证了"既然"和"由于"的主观性差异。我们认为，连词"由于"的语义特征主要集中在以下几点：

3.1　连接性

张谊生（2000）提到，从篇章的构成来看，一个连贯的篇章一般必须具有一定数量的连接成分，句与段的排列应该符合逻辑，句与句在语义上必须具有内在的联系。连词就是一个重要的连接成分。刘楚群（2002）就认为"由于"的因果逻辑性相对较弱，主要强调的是一种时间上的先后相承关系。说话人的语用目的是突出时间，而非原因，所以此时，"由于"不能被"因为"所替换。如〔转引自刘楚群（2002）〕：

（43）在中国资产阶级民主革命的一百年中，分为前八十年和后二十年两个段落……前八十年，中国资产阶级民主革命是属于旧范畴的；后二十年，由于国际国内政治形势的变化，属于新范畴了。（《毛泽东选集》，毛泽东著，1951年人民出版社）

（43）句中，作者的主要目的就是两个历史分期，而非分期的原因。我们认为"由于"的最主要特征就是强调承接式因果，"由于"优先表示时间上的承接。储泽祥、陶伏平（2008）对因果复句的关联标记居中程度进行了研究，提出了如下的居中序列：所以／因此／因而／于是＞以致／因为＞由于。他们还对因果复句的标记和主语的关系进行了考察，他们注意到：当前后主语不一致时，因句主语、因句标记谁在话语中起连接作用，谁就放在前面。比如：在回答问题"你为什么看得那么清楚？"时，回答应该是"因为我坐在前边，所以我看得清楚"；在回答问题"你为什么看得最清楚？"时，而回答则应该是"我因为坐在前边，所以我看得最清楚"。语序的简单调整，实际上反映了"因为"在复句连接中的作用。同样，我们也看到，"由于"句中一般都是"由于"居于主语前，"由于"是复句的连接标记，同时也应该是自然焦点标记。如：

（44）这部电视剧里需要几个群众演员演流氓地痞，我由于个子高，被选中了。（《中国北漂艺人生存实录》，卞庆奎著，2005年中国青年出版社）

3.2　事实性

张斌（2010）将"由于"句归为说明性因果复句，一般是就既成事实说明原因和结果，所叙述的事实基本为已经实现了的。这类复句在语义上有据实性、因果性的特点。李晋霞（2011）提出，"由于"句常常以已经发生了的现实事件作为原因，所以在句法上一般不能和表示未然体的"如果""万一"等词共现，如〔转引自李晋霞（2011）〕：

（45）★由于即使我和他分手了，我对他的人格仍然抱有信心，所以我可以冷静。

（46）★由于万一以后和房东发生争执和纠纷，租约就是打官司的法律依据，所以租房必须签租约。

我们认同上述观点，这可能与"由于"特别是"由"的来源有关系。如前所述，"由"本义是"木生条"，即"条生于木"，这应该是个已然的动作。所以相应地，作为词汇化的"由于"一般也应和已然事件联系在一起。但是我们在语料中发现，如果表示如果未然体的"如果""万一""即使"等词位于由于前，则句子就没有问题，可以成立。如：

（47）我以为，如果<u>由于</u>某种原因不便在出版物上署译者的名字，可用笔名，也可不署名。（《读书/vol-026》，出自 CCL 语料库）

（48）路那么远，您老人家万一<u>由于</u>旅途辛劳，折腾坏身子，我可得急坏了。（《一帆风顺，燕鸥！》，叶楠著，1989 年解放军出版社）

这可能是当句子的时体成分位于句子的外围时，其辖域涵盖整个句子，既可以表示已然事件，也可以表示未然事件。

3.3 客观性

李晋霞、刘云（2004）提到，"由于"句主要表示客观因果关系，句中一般不能添加主观标记"一定"，主要体现在现实世界域。而"既然"则表示主观因果关系，主要体现在逻辑推理域和言语行为域等。邢福义曾举过这样的例子：

（49）他作了充分的准备，临场有较好的发挥。

（49'）★由于他作了充分的准备，临场一定有较好的发挥。

（49"）既然他作了充分的准备，临场一定有较好的发挥。

通过对比，我们可以看出，用同样的小句组成复句，（49'）句中，"由于"的客观性和"一定"的主观性构成冲突，句子不能成立，而（49"）句中，"既然"和"一定"的语义则比较和谐，句子能够成立。张田田（2013）在前人的基础上，比较了"既然"和"由于"的主观性差异。因为形成机制的关系，"由于"句的后一分句基本都是陈述句，这都是对客观事实的论述，不带有主观性，不能添加"当、须"等主观标记词，主要用来表示客观因果关系，理据性较强。这从"由于"句的句法位置可以看出，在因果复句中，"由于"句大多位于"原因"小句前，而"因为"句既可以位于"原因"

小句前，又可以用在后一小句中，作为补充说明。

（50）这里无法过江，<u>因为</u>水流太急。

（50′）★这里无法过江，<u>由于</u>水流太急。

这也反映了人类认知上的时间顺序。石毓智（1995）提到，语言行为中一般都应该把时间发生在前面的予以提前表述，而与其相反的，则是通过施加语法手段，予以影响和突出。

3.4 消极义

屈哨兵（2002）、邢福义（2002）通过比较"由于"句、"因为"句的差异，对"由于"句的语义偏向进行了研究：屈文认为，"由于"句具有"不愉快"的语义偏向，"由于"引领的格式在现代汉语中可以算是个"不愉快格式"。而邢文认为"由于"句重在分析原因，强调理据，"因为"句重在说明原因，叙述事实。如：

（51）我还参加了一部电视剧的拍摄，不过<u>由于</u>没学过表演，演得不太成功。（《中国北漂艺人生存实录》，卞庆奎著，2005年中国青年出版社）

（52）<u>由于</u>美国代表团的多方破坏，没有达成任何协议。（《青少年一定要了解的政治家》，许召元编著，2009年延边人民出版社）

（53）如果<u>由于</u>扯皮原因任意停炉，故意怠工，影响供暖的，一定要追究责任，严肃处理。（《1994年报刊精选》，出自CCL语料库）

我们认为，"由于"句倾向于表示"不如意、不愉快、非期待"的消极语义，这在语料上大致可以反映出来，绝大多数的"由于"小句都是如此。但也应当看到，"由于"小句有时也可以表示积极意义。

3.5 书面性

"由于"一般用于书面语体中，在口语语体中用得较少。根据刘楚群（2002）的统计，在非政论文体中，"由于"的用例为9%，"因为"的用例为91%，两者的使用频率相差较大。刘红妮（2009）通过"由于"和"因为"的比较分析，认为这可能是由它们的词汇化类型及演变过程不同造成的。"因为"是句法结构的并列短语"因""为"（"为"在古代汉语中也表示原因）造词，而且，短语内部组成成分的意义显豁，整个词义可以从构词成分的意义推导出来。但是"由"的本义比较古老，多用在书面语体中，"由于"是跨层结构"由（动词）＋于（介词）"词汇化的，词义不能从构词成分的意义直接推导出来。在当代语料中，"由于"单用为常，只是有时和"所以""因此"等表示结果的连词连用。

4 "由于"的兼类特征

一般认为，介词连接词汇，而连词连接短语和小句。从 CCL 语料检索来看，"由于"用作连词的频次要远远大于用作介词的频次。我们认为这可能是由两方面的原因造成的：一方面，现代汉语介词系统日益丰富和表达越来越精密，介引原因的功能主要由"因、因为"等词所承担，"由于"在和这类词的竞争过程中，逐渐失去了介词的介引功能；另一方面，句首的句法位置也使"由于"连词功能更加稳固。与其他连词相比，"由于"一般位于句首，而且经常位于主语前，而"因、因为"有时位于主语前，更多是位于主语后。如：

（54）经过多次激烈的战斗，朱德因勇敢善战，战功突出而闻名于军中。（《中华名将》，苑士军编著，1997 年中国经济出版社）

（55）我的心情因为意识到春天的来临而兴奋，于是便临时决定再去天安门看一看。（《中国北漂艺人生存实录》，卞庆奎著，2005 年中国青年出版社）

"因、因为"的位置更为自由、灵活，这说明它的句法选择比"由于"有更大的自由度，"由于"的句法功能更偏向于连词了。

本章小结

本章分析了"由于"连词化历程，对"由于"的句法表现、语义特征以及语用功能进行了探讨，同时对"由于"连介兼类词的特点展开了研究，一方面因为词类竞争的关系，介引原因成分的功能主要由"因、因为"等词承担，"由于"在和这类词的竞争过程中，承担介引的功能越来越弱；另一方面，句首的句法位置也强化了"由于"的连词功能。

第八章 "关于、对于、至于"的介词化及其功能

介词"关于、对于、至于"的形成问题，已有金昌吉（1996）、马贝加（2002）、徐景宜（2010）、周卓（2012）、张成进（2013）等进行了研究，有的认为它们是受外来语言的影响形成的，有的认为是古代汉语的相应结构凝固而成的，研究它们之间共性及差异方面的文献较少，研究得也不够全面。我们认为有必要将其放在一起进行比较研究，从而有利于更好地认识它们的发展历程、句法特征。（为行文方便，当集中论述"关于、对于、至于"时，我们统一称之为"X 于"）。

1 "关于、对于、至于"的词汇化历程

1.1 "关于"的词汇化历程

"关"，《说文解字》"以木横持门户也。从门𢇅声。古还切"；"于"，是汉语中常用的介词，多介引处所、时间名词。"关""于"最早并列出现是在《黄帝内经》中，"关"作为动词，"于"作为介词，"关于"的内部结构应该为 [关$_{动词}$（于$_{介词}$+处所名词）]，多数情况下，"关"与"贯"相通。如：

1) 先秦时期

（1）此皆紧于胃<u>关于</u>肺，使人多涕唾而面浮肿气逆也。（《黄帝内经·素问·咳论》）

（2）公孙亶回，圣相也，而<u>关于</u>州部，何哉？（《韩非子·问田》）

2) 秦汉时期

（3）故君子南面临官：贵而不骄，富恭有本能图，修业居久而谭；情迹畅而及乎远，察一而<u>关于</u>多。（《大戴礼记·子张问入官》）

（4）故鸿丽深懿之言，<u>关于</u>大而不通于小。（《论衡·自纪篇》）

（5）是以古之明君，知视听之所属，不能<u>关于</u>物也；知一己之明，不能不滞于

情也。(《后汉纪·光武皇帝纪》)

上面的"关"基本都是和"贯"相通,为动词,作"贯通"义,在(4)(5)句中可以明显地看到,在两句中,"关"分别与"不通""滞"对举,即为"贯"义,但是也有用作本字,作"关合"义的,如:

(6)黄生曰:"冠虽敝,必加于首;履虽新,必关于足。"(《史记·儒林列传》)

随着使用频率的增加,"关于"的前面出现了副词等修饰词,"关"的动词地位得以强化,"于"后的介引对象也有所扩大,出现了对象名词、事件名词等,"关"引申为"关涉""涉及"之义,如:

(7)山川河海,八极九垓,莫不尽关于帝君而受事焉。(《太平经复文序》)

(8)夫中材之人,事关于宦竖,莫不伤气,况慷慨之士乎!(《汉书·司马迁传》)

(9)永对毕,因曰:"臣前幸得条对灾异之效,祸乱所极,言关于圣聪。"(《汉书·杜钦传》)

3)明清时期,"关于"的句法功能发生了变化——"关于"介引名词性成分作为补语,位于名词后,"关于"正式成为表示"关涉关系"的复合词,"关于"的介词地位基本确立,如:

(10)及本草关于食用者,分米谷、果、菜、鸟兽、虫鱼为食治附之,亦颇明悉。(《本草纲目·千金食治》)

(11)卑职受任以来,凡事关于郡邑者,必以礼处之;惟知反己,不敢尤人;梁小儿之事是也。(《一斋全集·蓟门兵事·禀军门》)

(12)总之凡关于人世游魂,未经冥法鞫理者,都受你的统治辖理。(《八仙得道》第58回,无垢道人著,1998年中国文联出版社)

(13)尝杂钞关于居家日用切实可行之格言及养生语,辑为四卷,即名《老瓦盆斋杂钞》,以期触目惊心,用以自警。(《苌楚斋随笔·论杜诗》)

现代汉语中,介词"关于"介引的成分主要为关涉对象、事件等,"关于X"可以作定语,如:

(14)8月29日,周恩来出席政治局会议,听取陈毅关于红四军全面情况以及朱、毛之间争论的详细汇报。(《周恩来的一生》,力平著,2001年中央文献出版社)

(15)九日蒋介石回国,以后关于中国远征军的指挥,即由史迪威、罗卓英完全负责。[《文史资料精选(第10册)》,《文史资料选辑》编辑部编,1990年中国文

史出版社]

当"关于……"居于句首时，后面的介引成分一般为话题，"关于"成为话题标记（第九章另有专述），如：

（16）周恩来表示，关于联蒋抗日的政策，中共中央已有考虑，愿意把张学良的意见带回去慎重研究。（《绍兴名人传略》，李永鑫、张仲清主编，2007 年宁夏人民出版社）

（17）关于白蛇传说起源的问题，还有待深入的研究。（《中国儿童百科全书》，出自 CCL 语料库）

1.2 "对于"的词汇化历程

陈昌来、杨丹毅（2008）较详细地论证了"对于"的语法化过程：先秦时期，"对于"只是并列使用，"对"为动词，"于"为介引地点或对象名词的介词，"对于"是个跨层结构，内部结构层次为［对_{动词}（于_{介词} + 地点 / 对象名词）］，如：

（18）以笃于周祜，以对于天下。（《诗经·大雅·皇矣》）

（19）齐侯问对于晏桓子，桓子对曰："先王之礼辞有之……"（《左传·襄公十二年》）这里"对于"的后接成分"天下""晏桓子"是普通名词，具有［+ 空间］语义特征，直到宋代，"对于"的使用频率增加，但还是跨层结构，一直到晚清，"对于"的后接成分发生了重大变化，不但有对象名词，还有普通的事件名词，如：

（20）我自居官以来，兢兢翼翼，对于王事，诸凡谨慎，外面尝落了许多怨言。［《济公传（一）》，郭小亭著，2005 年远方出版社］

（21）尽管他如何辛苦，只要力之所能，没有不尽力去干，唯有对于此事，就不免有几句怨言吐露出来。（《八仙得道》第 58 回，无垢道人著，1998 年中国文联出版社）

（22）八仙同在原处议论了一会儿，对于叶百民割臂救父，大家非常嘉赞。（《八仙得道》第 58 回，无垢道人著，1998 年中国文联出版社）
上述（22）句中，"叶百民割臂救父"是表示一个事件的小句，这里的"对于"已然成为话题标记。周芍、邵敬敏（2006）也认为晚清出现了较多的"对于"的介词用法，"对于"可以介引事件，也可以介引人物，如：

（23）张主席对于此事，亦颇注意。［《〈申报〉宁波史料（七）》，宁波档案馆编，

2013 宁波出版社]

（24）一向知道侯总镇是老师的心腹人，向来<u>对于</u>侯总镇也十分另眼。（《二十年目睹之怪现状》第八十三回，吴研人著，2009 年万卷出版公司）

除此之外，"对于"还可以和"来说""而言"等形成介词框架，共同对引进的事件进行评述、议论（后文将有论述）。如：

（25）<u>对于</u>学生<u>来说</u>，考试就是最头疼的一件事情。

（26）<u>对于</u>年轻的女孩子<u>而言</u>，爱漂亮、追求美是她们的天性。

1.3 "至于"的词汇化历程

上古汉语中就出现了"至于"的表层形式，如：

（27）王命众悉<u>至于</u>庭。（《尚书·盘庚上》）

这里的"至于"还不是一个词，为"动 + 介"组合结构，"至"为动词，表示"到、往"义，"于"介引处所，内部的结构层次应该为 ［至_{动词}（于_{介词} + 地点名词）］。

随着使用频率的增加，"于"介引的范围扩大，不仅有处所，而且有时间、对象等体词性词语，如：

（28）刑于寡妻，<u>至于</u>兄弟。（《诗经·大雅·思齐》）

（29）楚人高其行义，玮其文采，以相教传。<u>至于</u>孝武帝，恢廓道训，使淮南王安作《离骚经章句》，则大义粲然。（《楚辞章句·自序》）

（30）右广初驾，数及日中，左则受之，以<u>至于</u>昏。（《左传·宣公十二年》）

（31）恃此质誓，故能相保以<u>至于</u>今。（《左传·昭公十六年》）

当"于"引进表示某种结果、程度的谓词性词语时，"至 + 于"跨层结构逐渐词汇化为动词，作"到了……程度或地步"解，如：

（32）学<u>至于</u>行之而止矣。（《荀子·儒效》）

（33）神乎神乎，<u>至于</u>无声，故能为敌之司命。（《孙子兵法·虚实篇》）

（34）激水之疾，<u>至于</u>漂石者，势也。鸷鸟之疾，<u>至于</u>毁折也，节也。（《孙子兵法·势篇》）

汉代，"至于"的动词用法更为普遍，还出现了"不至于"的否定形式，如：

（35）南州土地，恶虫猛兽不绝于路，<u>至于</u>触犯死亡之害。（《后汉书·帝纪第四》）

（36）诸侯见加以兵，逃遁奔走，<u>至于</u>灭亡，而莫之救，平生之素行可见也。（《春

秋繁露·灭国上第七》）

（37）君虽倾危，臣子扶持，<u>不至于</u>亡。（《风俗通义·过誉第四》）

（38）是时循吏如河南守吴公、蜀守文翁之属，皆谨身帅先，居以廉平，<u>不至于</u>严，而民从化。（《汉书·循吏传》）

这一用法一直延续至今，同时固化成词，有时可以作为小句单独回答，《现代汉语八百词》（1999）解释动词"至于"就提到，常用否定形式"不至于"，表示"不会发展到……地步"，后面多带动词性宾语。如：

（39）水獭两个鼻孔具有盖子的作用，可以开关，使气体自由进出，又<u>不至于</u>呛水。[《中国少年儿童百科全书（自然·环境）》，林崇德、王德胜主编，1991年浙江教育出版社]

（40）在年成好的时候，政府以平价收购余粮作为储备，使粮价<u>不至于</u>暴跌；荒年时再以平价出售，保证粮价不至于暴涨。（《历史的灰影：吴起传》，石岱著，2012年天津古籍出版社）

（41）他们虽憎恨、害怕、惶惶不可终日，还<u>不至于</u>像刘卫红那样愚蠢地去杀人。（《1号检察官》，陈玉福著，2008年新华出版社）

周广干（2013）分析了动词"至于"词汇化的过程，认为与"至"在句中核心动词地位的动摇和语义淡化有关，同时"于"的介引功能逐渐完善，从介引处所、时间到介引范围、程度以及结果，最终导致"至于"介词化。而根据张成进（2013）的研究，"至于"由动词虚化为介词，主要发生在歧解句法环境中，也就是说，存在着对"至于"的两可分析，"至于"既可以分析为动词，也可以分析为介词，我们认为张文的分析更为合理，如[转引自张成进（2013）]：

（42）为主辱易，自令尹以下，事王者以千数。<u>至于</u>无妒而进贤，未见一人也。（《战国策·楚第三》）

（43）故诗有六义焉。一曰风……上以风化下。下以风刺上。主文而谲谏。言之者无罪。闻之者足以戒。故曰风。<u>至于</u>王道衰，礼义废，政教失，国异政，家殊俗。而变风变雅作矣。（《文选·毛诗序》）

（44）诸用事之人，壹心同辞以语其美，则主言恶者必不信矣。此谓事劫。<u>至于</u>守司囹圄，禁制刑罚，人臣擅之，此谓刑劫。（《韩非子·三守》）

上述（42）（43）两句中，"至于"后接的分别是谓词性短语、主谓句，所以就存在两种理解：（42）句中 "至于" 作动词理解， "至于" 句是指 "到了 '无妒而进贤' 这种程度"；作介词理解， "至于" 句则是指 "无妒而进贤" 这件事。（43）句也是类似的情况。在（44）句中，由于句中有回指代词 "此"，可以看出这里是对前面的 "至于守司圄圄，禁制刑罚，人臣擅之" 这件事进行评述，此处的 "至于" 只能作为介词理解。

2 "关于、对于、至于" 历时演变的共性和差异

2.1 "关于、对于、至于" 历时演变的共性

2.1.1 从跨层结构演变为词汇

从上面的论述中可以看出，虽然 "关于" "对于" "至于" 一般在先秦即以组合形式出现，但只是在表层紧邻呈现，在句法深层都是跨层结构，都是 "动词 + 介词" 组合结构。随着 "于" 介引对象的变化， "于" 的介词意义逐渐弱化，且慢慢前附于前面的 "X"，动词 "X" 和介词 "于" 的边界消失， "X + 于" 渐渐演变为词汇词 "X 于"。在这一过程中， "X 于" 的高频使用以及使用过程中的组块化，都推动着这一演变的进行。其中，相邻句位（adjacent context）的句法环境是一个重要的因素。

2.1.2 从语法、语义成分演变为语用、语义成分

作为介词的 "X 于" 的句法位置较为自由，可以在句首，可以在句中，也可以在短语中；介引的对象也较为多样，可以是体词性成分，也可以是谓词性成分。但是作为话题标记的 "X 于"，更多是一个语用、语义成分，它们的位置只能出现在句首，连接的成分一般是体词性成分，大多表示一个已然事件，因为已然事件较易成为会话的起点，可以推动会话持续进行下去。 "关于" "对于" "至于" 都经历着 "跨层结构→词汇化→话题化" 的演变过程。

2.2 "X 于" 历时演变的差异

2.2.1 "X" 的词汇义制约作用存在差异

从上述内容可知， "关" "对" "至" 三者的词汇意义是不同的，这种差异一方面制约着演变过程。从上述的分析可以看出， "关于" 在最初时，大多作 "贯 + 于"，至明朝，才有 "关涉" 义。王力等曾经认为， "关于" 是人们在翻译西语时创造出来

的一个"对应"的介词;"对于"是在与"对"的竞争中出现的,而且大多是以介词框架"对于……来说"形式出现的,出现的时间大约是晚清;"至于"出现的结构形式应该为"自 A 至于 B",时间较早,一般认为是先秦时期。另一方面,这种差异制约着使用频率。从语料检索中可以看出(未经二次筛选的毛语料),"关于"的语料有 55326 条,"对于"的语料有 56202 条,"至于"的语料有 17933 条,虽然这个数字不能科学地反映三者的使用频率,但是从概率上说,"至于"的使用频率应该比"关于""对于"低很多,这和"至""关""对"三者的词汇意义有直接的关系。从这点来说,强星娜(2009)提出"X 于"为词汇性话题标记是有一定道理的。

2.2.2 "于"的虚化程度存在差异

"X 于"中,"于"一开始都是作为独立的介词,出现在"X+于"跨层结构中,主要承担介引作用,介引处所、时间、对象名词等。但受制于"X"的词汇意义影响,"X+于"跨层结构向"X 于"词汇化、话题化的过程中,"于"逐渐前附于"X",成为"X 于"的词内成分,但是由于"对"具有[+对象]义,可以直接后附对象名词,"于"介引对象名词的功能逐渐削弱,"于"慢慢虚化,成为一个词缀,有时甚至可以脱落。而在"关于""至于"中,"关""至"不具有[+对象]义,还需要有介词来承担介引功能,"于"还具有较强的句法功能,只是一个类词缀,不可以脱落。

3 "关于、对于、至于"介词功能的共性和差异

3.1 "关于、对于、至于"介词功能的共性

3.1.1 句法功能——"X 于"介引对象

介词(adoposition)和及物动词有一个共同特征,都带有一个被支配的补充成分,介词建立起补充成分和句子其他成分间的句法关系。"X 于"介词介引的成分在语义特征上一般都具有[+对象][+空间]等特征,这和"X"以及"于"的语义来源都有一定的关系,"X 于"都可以介引范围或对象,这时候三者基本没有差别,如:

(45)关于这个问题的处理,我完全同意。

(46)对于这个问题的处理,我完全同意。

(47)至于这个问题的处理,我完全同意。

"这个问题的处理"作为评述的中心、对象,既可以理解为范围,也可以理解为对象,

都具有一定的空间性。

3.1.2 语用功能—— "X 于 NP" 短语凸显 "NP"

对于作状语的 "X 于 NP" 短语来说,多数情况下,可以把宾语提至谓语前,进行语用上的强调,如:

(48)我特别爱好语文。

(48′)我对于语文特别爱好。

(49)在进行第一个五年计划经济建设的实践中,周恩来提出了关于社会主义经济建设的一系列的重要思想和理论。(《开国总理周恩来——领导国家建设的故事》,唐涛等主编,2005 年远方出版社)

(49′)在进行第一个五年计划经济建设的实践中,关于社会主义经济建设,周恩来提出了一系列的重要思想和理论。

就 "至于" 来说,它的语用功能我们可以从用与不用的对比中看,如:

(50)服务小姐冷冷地告诉她,她的那个剧组天刚亮就退了房走了,至于去了哪里,她不知道。(《中国北漂艺人生存实录》,卞庆奎著,2005 年中国青年出版社)

(50′)服务小姐冷冷地告诉她,她的那个剧组天刚亮就退了房走了,( )去了哪里,她不知道。

细细比较前后两句,前句表达更为自然,逻辑更为严密,后句没有介词 "至于",在句子的表达上没有什么差别,只是让人感觉不那么自然罢了。

3.1.3 言语功能—— "X 于" 引入话题

当 "X 于" 介引名词或动词位于小句或句子开头时,后接小句往往是对此进行评述、议论,这就构成了言语上的话题——述题结构, "X 于" 成为话题标记。

同时,双音节介词通常介引短语或小句,远离谓语中心。这也是 "X 于" 能够将介词宾语提前至句首作话题成分的原因之一。如:

(51)关于扶贫工作,上级已经作了指示。

(52)对于防治禽流感,我不太懂。

(53)至于这个事情暴露出来的问题,你们应该引起重视。

当然,这三者引入的话题存在着差异,我们将在后面的第九章展开论述。

3.2　"关于、对于、至于"介词功能的差异

3.2.1　句法方面，"X 于 NP"作定语的差异

吕叔湘（1982）曾说：西洋文明的接触，同时直接在我们的语文上发生了影响，最重要的是词汇的改造，新的词语跟着新的物件和新的思想像潮水一样涌进来。其次是文法方面，增加了好些新的语句组织形式。介词短语作定语就是欧化文法影响的结果之一。王珏（1999）曾对介词短语作定语进行了较深入的研究。他认为介词短语作定语在句法上有一些特点，主要有语法上的并列关系；语义相同、相近或相反、相对的关系；音节相似；介词可省略、可添加；各个介词短语间关系松散，可以分说。结合"X 于"来说，"关于""对于"可以介引名词作定语，而"至于"则不可，如［转引自王珏（1999）］：

（54）那些大大小小的书，便是从最初到现在关于（＊至于）这一门学问的著作。

（55）他对于（＊至于）后进生的教学很有一套。

3.2.2　语义方面，"X 于"介引对象的差异

同时，也可以从相关的介词比较中看出"X 于"介引对象的差异。"关于"介引的对象较宽泛，既可以是具体的事物、行为，也可以是抽象的事物、行为，突出关涉关系。"对于"介引的对象一般都是具体的事物、行为，突出对待关系。"至于"介引的一般是个新的对象，跟前述对象相关。金昌吉（1996）认为介词的句法功能包括：联缀和标示作用，作状语，作定语，作谓语；在"是……的"或"有……的，也有……的"句式中，和"是"或"有"等共同作谓语，如：

（56）今天开了一个会，是关于年终考核的。

（57）他的讲话很全面，有关于会风建设的，也有关于效能改革的。

形式上，"对于"句中，主谓之间有停顿、无停顿两种形式，后接的"NP"有词语、小句，还有复句形式，如：

（58）她对于冯永祥到家里来教京剧，既不赞成，也不反对。（《上海的早晨》，周而复著，2019 年人民文学出版社）

（59）党对于它派赴内线工作的同志，什么都了解，什么都考虑过的。（《野火春风斗古城》，李英儒著，2005 年人民文学出版社）

另外，和"对于"比起来，"关于"在语义上有一定的自足性，《现代汉语八百词》

（1999）提到，"关于……"可以单独做文章的标题，而"对于……"必须加上名词才成立。

（60）关于文风问题　关于提高教学质量

（60'）对于文风问题的看法　对于提高教学质量的几点意见

表面上看，好像符合"'对于…'后必须加上名词"这一结论，但是实际上，（60）句加上名词也是成立的，如：

（60"）关于文风问题的看法　关于提高教学质量的几点意见

现在的问题就变成了"关于 X 的 NP"的 NP 为什么可以省略，而"对于 X 的 NP"的 NP 却不可以省略。聂仁发（2009）提到，"关于 X 的 NP"中，X 具有语类的多样性、语义的包容性，而 NP 主要是抽象名词（"传说、线索、说法"等）、指称化的动词（"预测、议论、提醒"等）、少数具体名词（"著述、书、大字报"等），这些词有一个共性，都可以展开进行论述，成为语篇内容的所指。"关于 X 的 NP"中，X 通过"关于"负载了"关于 X 的 NP"的主题信息，成为信息中心，有时候，"关于 X"可以代替"关于 X 的 NP"，从而具有指称意义。聂仁发（2009）将"关于"的词汇意义表述为："'关于'的宾语是后续单位所指内容的主题（theme），主题是和内容（content）相对的话语语义概念，语言单位要表达所指内容，这些内容有一个集中的谈论对象，这就是主题。""关于 X"的辖域可以是语篇标题、句组、句子、词语等。所以，我们也看到，在党政机关正式公文中，公文的标题常常是"关于……+ 的 + 文种"的格式，如《关于国庆放假的通知》《关于加强烟草专卖的报告》等。"关于"引导的成分既有 NP（"文风问题、国庆放假"），也有 VP（"提高教学质量、加强烟草专卖"），但是这里的 VP 都是指称化的，也就是聂文所说的"主题"。

本章小结

　　本章对"关于""对于""至于"介词化过程以及词汇化的差异进行了研究，对它们不同的功能进行了比较。三者都是由跨层结构最终发展为介词，都有个共同的词缀"于"，所以它们的演化动因及路径存在一些共性。同时，由于词汇化的来源存在不同，它们在介引对象、充当句法功能等方面也存在差异，这需要进行更为细致的考察和探究。

第九章 "关于、对于、至于"的话题标记功能

就单个话题标记研究来说，王建勤（1992）研究了"对于"的四个方面话语功能：主位化功能（thematiszation）、限定功能、接应功能（cohesion）、对比功能。王蕊（2004）对"关于、对于、至于"的标记话题现象进行了研究，并对篇章衔接的方式和语义类型作了区分。强星娜（2009）提出了语法性话题标记和词汇性话题标记，并将"关于、对于、至于"归纳为后者，原因是它们标记话题时，本身的词汇意义受影响较大。张韶磊（2010）对"对于"的句法特点进行了较深入的研究，同时和"关于、至于"进行了比较。徐景宜（2010）对"关于、对于、至于"标记的话题类型以及不同层次的标记功能进行了研究，徐文还对三者引导的话题句后附成分（如语气词、准助词等）进行了分析。李秉震（2010）较详细地研究了汉语话题标记的语义、语用功能，其中也涉及"关于、对于、至于"等；周卓（2012）主要从话题标记的角度出发，在句法、语义、功能等多方面对三者进行了细致的比较，并指出它们之间的功能差异。时贤的研究主要集中在共时平面，较少涉及历时的比较，同时对造成这种异同现象背后的原因鲜有着力。我们认为这一问题有进一步研究的空间（为行文方便，当集中论述"关于、对于、至于"时，我们统一称之为"X于"）。

1 "关于、对于、至于"话题标记功能的形成

1.1 对话题的认识

汉语语法界对话题的研究历史较为悠久，论著也较多，比较有影响的论述有赵元任（1968），吕叔湘（1979），朱德熙（1982），Li and Thomson（1976），曹逢甫（1977），陆俭明（1986），张伯江、方梅（1996），徐烈炯、刘丹青（1998），聂仁发（2009），徐景宜（2010），李秉震（2010），周卓（2012）等，对此都有一定的阐述。综合各家的观点，主要集中在以下几点。

1.1.1　话题的性质

时贤提出话题的性质主要有：有定性（双方所谈内容是确有所指的）、已知性（所谈内容保证是双方知晓的）、相关性（述题内容和话题内容具有联系性）、延续性（话题成分一般在述题结构中多次出现）。李秉震（2010）在此基础上提出，话题是一个语用层面的概念，话题最根本的性质就是言谈的起点，我们认为李文的分析是比较合理的，这里我们也采用这样的观点。

1.1.2　话题和主语的关系

一般认为话题和主语的关系主要有三种：话题等同于主语；话题和主语属于不同的语法层面；话题和主语并立存在，话题是语用成分，主语是句法成分。我们认为区分两者是为了更好地进行句法分析，所以采用的是徐烈炯、刘丹青（1998）的观点，话题和主语应该分属不同的层面。

1.1.3　话题的形式标准

根据徐烈炯、刘丹青（1998）的观点，汉语话题句的结构为 TSVO，其中 T 是话题，SVO 为述题，为一独立小句，如：

（1）小李啊，他不来了。

（2）小李啊，∅ 不来了。

上述（1）句中 "小李" 为话题，"他不来了" 为述题，（2）句中述题主语为零形式，回指话题 "小李"。本文将话题定义为句首位置的指称内容，形式为 T（，）（S）VO。下列句子不属于本文的话题句范围：

（3）解放以前，我们也不是说完全想找什么工作，所以关于那时候儿的满族运动，几次我都参加了。（《1982 年北京话调查资料》，出自 CCL 语料库）

（4）北京，对于外省独立、自由的漂泊艺人来说，既是天堂又是地狱，既是乐园又是赌场。（《中国北漂艺人生存实录》，卞庆奎著，2005 年中国青年出版社）

1.2　"关于、对于、至于" 成为话题标记的动因

1.2.1　语篇交际的语用因素

"对于、关于、至于" 本来都是由跨层结构演化而来的介词，随着所引介的成分一再地位于句首充当话题，就逐渐地成为标记话题的功能词。作为介词的 "对于、关于、至于" 的句法位置较为自由，可以在句首，可以在句中，也可以在短语中；介引的对

象也较为多样，可以是体词性成分，也可以是谓词性成分。但是作为标记话题的"对于、关于、至于"，更多是一个语用、语义成分，它们的位置只能出现在句首，连接的成分一般是体词性成分，大多表示一个已然事件，因为已然事件较易成为会话的起点，可以推动会话持续进行下去。它们由语法、语义成分演变为语用、语义成分，"对于""关于""至于"都经历着"跨层结构→词汇化→话题化"的演变过程。

1.2.2　语言交际的高频使用

董秀芳（2007）提出，通过对汉语一些话语标记的个案研究，发现大多是词汇化的结果。如"我说、你看、你知道"等。这类话语标记的存在，说明话语标记是在自然话语语流中一些高频连用成分的并合和规约化（conventionalization）。虽然"对于、关于、至于"只是标记话题，但是也具有很高的使用频率。通过 CCL 随机检索（前100 例）可以发现，这三者的用例都很多，居于句首标记话题的比例也较高，其中："对于"为 60%，"关于"为 19%，"至于"为 71%。"关于"标记话题的比例较低，主要是因为法规文件类的语料较多，"关于"有不少是作介词用法，所以被剔除出去了。

2　"关于、对于、至于"的话题标记特点

时贤研究有关"关于、对于、至于"话题标记的论述较多，主要有王建勤（1992）、陈昌来（1997）、王蕊（2004）、聂仁发（2007）、张韶磊（2010）、徐景宜（2010）、李秉震（2010）、周卓（2012）等，一般都认为"关于、对于"有表示对比、表示回指等功能，"至于"有引进新话题功能等①。我们认为，这里的功能应该有不同的层次，这里我们根据强星娜（2009）的观点，将三者统称为"词汇性话题标记"。我们认为，"X 于"作为话题标记的特点主要有以下几点。

2.1　主位化

根据王建勤（1992）的介绍，按照布拉格学派的观点，可以把一个句子切分为主位（theme）和述位（rheme）。主位是叙述的起点、基础和对象。述位是对主位的叙述、说明和描写。主位不是指句子的主要内容，而是指说话人如何表明主要内容的相对重要性，这里采取的手段可以将一个成分移到句首或用句法形式加以标记。主位和主语

①参见本章附注。

的内涵不同，主语、谓语等是从句法结构进行切分的，而主位、述位是从句法功能或从信息结构进行切分的，有较强的主观性。我们认为，"X 于" 的主要作用就是将 "X 于" 后的成分前置，使之成为信息结构的触发器（trigger），触发述位对前面的主位进行描述。如：

（5）大家都很赞成节约用煤的建议。

（5'）<u>关于</u>节约用煤的建议，大家都很赞成。

（6）我讲点提高教学质量的想法。

（6'）<u>对于</u>提高教学质量，我讲点想法。

（7）我个人的意见，以后再提。

（7'）<u>至于</u>我个人的意见，以后再提。

对上述每组的两句进行对比后，可以发现：两个句子所要陈述的内容基本没有差别，但第二句加上 "X 于" 后，"X 于" 后的成分被标记化了，成为陈述的中心，而后面的陈述都围绕这个进行展开。拿（7）句来说，可以明显地看出：（7）句只是普通的陈述句，看不出陈述的重点和中心，而（7'）句则会围绕 "我个人的意见" 进行展开，语篇也会围绕此话题展开论述。

2.2 话题化

根据方梅（2013）的观点，话题的引入方式一般有五种方式：存现句、话题化、左置、右置、通过介词将动词宾语放到动词前面等。其中，话题的显现度是一个重要的指标。相比于其他方式来说，话题用的是话题标记的形式，所以它的显现度最高。加上 "X 于" 后，可以把不太合格的句子改造成合格的句子，如［转引自徐烈炯、刘丹青（1998）］：

（8）*类风湿性关节炎，我得多带几本书。

（8'）<u>关于</u>类风湿性关节炎，我得多带几本书。

（9）*工作，他一向非常认真。

（9'）<u>对于</u>工作，他一向非常认真。

同时，加上 "X 于" 后，可以使话题显现度低的句子成为话题显现度高的句子，如：

（10）宋庄 "画家村" 的形成，流传着很多 "版本"。

（10'）<u>关于</u>宋庄 "画家村" 的形成，流传着很多 "版本"。（《中国北漂艺人生

存实录》，卞庆奎著，2005 年中国青年出版社）

（11）这件事，我不同意你的看法。

（11′）对于这件事，我不同意你的看法。

（12）熊是杂食动物，吃肉，也吃果实块根。熊猫，则是完全素食的。

（12′）熊是杂食动物，吃肉，也吃果实块根。至于熊猫，则是完全素食的。

上面这几组句子，有没有 "X 于"，感觉好像没有什么差别。但是，细细考察这些句子我们发现，本身这样的句子已经符合 Grice 的会话合作原则（量的原则、质的原则、关联原则、方式原则），说话人为什么还要添加这样的标记呢？李秉震（2010）提到，凡是 "X 于" 引导的话题和述题间的语义联系都非常密切，而语义联系不密切的则不能用 "X 于" 标记。如：

（13）老王，儿子今年考上了大学。

（13′）★关于老王，儿子今年考上了大学。

我们认为，从话语的结果来看，这样分析好像没有什么问题，但是说话人在说出这样话语的时候，考虑语义联系是一方面，语用的考量应该是另一个更重要的方面，说话人决定如此选择，主观上必然有凸显和强调的目的。沈家煊（1999）提到，标记模式的形成，有语用和认知两方面的原因。无标记模式是大量的、常见的，而有标记模式是偶发的，少量的，两者呈现出不对称性。这一点可以与带有 "句中语气词" 的话题句比较看出来：

（14）这件事，我不同意你的看法。

（14′）这件事呢，我不同意你的看法。

（14″）关于这件事，我不同意你的看法。

一般认为，话题（topic）是句子对其说明的实体（人、物），对这个实体的进一步说明则是陈述，这里的 "这件事" 显然都是话题，(14)句属于无标记项，而（14′）（14″）句分别添加了句中语气词 "呢"、介词 "关于" 作为话题标记，凸显了说话人的主观性。通过大量的语料检索，我们也发现，作为典型的话题句，无标记模式比有标记模式（位置、语气词、"X 于" 等）要多出很多。

2.3 过渡性

话题作为会话的起点，对会话双方来说，都应该是不陌生的，或者上文交代过，或者语境提示过,所以"X 于"后的话题成分必然是有定的,即具有定指性,在句法上,"X 于"常常和"这""那"以及具体的实体名词等共现,如:

(15)关于这个问题,历史上曾有不少争论,也产生过不少的误会和麻烦。[《中国少年儿童百科全书(自然·环境)》,林崇德、王德胜主编,1991 年浙江教育出版社]

(16)为了毫无价值的目的作无谓的牺牲,这与勇敢毫不相干。至于那些为个人利益而拼命搏斗的行为,这是同勇敢背道而驰的。(《生存能力的培养》,韩秀英等主编,王洲传播出版社)

(17)对于史迪威的命令,我并不在乎(因为可以向蒋介石请示),而对罗卓英应服从到如何程度,却未曾得到蒋的指示,心中无底。[《文史资料精选(第 10 册)》,《文史资料选辑》编辑部编,1990 年中国文史出版社]

正因为"X 于"后的话题成分是有定的,所以决定了后续句必须对此有进一步的阐述、说明,不然会话就不完整,语篇就不成语篇,这也决定了"X 于"话题小句的过渡性,在话语或语篇中起着承上启下的作用。如:

(18)关于奥尼尔和他的肘的问题,我想我爸爸的答案会和我一样,我说我希望他的肘够肥,这样我就不会觉得太疼。(《我的世界我的梦》,姚明口述,里克·布切主笔,2004 年长江文艺出版社)

(19)对于北京,我相信每一个人都会有不尽相同的感觉,因为每个人的经历都不一样,所以感觉也会随之发生不同的变化。(《中国北漂艺人生存实录》,卞庆奎著,2005 年中国青年出版社)

(20)小的彗星,彗头的直径也有 130 兆米,是地球直径的 10 倍多。至于彗尾,一般都有 50 吉米到 200 吉米长,最长的可达 350 吉米。(《中国儿童百科全书》,出自 CCL 语料库)

3 "关于、对于、至于"的篇章衔接功能

一般认为,有标记结构是从无标记结构变换过来的,通过改变语序、添加语法标记以及两种方式并用等形式。汉语的有标记结构或语法范畴,主要体现在篇章组织以及句子的整体意义方面[石毓智(2006)]。所以,话题有时也被认为是篇章话题(discourse topic)。衔接(cohesion)是篇章的一种表层结构特征,而连贯(coherence)为篇章中各语句之间的语义上的关联。语法衔接包括指示、替代、连接和省略,词汇

衔接包括重复、同义词语、上下义词语和搭配。"关于、对于、至于"引导的话题句自然作为对话的起点,但这个起点是相对的,一方面是后面述题的触发器,自然引导后面对话的进行,另一方面是前面对话的相对终点,引导对话进入或转入一个中心,围绕其进行展开。徐景宜(2010)提到"X于"主要在篇章中承担"回指衔接"的功能,李秉震(2010)也简单提及了"关于""对于"的语义差别在篇章中的体现:"关于"一般倾向于选择言说义动词和内容义名词,而"对于"一般倾向于选择心理动词和心理名词,因此"关于"引导的话题可以是回指上文,也可以是首次引入篇章的,但是"对于"一般是回指前文已经提及的话题。我们认为"X于"的篇章衔接功能主要体现在以下几个方面。

3.1 回指衔接

这里一般都是名词回指,一般前文已经提到某个指称实体,"X于"后仍然采用名词形式进行指代。在篇章中,话题成分与上句的述题部分构成回指(anaphora)。这里的"X于"主要是"关于""对于",句法上常常有"这""那""已经""刚才"等词语与其共现。如:

(21)最后,我们驱车前往测试,姚明通过章明基提了许多问题,<u>关于</u>NBA、球员工会以及它如何运作。(《我的世界我的梦》,姚明口述,里克·布切主笔,2004年长江文艺出版社)

(22)党员成分中已有75%是农民。<u>对于</u>他们,组织上吸收入党了,但同时必须看到小资产阶级思想在党内的发展和影响,思想改造问题十分突出。(《周恩来的一生》,力平著,2001年中央文献出版社)

上述几个句子中,"X于"后的话题"NBA、球员工会以及它如何运作""他们"分别指代前句中的"许多问题""党员成分中75%是农民",构成了回指衔接。

3.2 递进衔接

这里的"X于"主要是"关于""对于",句法上常常有"再""还""将"等词语,与"X于"共现,如:

(23)通常这类障碍,在球队考虑挑哪个球员之前很久就会全部解决好,很明显,<u>关于</u>姚明的事将有一场战争。(《我的世界我的梦》,姚明口述,里克·布切主笔,

2004 年长江文艺出版社）

（24）对于 8 日的判决结果，出庭的曲乐恒表示要和律师再做进一步的商量后才能决定是否接受。（《新华社 2004 年 3 月份新闻报道》，出自 CCL 语料库）

说话人需要对此话题作出进一步的说明、陈述，继续给话题附加新的信息，推动对话持续进行下去。

3.3 转折衔接

"X 于" 中，具有转折衔接功能的主要是 "至于"，句法上常常有 "只好" "其实" 等与之共现。在语义方面，述题陈述的内容和主位的内容相比，有转折之义。如：

（25）英国近年每年出新书三万种，重版约一万种，品种是很多的，至于它的门市是否有十七万种之多，那就只好相信主人的介绍了。（《读书 /vol-007》，出自 CCL 语料库）

（26）但是路路通对于自己当前的遭遇必须抱着逆来顺受的态度，至于搪塞肚子的问题只好拖到明天再去考虑。（《八十天环游地球》，儒勒·凡尔纳著，王讲林译，2005 年吉林大学出版社）

（27）我不晓得他那个 "省得寂寞" 是指着谁说的。至于他的去留，只好等暑假后再看吧。（《老舍短篇小说集》，老舍著，1957 年人民文学出版社）

当然，也应该看到，从衔接度这个方面来看，"至于" 的衔接功能最高，多数情况下 "至于" 已经趋向连词化了。在通行的几部词典中，一般也将其标注为 "介连兼类词"。

4 "关于、对于、至于" 后附准助词的比较

具有标记话题功能的 "关于、对于、至于"，一般以居于句首位置为多，它们常常还可以和 "来说" "的话" "而言" 等准助词一起共现，如：

（28）朱德弃高官，抛厚禄，只为追求真理的鸿志，对于一个三十六岁的人来说真是难能可贵的。（《中华名将》，苑士军编著，1997 年中国经济出版社）

"关于" 后的准助词 "的话"，有的时候意义比较实在，可以理解为 "（所说）的话"，有时意义又比较虚化，可以指 "某一方面"，这里我们只是研究后者。徐景宜（2010）归纳了 "X 于" 和后附准助词的几种情况，见下表 [转引自徐景宜（2010）]：

"X于"的类型	后附准助词
关于	的话
对于	来说 来讲 而言 与否
至于	的话 来说

从使用频率上看，"对于"和"来说"的共现率最高，"而言"次之，其他准助词出现的频率都不太高。如：

（29）虽然这一年来，我生活在艰苦的环境中，但我绝不会后悔这段经历。这些经历对于一个不甘于平庸现状的年轻人来说，实在是太宝贵了。（《中国北漂艺人生存实录》，卞庆奎著，2005年中国青年出版社）

4.1 "X于"及其后附准助词的分布

带有后附准助词的"X于"短语，一般位于句首或句中，少数位于句尾，如果码化的话，大致有这样几种情况：a. X于+NP+准助词，S+VP；b. S+X于+NP+准助词+VP；c. S+VP，X于+NP+准助词。

4.1.1 NP的选择

这里的NP作为介词的宾语，可以是体词，也可以是体词性成分或谓词性成分。杨丹毅（2007）论证了介词"对于"的宾语一般都有［+有生］［+具体］［+有可测量性］等语义特征，只要具有其中一个语义特征，就可以进入这样的介词结构中。徐景宜（2010）论证了NP可以是体词性成分，也可以是谓词性成分，即使是谓词性成分，因为所指称的内容都具有事件性，所以这里也具有了指称性，如：

（30）坐在一个前排座位，看世界上一些最伟大的篮球手打球，而且在大家向迈克尔·乔丹道别时，我也是其中的一个。对于一个一年前还不能肯定自己是否能来NBA打球的人来说，成为这许多事情中的一部分，已经是一份莫大的荣誉了。（《我的世界我的梦》，姚明口述，里克·布切主笔，2004年长江文艺出版社）

（31）2000里的云河路，对于赵学礼机组而言，风险与成功同是何等的巨大。（《1994年报刊精选》，出自CCL语料库）

（32）如果第三国卷入这场争论的话，甚至于采取什么行动的话，只会使香港问题更复杂化。（《1993年人民日报》，出自CCL语料库）

4.1.2 VP的选择

李秉震（2010）提到，当话题中的成分和述题的动词存在论元关系时，这些动词主要有言说义动词、心理动词等。如果述语动词为言说义动词，介词倾向于用 "关于"，如果为心理动词，介词倾向于用 "对于"。如 [转引自李秉震（2010）]：

（33）关于下次上课的内容，他一点都没有说。

（34）对于这个问题，你们考虑一下。

结合 "X 于" 带准助词的情况，我们发现这里的 VP 更倾向于选择判断动词、能愿动词等。如：

（35）对于已经是个小有名气的画家的他来说，这实在是个耻辱。（《中国北漂艺人生存实录》，卞庆奎著，2005 年中国青年出版社）

（36）至于说思想与真实学问的话，那也得背后有一种推力，方向许不同，性质还是不变。（《徐志摩散文精选》，徐志摩著，2014 年北京时代华文书局）

（37）至于单就生西的人数多寡来说，自古以来，生西的人数似不很多，原因就在这些错误谬论……（《略论明心见性》，元音老人著，2004 年宗教文化出版社）

我们认为，这应该和后附准助词的语义特征有关，虽然这些准助词已经虚化了，但是原来的词汇义还有滞留，现在和相关话题成分组合后，大多表示一个论断或事件，而带有 "是" "应该" "要" 等动词正好可以对此类话题展开后续评论。

4.2　后附准助词的功能

杨丹毅（2007）提到，在 "对于……来说 / 而言" 没有出现以前，类似的功能由 "在" "与" 等充当，如：

（38）我在伯父，犹衣服之有冠冕。（《左传·昭公九年》）

（39）齐与吴，疥癣也。（《史记·越王勾践世家》）

通过建立最小对比对，我们发现，"X 于" 结构后附准助词后，增加了话语的语用功能，主要体现在：

1）加强评述功能

上述准助词大多来源于言说义动词。在形成演变过程中，动词意义弱化，语用意义强化。如果不用，则有的不能称为话题句；有的不能成句；有的虽然是话题句，但只是 "X 于" 的词汇意义使然，评述的意味没有那么强烈。如 [转引自徐景宜（2010）]：

（40）关于《飘》的话，已有不少人说过，多说便无新意。（《读书 /vol-185》，

出自 CCL 语料库）

（40′）关于《飘》，已有不少人说过，多说便无新意。

（41）对于有些人来说，试炼真实到足以造成可怕的后果。（《龙枪传承》，玛格丽特·魏丝等著，朱学恒译，2012 年译林出版社）

（41′）对于有些人，试炼真实到足以造成可怕的后果。

（42）你准备一下以便随时出发，至于我的话早就已经准备好了。（《银河英雄传说》，田中芳树著，蔡美娟译，2002年南海出版公司）

（42′）你准备一下以便随时出发，至于我早就已经准备好了。

2）增加正式、严肃的语用效果

谢群霞（2007）提到，附加语气词的话题句与没有附加语气词的话题句相比，显得相对活泼轻松些。我们发现：和"X 于"后附语气词比起来，"X 于"话题句显得更为正式、严肃，如：

（43）一般人不会想到演艺圈的残酷，特别对于我们这些女演员啊，这个圈子尤其残酷。

（43′）一般人不会想到演艺圈的残酷，特别对于我们这些女演员来说，这个圈子尤其残酷。（《中国北漂艺人生存实录》，卞庆奎著，2005年中国青年出版社）

（44）春节团圆是中国的传统，对于农民工呢，回乡过年不仅是对自己最好的奖励，也是对家人的一种安慰。

（44′）春节团圆是中国的传统，对于农民工而言，回乡过年不仅是对自己最好的奖励，也是对家人的一种安慰。（《新华社2004 年 1 月份新闻报道》，出自CCL 语料库）

4.3 后附准助词的隐现

介词一般不可以省略，后附准助词常常可以省略，介词和宾语的关系比较密切，而和准助词的关系相对较为松散。从句法上看，当句中出现"X 于"并列或对举时，后一个准助词可以省略，如：

（45）对他们来说，这15 万元简直是九牛一毛，唱红后却可以给他们带来无法估量的财富和更大的名气。而对于我，15 万元简直就是天文数字。（《中国北漂艺人生存实录》，卞庆奎著，2005年中国青年出版社）

杨丹毅（2007）提出"对于……来说"构成的介词框架中，有时整个框架可以隐去，有时后附准助词也可以隐去，徐景宜（2010）观察到"关于""至于"后的准助词"的话"也可以隐去，如果不考虑语用功能的话，两句的意思基本没什么差别。从表层形式看，"X 于+NP+准助词"可以有三种切分形式：（X 于+NP）+准助词；"X 于+……+准助词"框架中插入 NP；X 于+（NP+准助词）。从上面的语言事实来看，比较合理的切分方式应该是（X 于+NP）+准助词，应该是"关于"类介词首先带上宾语，然后再后附准助词。徐文据此认为"X 于"带后附准助词的成分不是介词框架，我们认同这样的看法。

本章小结

具有标记话题功能的"关于、对于、至于"等，虽然使用频率较高，语义较之最初的跨层结构，已经有较大的变化，但是还是保留有一定的词汇意义，这在它们作话题标记时也体现出来，引导的话题成分有所不同，表现的话题特征存在差异，篇章衔接功能也有所不同，所以有必要对其共性和个性作深入的研究，才能更好地揭示其本来面目，厘清它们的区别和联系，更好地通过分析语言现象，解释更多的语言事实。

附注：

	王建勤 （1992）	陈昌来 （1997）	王蕊 （2004）	徐景宜 （2010）	李秉震 （2010）	聂仁发 （2007）	张韶磊 （2010）	周卓 （2012）
对于	主位化功能；限定功能；接应功能；对比功能	介引地点、对象	表示对比、回指	管界			话题标记	对待对象；限定判断
关于				指示		主题—内容关系		
至于			引进新话题	转换话题	话题引入和重新引入			连带；句间关联；加强标记；对比
关于、对于、至于				强化话题；对比；回指衔接等	密切话题、述题间的语义联系			主题功能；赋值功能

第三编

"于 X"介宾短语的词汇化和习语化

第十章 "于今"的副词化及其与"至今"的竞争、更替

"于今",《现代汉语词典》（2005）标注为两种词性：副词，到现在，如故乡一别，于今十载；名词，如今，如这城市建设得非常快，于今已看不出原来的面貌。安志伟（2009）对"至今"和"至于今"的演变进行了研究，他认为"至今"句表示现时事情的结果或状态，而"至于今"句表示时间延续的合理性，"至于今"可能是"于"插入"至今"结构中，通过"于"的介引后，更能够强调"今"。我们认为这种"插入"的用法比较奇怪。陈昌来、陈文静（2012）较全面地研究了"于今"的词汇化过程，该文认为由于"于"介引的时间名词不同，导致了"于今"词汇化的不同结果："于"介引终到点名词，于＋今→于今_副词；"于"介引时点名词，于＋今→于今_名词。我们认为对于"于今"的历时演变考察得还不够全面，对"于＋名词"类似结构（如"于友兄弟""于飞之乐"等）的演变缺少整体的研究，本文尝试对"于今_副词"的词汇化进行研究和思考（为行文方便，下文除非特别指出，一律以"于今"代指，"于今"的名词化这里暂不涉及，我们将另文专述）。

1 "于今"的历时演化

1.1 "于今"的历时演化过程

"于今"最早并列出现是在春秋时期，有"迄于今"和"于今"等，如：

（1）何楚国兮难化，迄于今兮不易。（《楚辞·九思》）

（2）子相晋国，以为盟主，于今七年矣。再合诸侯，三合大夫。（《左传·昭公元年》）

其后，"至于今"渐次出现，"于今"则少了起来，并且出现了更多的"于今＋时间名词"的形式，这里的"于今"只是个并存连用，深层结构应该为"于_介词＋今_名词"，如：

（3）晋公子，姬出也，而至于今，一也。（《左传·僖公二十三年》）

（4）我诸戎除翦其荆棘。驱其狐狸豺狼。以为先君不侵不叛之臣。<u>至于今</u>不贰。（《左传·襄公十四年》）

（5）呜呼！旦，维天不享于殷，发之未生，<u>至于今</u>六十年，夷羊在牧，飞鸿满野。（《逸周书·度邑第四十四》）

（6）章！自吾失晏子，<u>于今</u>十有七年，未尝闻吾过不善，今射出质，而唱善者若出一口。（《晏子春秋》卷八）

东汉开始，"于今"后接小句居多，如：

（7）<u>于今</u>议曹掾尚无葱，宁为家给人足耶？（《太平御览》卷第四百二十七）

（8）<u>于今</u>遭清明之时，饬躬力行之秋，而怨仇丛兴，讥议横世。（《后汉书·冯衍列传》）

陈昌来、陈文静（2012）发现，这时的"于今"已经演变成副词，一般都居于谓语结构前，充当状语。"于"的词汇意义似乎在慢慢消逝，语义重心是"今"，去掉"于"字丝毫不影响语义，"于"发生了去范畴化，并入名词"今"内部成为其词内成分，两者合并为一个新词。同时，这里的"于今"一般都位于小句句首，具有连接上下句的作用。如：

（9）古秤金一斤，<u>于今</u>为二斤，率不过直三十许万，其所用杂药差易具。（《抱朴子内篇·金丹》）

（10）时四月中盛热，不能往，寻闻之病七日而没，<u>于今</u>仿佛记其颜色也。（《抱朴子内篇·祛惑》）

与此同时，我们也发现"于今"常常出现在句尾，一般都以"至于今""晓于今"等形式出现，如：

（11）伸颈吞气，试效之，转不复饥；日月为之，以<u>至于今</u>。（《抱朴子内篇·对俗》）

（12）凡天下事，有可借喻于世古，以<u>晓于今</u>，定之往昔而足为来证者。（《汉晋春秋》卷一）

这里的"于今"应该还是介宾短语，作为补语，补充说明谓语核心所持续的时间。直至今天，"于今"经常还用在具有［＋保留］［＋持续］语义特征的动词后，形成一些常用短语，如"留存于今、幸存于今、保存于今、遗留于今"等，主要见于书面语中，需要指出的是，这里的"于今"仍然没有词汇化，属于"介素＋名素"的组合，如：

（13）岁月悠悠，千年的风风雨雨、天灾人祸，松赞干布的布达拉宫建筑留存<u>于今</u>的，仅法王洞和帕巴拉康殿。（《1998年人民日报》，出自CCL语料库）

（14）千余年来，"两京诸州"的"大云寺"均已坍塌焚毁，唯有商州"大云寺"幸存<u>于今</u>。（百度网，2017年7月9日）

1.2 "于今"的演化机制

1.2.1 介词"于"的去范畴化

Hopper&Thompson（2003）提出"去范畴化（decategorialization）"的概念，并指出在对名词和动词两个词类范畴的去范畴化现象进行研究之后，词类去范畴化的研究已不鲜见。去范畴化主要是指范畴成员丧失原有范畴的本质特征，游离出此范畴的动态化过程，去范畴化的结果是范畴成员的再范畴化。他们认为，语言的范畴化一般有这样几个主要特征：语义上，会出现语义抽象和泛化；句法上，范畴的某些典型分布特征消失，范畴之间的对立中性化；语篇上，发生功能扩展和转移；范畴属性上，或由高范畴属性成员转变为低范畴属性成员，或发生范畴转移。根据陈昌来、陈文静（2012）的研究，在"于今"的词汇化过程中，介词"于"的去范畴化起了关键作用。"于今"是由表示终到点的介词"于"＋名词"今"演化来的。近代以后，"于"表示终到点的用法渐渐消失，"于"作为功能词的作用弱化渐至消失。董秀芳（2002）提出：当一个功能词的某个语法功能消失之后，这个功能词和实词的某些搭配有可能作为历史的遗迹而发生词汇化，该功能词就可能成为词内成分。"于""今"的并存连用，随着使用频率的增加，就为"于"和"今"凝固成为副词提供了可能。

1.2.2 介词"于"的并入

汤廷池（1980）较早对汉语的"并入"进行了研究，他认为：所谓"并入"指的是词语或词组借"重新分析"而嫁接到另一个语素、语词或词组，从而与后者"并入"或"并入"后者，成为后者成分的现象。"并入"的方式有"词法"上的并入、"句法"上的并入，有以动词为主要语的并入，也有以名词为主要语的并入。就"于今"来说，一方面，"于"的介引功能逐渐弱化，表示时间的词汇义趋于消失，语义重心落脚于"今"，"于"的存在可有可无，原本在语义、句法上独立的介词"于"发生了去范畴化，并入名词"今"内部成了词内成分，成为一个独立的新词。

1.3 "于今"的句法功能

1.3.1 句法上充当状语

张谊生（2000）将"至今""刚刚"等称为"限制类副词"，主要对谓语动词进行时间、范围、程度等方面的限定。邹海清（2011）提出：体功能为时间副词的基本功能，具有整体上的普遍性，时功能为其次要功能，不具备整体上的普遍性。如〔转引自邹海清（2011）〕：

（15）昨天，我见到他时，他已经离开北京了。（完整体，过去时）

（16）看，他已经在写作业了，别再骂他了。（完整体，进行时）

（17）明天这个时候，他已经离开北京了。（完整体，将来时）

我们认为，"于今"也应该属于"限制类副词"，主要充当状语，修饰谓语中心，也可以位于主语前，作为句子提示语，还可以单独停顿。作为限制性时间副词，可以和同一类别的频率、范围、程度、否定、协调、重复副词等连用，共同限定谓语动词的时、体。这里的副词"于今"一般表示持续时、未完成体。在表层形式上，其常常和"还、有"等词共现。如：

（18）唐朝鼎盛的服饰文化把中国服装推向了世界殿堂，于今还影响着世界时装界。（《1994年报刊精选》，出自CCL语料库）

（19）近人根据《神秘曲谱》重新整理，于今还能听到。（《旅行笔记》，余秋雨著，2006年南海出版公司）

（20）于今还不是都过去了？看见的只是落英缤纷。（《吴伯箫散文选集》，吴伯箫著，2004年百花文艺出版社）

（21）所以，从90年代初悄然而起的珠宝首饰消费潮，于今有愈演愈烈之势，使全世界的珠宝商们为之兴奋。（《1993年人民日报》，出自CCL语料库）

（22）然而，换了人间，金钱控制了人，进而摧毁了良知和人性。作品于今有了市价，我以往送朋友、同学、学生甚至报刊等等的画不少进入了市场，出现于拍卖行。（《作家文摘/1993》，出自CCL语料库）

当"于今"与"有"连用时，容易被理解为时间名词"于今"，充当主语。时间名词和时间副词都可以作状语，修饰谓词。但两者最主要的区别是，时间名词还可以作主语、宾语、定语等。（21）（22）句都有具体名词"珠宝首饰消费潮""作品"作主语,同时,"于今"删除后,并不影响句子基本意义的表达,由此可见,这里的"于今"应该还是副词。而且,这里的"于今"只能与介词"在"构成的短语共现,而不能与动词"在"连用,因为后者主要表示进行时,如:

(23)我们都是幸福的人,因为于今在这块土地上生活,还可以找到不同的书本阅读,而且,有读书的绝对自由。(《读书/vol-114》,出自 CCL 语料库)

(23′)*我们都是幸福的人,因为于今在生活,还可以找到不同的书本阅读,而且,有读书的绝对自由。

1.3.2 语义上表示比较

"于今"一般出现在复句的后项,从语义方面来看,后项大多和前项构成对比关系,有状态的对比、结果的对比等。从语用方面来看,说话人重在强调后项表达的内容,强调"现在"这个时间的状态、情境等。

(24)五六年前,一听见媒人来说某人要给儿子讨一个老婆,她便要冒风冒雨,跋山涉水的去东西打听。于今,她心满意足了,她找到了一个非常好的女婿。(《鲁彦作品选》,鲁彦著,2005 年中央民族大学出版社)

(25)100 多年以来没有被外国军队攻打过的柏林,于今,正像德方军事评论家华尔史勒惨兮兮地说:这是一个世纪以来第一次在柏林听到大炮的雷鸣。(《1995 年人民日报》,出自 CCL 语料库)

(26)而在华夏,在《诗经》《楚辞》燃烧的光焰里,长城,耸立起一个古老民族的精神脊梁。于今,22 个世纪过去了,秦月汉关不再,唐风宋雨不再,长城却依然巍峨屹立,炫示着人类意志力的骄傲。(《1995 年人民日报》,出自 CCL 语料库)

上述几个句子中,"于今"居于前、后小句中间,承担衔接功能,前后句在时间上有对比,在语义上也构成明显的对比关系:(24)句,"五六年前着急找女婿"→"五六年后心满意足地找到好女婿";(25)句,"100 多年来柏林从未被攻打过"→"100 年后柏林被炮轰";(26)句,"22 个世纪前,长城是精神脊梁"→"22 个世纪后,长城依然是精神脊梁"。

有时,"于今"引导的小句也可能位于前项,对举的小句位于后项,作为补充、说明。这里的"于今"后,一般都有停顿标记","等。如:

(27)于今,是我的些微幸运吧,遇到这么一个如此可喜的试练对象,怎容错过?(《九重恩怨》,梁凤仪著,1993 年北岳文艺出版社)

（28）<u>于今</u>，那情形已成了梦境了。回忆里该是温馨的。一想到"坐火车了"，你绝不会相信这段陇海路上的火车是你可以自由乘坐的唯一的火车。（《吴伯箫散文选集》，吴伯箫著，2004 年百花文艺出版社）

（29）<u>于今</u>，才知道能哭也是岁月给予女人的一项优惠呢。青春是水做的，因着水的柔滑幼嫩，青春才在女人的生命中显得那么娇贵。（《思辨摇滚》，陈芳等编，1998 年长江文艺出版社）

"于今"句对比义的形成，与"于、今"的语素义有关，"于"表示"到、往"义，"今"表示"现在、今天"义，"于今"词汇化后，"于"的语素义弱化，而"今"的语素义得以强化，整个词语的表义重点在"今"，有"今"的出现，一般要求其句法环境必然有表示"过去"的内容等。

2 "于今""至今"的词汇化比较

2.1 "至今"的历时演化过程

《现代汉语词典》（2012）对"至今"的标注为："副词，直到现在：他离家以后，至今还没有来信。"安志伟（2009），陈昌来、陈文静（2012）对"至今"的词汇化进行了研究，在其基础上，我们梳理了"至今"大致的词汇化历程。

"至今"的出现时间较早，在先秦时期就已并列连用，主要有两种情况：

1）介宾短语"至 + 今"，主要出现在介词框架"从 / 自……至……"中，这里的前置词"从 / 自"常常可以省略，如：

（30）不治而昌，不乱而亡者，自古<u>至今</u>，未尝有也。（《管子·禁藏》）

（31）天覆万物而制之，地载万物而养之，四时生长万物而收藏之，古以<u>至今</u>，不更其道，故曰："古今一也。"（《管子·形势解》）

2）动宾短语"至 + 今"，这里的"至今"可以直接作为谓词，如：

（32）九折臂而成医兮，吾<u>至今</u>而知其信然。（《楚辞·九章》）

（33）身在于秦，请以其母质，襄疵弗受也。魏<u>至今</u>然者，襄子之过也。（《战国纵横家书·谓起贾章》）

也可以作为谓词核心的一部分，后接"VP"，构成"至今 +VP"这样复杂的谓词结构，如〔转引自陈昌来、陈文静（2012）〕：

（34）君子实维，秉心无竞。谁生厉阶，<u>至今</u>为梗？（《诗经·大雅·桑柔》）

（35）文王之功，天下诵而歌舞之，可谓则之，文王之行，<u>至今</u>为法，可谓象之。（《左传·襄公三十一年》）

这里的"至今+VP"为双动结构，后一个动词"为"等是静态动词，不表示具体的行为动作，这里应该是副词"至今"形成的源结构。到了战国后期，"至今+VP"出现了"至今+不/未VP""至今+VP+之"等形式，如：

（36）古者周公旦非关叔，辞三公，东处于商盖，人皆谓之狂，后世称其德，扬其名，<u>至今</u>不息。（《墨子·耕柱》）

（37）先王县权衡，立尺寸，而<u>至今</u>法之，其分明也。（《商君书·修权》）

我们认为此时的"至今"可以双重分析，可以看作动宾，也可以看作介宾，都不会影响句子的理解。及至汉代，"至今"的位置不再局限于动词前，其可以居于句首，修饰小句。到了唐代，"至今"后面的成分绝大多数为复杂的谓词性结构或小句，句法形式上出现了大的变化，"至今"的副词化过程基本完成。如：

（38）<u>至今</u>恨不取其宝书仙药，刘向惑于鸿宝之说，君游眩于子政之言，古今愚谬，岂唯一人哉！（《三国志·华佗传》）

（39）<u>至今</u>世主皆从汉文轻典，由处制者非制也。（《晋书·礼志中》）

（40）云少作书，<u>至今</u>不能令成，日见其不易。（《陆机文集》卷第八）

同时，"至今"也有出现在小句句首，充当句子提示语的情况，也可以和其他副词（如"犹"等）连用，如：

（41）夷狄更相攻伐，唯不耐沨侯，<u>至今</u>犹置功曹、主簿诸曹，皆沨民作之。（《三国志·沃阻传》）

（42）后世稍怠，不能复特为馔，乃投祭祀之余以祀之，<u>至今</u>犹然。（《搜神记·蝼蛄神》，马银琴、周广荣译注，2012年中华书局）

2.2 "于今""至今"词汇化的区别和联系

2.2.1 动宾结构是"于今""至今"词汇化的基础

张谊生（2000）从结构形式、语义变化、表达方式、认知心理等方面，对副词的虚化机制进行了探讨。其中"动宾结构"就是较易产生词汇化的句法环境，结合"于今/至今"的演化来说，当出现"于今/至今+VP"结构时，一般的表义重点就由前面的动词"于今/至今"转移到"VP"上来,因为前者一般表示的是时间信息,而"VP"所表示的为具体动作、行为,后者所表达的信息更容易引起关注。从信息流来说,说话人一般遵循的都是从旧信息→新信息的语流方向,新信息也就是话语的自然焦点。随着语义重点后移现象的日趋普遍,"于今/至今+VP"的动宾结构就会转为状中结构,"于今/至今"逐渐成为副词,而"VP"成为真正的谓语核心。陈昌来、陈文静(2012)认为这是一个"降格"的过程,"于今/至今"由主要谓词结构降格为次要的修饰成分,又因其后加成分由简单谓语扩展为复杂谓语甚至小句,在韵律等共同作用下,"于今/至今"也就逐渐副词化了。如:

(43)刚到北京,它就给我一种闲人多、闲聊多、闲事多的感觉,这种感觉虽历经数年风雨,<u>至今</u>却仍未磨去。这种感觉,很像19世纪的艺术之都巴黎给人的感觉。(《中国北漂艺人生存实录》,卞庆奎著,2005年中国青年出版社)

(44)第三次,我跳好了,可是由于下面垫的海绵太薄,导致我左腿摔伤,<u>至今</u>还留下疤痕。(《中国北漂艺人生存实录》,卞庆奎著,2005年中国青年出版社)

需要指出的是,这里的动宾结构应该是谓词的一部分,否则就无法完成词汇化,这也可以解释为什么居于句尾的"于今""至今"仍然没有完成词汇化,因为它们的内部结构实际为"介素+名素""动素+名素",基本都是谓词后,充当补语,同时这里的"动素+名素"也可以替换成同类的其他成分,组合比较自由,无法定形化,如:

(45)直到1890年,才知道这是"锑",而锡矿山这地名将错就错沿用<u>至今</u>。[《中国少年儿童百科全书(自然·环境)》,林崇德、王德胜主编,1991年浙江教育出版社]

(46)这种石器产生于旧石器时代晚期,于中石器时代盛行,以后一直沿用<u>至新石器时代</u>。(《坐火车游青藏:亲历指南》,姜格拉丹冬著,2006年上海文艺出版社)

(47)但因气候原因和去年的非典疫情,"华美"回家的日期才延迟<u>至今</u>。(《新华社2004年2月份新闻报道》,出自CCL语料库)

(48)根据梅达沃原理,基因的好效应都倾向于在生命早期呈现,而坏效应则倾向于延迟<u>至后期</u>才表现出来。(《伊甸园之河》,理查德·道金斯著,王直华等译,2008年上海人民出版社)

2.2.2 "至"的语义泛化促成了"至今"主观情态的形成

刘丹青(2001)提出,语义泛化(generation)一般是指实词语义的抽象化、一般化和扩大化,它是以实词的部分具体义素的脱离和词义的适用范围扩大为前提的。"至"

的初始义是指"到、到达",是表达运行义的普通动词,可以单用,也可以带地点名词。由于"至"经常位于"V$_1$+N$_1$+V$_2$+N$_2$"连动结构的"V$_1$"位置,这个位置处于连动结构的前项,极易发生虚化。当其虚化为介词后,"至"不仅可以带方所名词作宾语,也可以由空间域向时间域投射,还可以带时间名词作宾语。

随着使用频率的增加,"至今"中"至"的语义也就逐渐抽象化了,不再表示具体的"往、到"等行为动作,伴随着所带宾语对象的扩大,"至"也可以表示"到达某一时点","至今"不光表示"到现在"的语义,更表示一种主观情态,有"这么长时间""这么久时间"的意味,极言"时间之长"。所以,"至今"的用法也越来越广,除了用在谓语动词前作状语以外,还可以用在主语前,作句首修饰语,对语篇进行修饰、限定,更多的是表示说话人的一种主观情态,因为如果删除"至今",并不影响句子时、体的表述。而且从语料检索来看,有逐渐扩大的趋势。如:

(49)在他的"审问"下,我只得老实交代,我哪里有什么艳遇,(至今)我连女孩的手都没碰过呢。(《中国北漂艺人生存实录》,卞庆奎著,2005年中国青年出版社)

(50)(至今),我还记得刚到北京时的情景。一下火车,天灰蒙蒙的,北京到处人潮涌动。(《中国北漂艺人生存实录》,卞庆奎著,2005年中国青年出版社)

2.2.3 "于"对"至"的语义吸收促成了"于今"的形成

如前所述,"于今"最初出现的形式一般为"迄于今""至于今",根据前面的论证,我们认为后者是后起的形式。受制于汉语双音节为主的韵律限制,"至于今"必然要向双音节发展。由于"至于今"经常一起使用,居于连动结构前项的"至"易于弱化,乃至脱落不用。这一点跟趋向动词"来""去"的情况应该是同样的道理。

(51)说旗人,他们没事就糟蹋旗人,说旗人上边儿来( )吃点心又吃饽饽,都这么,都这么吃。(《1982年北京话调查资料》,出自CCL语料库)

(52)我赴美国乔治中心华盛顿大学去( )留学,目的只有一个,是为了打开眼界。(《1994年报刊精选》,出自CCL语料库)

当"至"脱落后,"于"吸收了"至"的"到"的含义,也可以说,"于"原有的动词性功能因为"至"的不用而复活了。这一点,也可以从CCL的语料中得到证明:古代汉语语料中,"于今"共3091例,其中"迄于今"84例,"至于今"491例。虽然"于今"的语料中,可能有些"于今岁"这样的组合,需要剔除出去,但大抵还

是能够反映出 "于今" 的使用情况。

3 "于今" "至今" 的更新与兴替

刘丹青（2001）提出：在语言语法化过程中，存在词汇的更新（renovation）现象。一般指的是用较自主的语言单位取代更虚化的单位，而起着同样或相似的语法作用。一方面是说话人追求新奇特的语用效果；另一方面，由于词语的虚化总是单向的，遵循着语义虚化、句法泛化、语用淡化、语音弱化的路径，由不足语法化（保留半实的用法）、充分语法化、过度语法化，直到表义功能趋向于零、句法功能似有似无、语音形式走向消失。词汇的更新现象就是抵消过度语法化的一种机制。通过 CCL 的语料检索，"于今" 的现代汉语语料很多，但是基本都为跨层结构，只是表层形式的并列连用，"于" 作为介词或类附缀，语义上前附于谓词，介引时间名词，"今 X" 一般为名词，有 "今年" "今天" "今日" 等，如：

（53）在哲学方面，创立了 "因明学"，相当于 / 今天的逻辑学。（《世界古迹：凝刻人类历史的雕塑》，刘景峰编著，2009 年中国戏剧出版社）

（54）根据证监会相关规定，保荐制度将于 / 今年 2 月 1 日正式施行。（《新华社 2004 年 1 月份新闻报道》，出自 CCL 语料库）

（55）据介绍，米卢将于 / 今日抵南宁，然后到柳州观看中国国奥队与俄罗斯国奥队的比赛。（《新华社 2004 年 1 月份新闻报道》，出自 CCL 语料库）

"于今副词" 的用法较少，一般都是和 "还" "有" 等词共现存在（如前面 1.3 所述）。通过汉籍全文检索（第四版），我们发现，大致从隋唐起，"至今" 的使用频率就超过 "于今"，逐渐占据了主流位置。具体使用状况大致如下表：

语料数	先秦	秦汉	魏晋	南北朝	隋唐	宋辽金	元	明	清
于今	117	246	249	367	369	1630	366	1243	2991
至今	98	262	105	287	655	2483	600	2558	6735

需要说明的是，上述的语料为初步检索得来的毛语料，里面可能有重复以及未成词的并列连用等，但是从概率论上说，隋唐以后，"至今" 的使用频率渐渐超出 "于今" 是无疑的。因此，我们大致可以判断，曾经的副词 "于今" 基本为 "至今" 所代替。相较于 "于今副词"，"至今" 大抵有这样的特点：

1）语体适用更广

因为介词"于"的使用历史悠久，但是都是存在于书面语中，构成的复合结构"于X"，如"于今""于是""于友兄弟""于飞之乐"等，一般都是出现在书面语中，显得比较正式、庄重，这同时也带来了一定的局限性。在口语中，就需要一些同义或近义的词语出现。相对于"于今"的庄重来说，"至今"的特点就是"雅俗共赏"，书面语体、口语体中都很适用。特别是口语习用，而口语的发展比书面语快，导致"至今"的使用频率大大超过副词"于今"，"于今"渐渐失去了应有的地位。

2）句法功能多样

"至今"一般位于谓词前作状语，修饰谓词，语义上有关联功能，起到衔接和连接句段的作用。"至今"从小句谓词前的位置移位到语篇前，句法功能也就从状语扩展为句首提示语，同时也有了关联功能。时间的先后顺序，同时也意味着语义上的对比、语用上的强调。

（56）澳大利亚原来也在南极洲身边，它起程北上的时间晚于印度，<u>至今</u>还在北漂的途中。美洲到现在仍在向西漂移，大西洋的面积不断增大。[《中国少年儿童百科全书（自然·环境）》，林崇德、王德胜主编，1991年浙江教育出版社]

（57）这种要求可以说不算特别过分，甚至是相当低的标准，可惜的是，<u>至今</u>我仍没有找到这样的男朋友。（《中国北漂艺人生存实录》，卞庆奎著，2005年中国青年出版社）

上述两句中，"至今"分别作小句状语和句首提示语，同时也承担着句子成分间的关联功能，相比"于今"只作小句状语，"至今"的句法功能更加多样化。

3）组合能力强大

组合能力是指副词的句法位置以及与动词的组合情况。组合能力越强的词语，在与同类词语的竞争中更加占有优势。"至今"修饰的谓语动词类别较多，既有动态动词，也有关系动词、判断动词、心理动词等，并且无须其他副词共同修饰，同时，在句法位置上也更为自由。不仅可以在谓语前，也可以在主语前，甚至在语篇前。而"于今"的组合能力则要弱得多。如：

（58）我国栽培樟树的历史悠久，<u>至今</u>还生长着不少珍贵的古樟。[《中国少年儿童百科全书（自然·环境）》，林崇德、王德胜主编，1991年浙江教育出版社]

（59）更引人注意的是，这两座巍峨的大山<u>至今</u>还在继续上升中。[《中国少年

儿童百科全书（自然·环境）》，林崇德、王德胜主编，1991年浙江教育出版社]

（60）他对我一直很好，很帮我，但从那天开始，我觉得他有点疯狂。那是我的第一印象，<u>至今</u>没有改变。（《我的世界我的梦》，姚明口述，里克·布切主笔，2004年长江文艺出版社）

（61）这种特性在许多巨大的椭圆星系身上都能找到。这种骇人的爆发<u>至今</u>还是个不解之谜。[《中国少年儿童百科全书（自然·环境）》，林崇德、王德胜主编，1991年浙江教育出版社]

（62）地幔层是一个广阔的地下世界，人们<u>至今</u>知道得还很少，有待我们去探索。[《中国少年儿童百科全书（自然·环境）》，林崇德、王德胜主编，1991年浙江教育出版社]

4）表义功能单一

语言的发展，必然要求表义单一化、表达的精密化。随着语言的兴替，自然就形成了不同的分工。萧红（1999）论及"也"对"亦"的历时替换原因时，认为"表层语法形式的精密是'也'最终取代'亦'的根本原因"。刘丹青（2001）认为词汇的更新现象，就是抵消过度语法化的一种机制。我们认为，两者的说法并不矛盾，只不过看问题的角度有所不同。就"于今"来说，它的名词用法基本被"如今"所替代，这在CCL的现代汉语语料检索中也可以看得出来：

（63）<u>如今</u>，对于中国人来说，决定学什么、过怎样的人生，比过去容易多了。（《我的世界我的梦》，姚明口述，里克·布切主笔，2004年长江文艺出版社）

（64）这些都说明至少在新石器时代的早期，稻的栽培已经出现在我国的南北大地。<u>如今</u>，我国水稻的种植面积和产量，都居世界首位。（《幼儿科学教育实例》，李瑞英、黄为民编，1996年广西师范大学出版社）

"于今"的副词用法也已基本被"至今"所替代，但是还会偶尔出现在书面语料中，因为一些语言使用者出于这样或那样的目的，还是不肯放弃这种词汇表达的。

本章小结

在汉语双音化和词汇化的过程中，"于今"的副词化过程成为介宾结构词汇化的一个缩影，而"至今"的副词化则代表了动宾结构的副词化过程。在两者的演化过程中，"于"语素义的弱化和"今"语素义的强化，以及后接成分的扩大，最终导致"于+今"

凝固为一个副词；在词汇的竞争过程中，语义泛化、适应语体宽泛、句法功能多样的"至今"的使用频率渐渐超过"于今"，"于今"的用法就慢慢地萎缩，乃至停滞了。除"于今"外，"于飞"等词的词汇化也值得进一步研究，董秀芳（2002）提到，大多数跨层结构是语言使用者无意识的情况下产生的，而少数是语言使用者有意的创造。"于飞"等就属于修辞中产生的跨层结构的词汇化。

第十一章　习语与格式"XX于X""X于XX"

"XX于X""X于XX"等结构，主要指"嫁祸于人、疲于奔命"这类结构，一般为四字格，少数为五字格，如"见笑于大方、防患于未然"等。有的已经成词，被现在通行的几部词典收录，有的尚未成词，但已有一定的使用频率。为叙述方便，我们根据其形式特点，称之为"于"字多字格结构。齐沪扬（2000）将其称为类固定短语，属于"保留一个虚语素"的类别，类似的"虚语素"还有"之、而、所、如"等。周荐（2004）称其为"代嵌格式"，它是一个词汇架构，可以往里面填塞不同的构词造语成分，据其考察，《现代汉语词典》（第5版）里有33个这样的"代嵌格式"，诸如"不……不……""无……无……"等。我们认为：就"于"字四字格结构来说，可嵌入的构词成分有限，达不到周文所说的"通过仿拟类推，创造新的准四字格类固定语"的目的。我们认为，暂且将其处理为广义的习语更好，既包括已经成语、类固定短语，也包括处于习语化中的"于"字多字格结构。如果按照内部的结构关系来说，"于"字四字格结构主要有两类："XX于X"和"X于XX"。前者主要是述补短语，后者主要是偏正短语、述宾短语，在数量上前者也比后者要多出很多，而两者一般都作为句子的谓语核心。我们认为这类结构的组成类型、形成与发展以及演化的方向都有进一步研究的空间，本文试图就此展开分析和研究，力争更好地发现和揭示"于"字四字格结构的某些特点。

1 "XX于X"的类型与形成

1.1 "XX于X"的类型

1.1.1 基础型

"于"的使用历史悠久，在先秦时代，就有动词、介词的用法。当"于"为介词时，主要介引空间、时间、对象等。当"于"的前接成分为双音节VP，后接成分为单音节 N 时，因为符合 "2+2" 的韵律节奏，易形成一个标准音步，加上语义完整、清楚，随着使用频率的增加，逐渐就会凝固为一个四字格的短语结构。根据汉籍全文检索系统（第四版）的搜索，最早出现在文献里的 "于" 字四字格结构为 "有求于世"，语例为：

（1）昔伯夷、叔齐让国守分，不食周粟，遂饿而死，岂可复谓*有求于世*而怨望哉。（《楚辞章句·自序》）

接着，在这一原型结构基础上，出现了更多的 "XX于X"：有求于人、求救于人、委身于人等。

（2）公如晋，将如乾侯。子家子曰："*有求于人*，而即其安……"（《左传·昭公二十八年》）

1.1.2 派生型

这一类主要是在类似 "有求于世" 等 "XX于X" 原型格式的类推作用下派生出来的。短语内部结构相同，语义近似，主要有两大类，如：

1）VN + 于 + N

主要有如下一些：问道于盲、嫁祸于人、闻名于世、蜚声于世、称雄于世、称霸于天下/南方/宇内、取信于民、取悦于人、造福于民、遗祸于民、还权于民、求救于人、加害于人/我、委身于人等。VN 主要为述宾关系的动词性短语，如 "嫁祸、问道、闻名" 等。"于" 的后接成分 N 一般具有 [＋空间] / [＋有生] 等语义特征。多为 "人、民、世" 等词。所以这里的 "于" 基本保留介词的用法，充当介词性语素，可以分为两种情况：当前接成分 VN 具有 [＋增溢] [＋结果] 等语义特征时，"于" 作 "给" "向" 解，如 "嫁祸于人、还权于民" 等；当 VN 具有 [－增溢] [－结果] 等语义特征时，"于" 作 "在" "到" 解，如 "闻名于世、加害于人/我" 等。如：

（3）客有持示者，真赝立剖。若予，则*问道于盲*矣。（《论衡·旧序》）

（4）客有求之，答曰："己所不欲，岂可*嫁祸于人*。"乃焚之。（《南史·阮孝绪论》）

2）VV + 于 + N/A

这类主要有如下结构：无动于衷、牵萦于心、了然于胸、了然于心、不绝于耳、不齿于人、无济于事、喜形于色、云集于此、重归于好、言归于好、幸免于难、防患于未然、同归于尽、公开于世、流行于世、著称于世、耿耿于怀等，主要为偏正关系的动词性短语。"于" 的后接成分 N 一般具有 [＋空间] [＋有生] 等语义特征，"重归于好、言归于好"的形容词"好"虽然为性质形容词，但是其意思是指"和好的状态"，已经指称化了，同样也具有一定的空间性。这里的"于"有的具有一定的介引作用，作"在""对"解，如"无动于衷、牵萦于心、无济于事"等。有的"于"介词用法不太明显，只是充当构词语素，如"防患于未然、流行于世"等。如：

（5）一些<u>不齿于人</u>的下层人却挽救了一个上层中失足的青年，封建礼教还不如乞丐和娼妓。（《1996 年人民日报》，出自 CCL 语料库）

（6）当地和江沪闽、鲁辽台以及日本、韩国数以万计的渔船<u>云集于此</u>，且大多数是拖网作业的渔船。（《1994 年报刊精选》，出自 CCL 语料库）

1.1.3 压缩型

有些"于"字多字格结构历史悠久，最早来源于先秦文献里，后来逐渐缩减，浓缩为四字格的结构。比如"见笑于大方之家、偏安于一隅、防患于未然、称霸于一方"等，都已分别压缩、定型为四字格的习语"见笑大方、偏安一隅、防患未然、称霸一方"等，如：

（7）今我睹子之难穷也，吾非至于子之门则殆矣，吾长<u>见笑于大方之家</u>。（《庄子·秋水》）

（8）虽奢镭后随，以旷达自名者，<u>犹见笑于大方</u>。（《元好问集·樊侯寿冢记》）

（9）闻生道："下里巴人，恐<u>见笑大方</u>。"〔《明清言情小说大观（中）》，殷国光、叶君远主编，1993 年华夏出版社〕

这里的"见笑大方"最早的出现形式为"见笑于大方之家"，随着语言的发展，"大方之家"的语义逐渐被"大方"所蕴含，也由于语言经济原则的制约，"见笑大方"就渐渐固定下来，成为类固定短语了。除此之外，"偏安一隅"也属于此一类型。如：

（10）千年修炼，法力颇精，能分过去未来，千岁远续唐裔三百之纪，虽<u>偏安于一隅</u>，宋终不能侯君也。（《赵太祖三下南唐》第 1 回，好古主人著，2018 年江西美术出版社）

（11）臣恭惟皇帝陛下厉志复仇，不肯即<u>安于一隅</u>，是有功于社稷也。（《上孝宗皇帝第二书》）

（12）芝龙以拥立非其本意，日与文臣忤。又度清朝神武，必不能<u>偏安一隅</u>，有叛意。（《海纪辑要》卷一）

这个现象与"V_双+于"中"于"的附缀化、零形化有关，只不过这些"于"字多字

格结构搭配较固定，而一般的附缀"于"后搭配的成分不固定，比如"献身于国防 /
祖国 / 事业"等，就不易凝固形成"献身XX"四字格类固定短语。

总之，由于语义的凝固、韵律的和谐等多种因素的制约（后文将有论述），"XX
于XX"的"于"通常会脱落或零形化。

1.2 "XX 于 X" 的形成

1.2.1 有限类推的影响

类推（analogy）是指使一种语言的语法例外形式变得整齐规则的过程。这必须具
有一定的语义基础和句法基础。"XX 于 X"能够类推创造（analogy creation）新词的
语义基础是"动作发生在某一空间"。句法基础当属"VN+于+N"（"嫁祸于人"
类）。如：

（13）《贝多芬传》《米开朗琪勒传》《托尔斯泰传》是<u>闻名于世</u>的传记作品。

（14）只要其心不死，才得其用，时不我失，<u>有功于民</u>，就能名垂后世，就不算
虚度生命。（《跨越百年的美丽：十年文化散文精萃》，百花文艺出版社编，2000 年
百花文艺出版社）

这里的"于"引出的名词"世""民"，指动作发生或动作导致的结果存在的空间，
其中的结构关系应该是 VN/ 于 N，而非 VN 于 /N，"于"还是一个介词性语素。随
着 VP 选择面的扩大，VV 式动词也可以和"于"组配，"于"的后接成分除了具有
空间义的普通名词以外，也有"色、难、未然"等抽象名词，甚至有"好、尽"等形
容词，当然，这里的形容词也有点指称化了。这时"于"的介引功能逐渐衰落，慢慢
成为一个单纯的构词语素，和其他格式的类固定短语（如XX之X、千X万X等）相比，
它的类推功能是有限的，能产性也要相差很多。如：

（15）如此接二连三搞了几次，屡屡得手，杨大新<u>喜形于色</u>。（《1994年报刊精
选》，出自CCL语料库）

（16）雪雪稍停："大嫂，我不再气愤了，我们<u>言归于好</u>!"（《豪门惊梦》，
梁凤仪著，1992 年人民文学出版社）

1.2.2 书面语体的选择

我们发现，虽然表示介引处所、时间的介词很多，但是能够构成"XX 于 X"四
字格式的并不多，诸如"在、自、乎"等，存世的不多，成词的就更少，只有"成竹

在胸、危在旦夕、迫在眉睫、意在言外、发自肺腑、出自意外、出乎意外、瞠乎其后、神乎其神" 等。究其根本，一个重要的原因就是 "于" 的使用历史悠久，从甲骨文开始就有书面形式留存。而其他的类似介词大多是后起的，作为书面语的使用历史不长。书面语具有稳定、庄重的色彩，大多出现在正式的场合。"于" 字多字格结构大多具有文言色彩。

2 "X 于 XX" 的探源与衍变

2.1 "X 于 XX" 的探源

"X 于 XX" 类结构类型不多，根据其形式特点，主要分为两类。

1）基础型　V＋于＋NP

这类主要有：流于形式、溢于言表、毁于一旦、定于一尊、安于一隅、著于竹帛、千里之堤毁于蚁穴等。从内部结构切分来说，一开始都应该切分为 V/ 于 NP，构成述补关系的短语，随着使用频率的增多，V/ 于 NP 逐渐发展为 V 于 /NP，有述宾短语的倾向。这里的 "于" 充当介词语素，还有一定的介引功能，这里的后接成分 "形式、言表、一旦、一尊、一隅、竹帛、蚁穴" 等，原本都是短语结构，在上述四字格的句法环境中，意义单一，结构固定，逐渐凝固化为词，一般都具有较强的［＋空间］［＋时间］等语义特征。因为 "V 于" 还不太自由，组合能力也较弱，一般只有有限的几个。如：

（17）聪慧者，流于文字、口头，不务实修；老实者又多死于句下，此宗风所以不振也。（《略论明心见性》，元音老人著，2011 年宗教文化出版社）

（18）画家却通过形和色的构筑，将自己的感情注于笔端而溢于画外。（《1993 年人民日报》，出自 CCL 语料库）

（19）不幸的是，公司领导人被初期的胜利冲昏了头脑，渐渐变得安于现状，不求进取了。（《领导法则》，王德辉编，1996 年企业管理出版社）

（20）大殿是处理朝政事务的地方，年代应为西汉早期至西汉末年，最终毁于战乱。（《新华社 2004 年 4 月份新闻报道》，出自 CCL 语料库）

2）扩展型　V＋于＋VP

主要有：急于求成、疲于奔命、乐于助人、敢于尝试、严于律己等。从内部结构切分来说,一般都应切分为 V 于 /VP,构成偏正关系的短语。"于"大多充当构词语素,介引功能逐渐衰落,甚至消失,后接成分 VP 一般已经指称化,"于"逐渐语素化了。但是"于"语素化的程度并不一致,有的较高,有的较低:"疲于奔命、严于律己"等短语中的"于"语素化程度较低,而"急于求成、乐于助人、敢于尝试"等短语中的"于"语素化程度较高,"急于、乐于、敢于"等逐渐成为粘宾动词,其后接成分有了更加自由的选择,除了 VP 外,还有 NP 等。就拿"疲于"来说,虽然它尚未成词,但是其后接成分也呈现多样化的趋势,有"疲于应付 / 奔命 / 招架 / 奔波 / 讨债"等形式,也可以后接短语结构等,如:

（21）巴林队虽身处劣势<u>疲于防守</u>,但他们依靠出色的个人技术,使为数不多的反击极具威胁。(《新华社 2004 年 8 月份新闻报道》,出自 CCL 语料库)

（22）孩子们没有被繁重的习题淹没,也没有<u>疲于各种名目的测验、统考</u>,"快乐教育,轻松学习"将孩子们引入一新的学习天地。(《1994 年报刊精选》,出自 CCL 语料库)

（23）更高的意义上去俯瞰生活,不可能超脱于世俗之外从艺术精神上去诠释生活,在<u>疲于物欲</u>的闲暇时间,俗文学也许更易被人们所接受。(《1994年报刊精选》,出自CCL语料库)

通常来说,"疲于"后接的成分主要为VP,这里不光有具体名词"测验、统考"等,也有抽象名词"物欲"等。"疲于"的施事性、及物性等动词性特征逐渐彰显,可以预见,"疲于"后接普通名词的情况将更为常见。

2.2 "X 于 XX" 的衍变

2.2.1 "于" 的功能衰落

董秀芳（2002）提到,有些双音节词是由"词根 + 词缀"的派生方式构成的,随着语言的发展,词缀的能产性逐渐衰落,派生词逐渐被重新分析为没有内部结构关系的单纯词,这类双音节词逐渐单纯词化。这样的派生后缀有"主、来、众"等。我们认为:"于"字多字格结构中,随着"于"后接成分选择更为自由,不再只是具有 [+时间][+空间]特征的NP,也出现了指称化的VP。当然,这也是说得通的。一般来说,VP 都具有一定的时间性,一定时间范围内的动作行为都会占据一定的空间。这时候"于"就出现了类似的功能衰落现象,逐渐丧失了介引功能,"于"逐渐语素化,"X

于" 趋于凝固，意义渐渐固化，一部分 "X 于" 有成为粘宾动词的趋势，后接的成分也逐渐扩大，选择也更为自由。

2.2.2 "X 于 XX" 的表义单一化

齐沪扬（2001）提到，固定短语具有表义的双层性和结构的固定性等特点。非固定短语则与此相反，类固定短语介于两者之间。张斌（2003）提到，有些固定短语凝聚力有所不同，有的很高，有的不高，有的介于两者之间。张先生认为凝聚力弱的短语，短语含义可以从字面去理解。如平易近人、量力而行等，而凝聚力强的短语，短语含义无法从字面去理解，如一日三秋、三长两短等。而有的短语凝聚力介乎两者之间，如画蛇添足、囫囵吞枣等。我们认为，这里的凝聚力应该是指短语的语义概括度。从两位先生的论著中可以得到启发，"XX 于 X" "X 于 XX" 四字格结构的凝聚力不是很强，表义比较单一，基本可以从字面含义去理解。也就是说，字面意义和短语意义是统一的，无须通过隐喻和引申等语法手段获得另外的意义。

3 "XX 于 X" "X 于 XX" 的发展

3.1 韵律的推动

从韵律上来说，两个音节构成基本韵律单元（音步），而四字格是一个稳定的音步，韵律上较为和谐、稳固。无论是 "XX 于 X" 抑或是 "X 于 XX"，都是理想的韵律结构。即使原来属于 "非四字格" 的 "于" 字多字格结构，也因为四字格韵律结构的制约，越来越多地以四字格形式出现。如前面提及的 "防患于未然、偏安于一隅、青出于蓝而胜于蓝" 等，现在大多以四字格 "防患未然、安于一隅、青出于蓝" 等形式出现。如：

（24）努拉尼说："巴基斯坦没有受到具体的威胁。但为了防患未然，我们部署了防空火炮。"（《新华社 2004 年 3 月份新闻报道》，出自 CCL 语料库）

（25）读书学习若能有青出于蓝的态势，"成器" 的目的就有了质量的保障了。（《成语星球 围观古人读书》，彭玉兰著，2022 年四川人民出版社）

3.2 四字格式的类推

张谊生（2011）提到，任何格式经过一定时间的类推，都可能逐渐形成程序化、习语化的准虚化用法。一部分类推频率极高，逐渐成了一个惯用构式，流行构式就逐步习语化了。随着"XX 于 X""X 于 XX"使用频率的增加，人们在交际中或出于上下文的需要或出于修辞上的目的，常常对此格式作必要的仿造或更改，以增加语言的感情色彩，烘托思想，突出中心，这样就出现了更多富有新意、富有表现力的"于"字格式，其形式稳固、意义凝固后，就逐渐习语化了。如：

（26）实践证明，若产权关系没有大的突破，转换机制只能纸上谈兵或<u>流于表面</u>。（《1994年报刊精选》，出自 CCL 语料库）

（27）国内针灸流派甚多，<u>囿于门户之见</u>，多不肯接纳这一科学的方法。（《1994年报刊精选》，出自 CCL 语料库）

3.3 "于"的语义演变推动

在"于"字多字格结构中，"于"因为和不同的前附成分、后接成分组合，位于这些结构中的"于"同样也在发展变化，发展方向也有所不同："XX 于 X"中的"于"保留有介引功能，"XX 于 X"有习语化的倾向；而在"X 于 XX"中，基础型（V+于+NP）也有习语化的倾向，词汇化程度较高，"于"也是作为介词性语素存在。扩张型（V+于+VP）的词汇化程度较高，"于"的介引功能逐渐衰落，成为一个构词语素。张谊生（2011）认为汉语中有一部分介词本来和介词宾语一起在动词后面充当补语，随着表义重心的转移，分界就会发生转移。比如介词"于、在、以、乎"本来都是动词虚化而来的，在长期充当补语的过程中，形成了前附式结构：安/于/现状、生于农村、乐于助人、敢于承认、便于联系、急于了解、善于掩饰等。我们认为：扩张型中的"X于"渐渐向粘宾动词发展。"于"字多字格结构大致的发展方向如下：

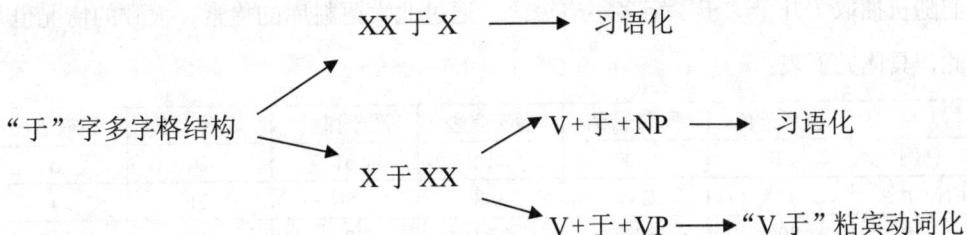

XX 于 X ⟶ 习语化

"于"字多字格结构 ↗
↘
X 于 XX ↗ V+于+NP ⟶ 习语化
↘ V+于+VP ⟶ "V 于"粘宾动词化

4 "XX 于 X""X 于 XX"的作用

"XX 于 X""X 于 XX"等"于"字格结构，和其他的四字格短语相比，在定位性、陈述性上都有着自己的一些特点，主要有以下几个方面。

4.1 谓位、定位占优

从上述论述可知道，无论是"XX于X"还是"X于XX"，都是以谓词为核心。即使如"急于求成"这类偏正关系的短语，也是以"求成"为向心结构。谓词的主要功能就是陈述，所以"于"字多字格短语，主要充当句子的谓语。如：

（28）驻守在澳门这个特殊的环境里，部队官兵<u>严于律己</u>，一丝不苟。（《新华社 2004 年 12 月份新闻报道》，出自 CCL 语料库）

（29）身高 1.8 米有余的柴田晃，躬身施礼毕恭毕敬，感激之情<u>溢于言表</u>。（《1994 年报刊精选》，出自 CCL 语料库）

在充当谓语时，"于"字多字格短语大多可以完句。少量需要后接完句成分，如"严于律己、急于求成"等。同时，大部分的此类短语还可以充当定语、状语，但不太常见，所占比重也较小，如：

（30）一向以居住环境优美、四季温和如春而自喜的大连人，如今又多了一份<u>溢于言表</u>的自豪。（《1994 年报刊精选》，出自 CCL 语料库）

（31）咱们是平庸之辈，就像在楼上厅座的后面。而那些<u>严于律己</u>的男人却是在正厅前座和楼厅前座。（《荆棘鸟》，考琳·麦卡洛著，吴晓译，2000 年伊犁人民出版社）

（32）与黄士明同居后，他不再让我去电脑公司上班，这个老男人拥着我<u>喜形于色</u>地说，他要让我尽情享受优质生活。（《中国北漂艺人生存实录》，卞庆奎著，2005 年中国青年出版社）

我们随机抽取了几个"于"字多字格短语，通过北大语料库的检索，大致的情况也是如此，具体见下表：

	喜形于色	同归于尽	溢于言表	严于律己	嫁祸于人	还权于民
总例	218	268	412	61	26	5
谓位用例	175	234	398	56	21	4
占比	80%	87%	97%	92%	81%	80%
定位用例	14	34	14	5	5	1
占比	6%	13%	3%	8%	19%	20%
状位用例	29					
占比	14%					

李传军（2008）提到，类固定短语充当定语和状语时，多是对中心语进行描写而不是限定。我们发现："于"字多字格短语，由于大多是动作描写及其所处空间，所以处于定位或状位时，基本都是描写中心语的伴随状态。如：

（33）在抽签仪式结束之后，维拉潘对喜形于色的中国记者说："抽签结果无所谓好坏，球队实力也无所谓强弱。（《新华社 2004 年 1 月份新闻报道》，出自 CCL 语料库）

（34）伤员们拉响手榴弹与鬼子同归于尽的画面，惊天地，泣鬼神，倾泻出多少悲壮的内容。（《1995 年人民日报》，出自 CCL 语料库）

这里的"喜形于色""同归于尽"分别描述了"记者""画面"的样子，较好地给人展示出两者的特征，刻画准确、生动。

4.2 表达庄重、精练

史有为（1995）论证过"人之常情""弦外之音"等几类成语型结构的内部结构组合和音律节奏的关系。虽然不同类型短语结构组合不同，但音律节奏基本都是"2+2"形式。"于"字格短语绝大多数是四字格，虽然内部的结构停顿关系有"2+1+1""1+3""1+1+2"等形式，但反映在节律上，一般也都是"2+2"。这就符合冯胜利（1997）所说的标准音步，这样的语音表现形式音节优美，音律和谐。在语义关系方面，"于"字格短语基本有这样几种关系：

动作——结果　　重归于好、言归于好、幸免于难等

动作——对象　　嫁祸于人、问道于盲、求教于人、委身于人等

动作——处所　　无动于衷、牵萦于心、了然于胸、了然于心等

方式——目的　　急于求成、疲于奔命、乐于助人、敢于尝试等

如果是表达这样的语义关系，那么其他的语言形式也可以，但是总没有短语结构精练、概括，没有那么言简意赅，形象生动，如：

（35）以如此弱小的队伍，管理那么庞大的市场，疲于奔命，顾此失彼，真有点力不从心。（《1994 年报刊精选》，出自 CCL 语料库）

（35′）以如此弱小的队伍，管理那么庞大的市场，来回辛苦地奔波，顾此失彼，真有点力不从心。

（36）对于此次残奥会投掷项目的夺金形势，教练组组长孙宝权了然于胸，如数

家珍。（《新华社 2004 年 8 月份新闻报道》，出自 CCL 语料库）

（36′）对于此次残奥会投掷项目的夺金形势，教练组组长孙宝权<u>心里很清楚</u>，如数家珍。

（37）争吵没有持续多久，我们很快就<u>重归于好</u>，这件事最终还增进了我们的友谊。（《我的世界我的梦》，姚明口述，里克·布切主笔，2004 年长江文艺出版社）

（37′）争吵没有持续多久，我们很快就<u>再次和好</u>了，这件事最终还增进了我们的友谊。

从上述比较中可以看出，虽然句子谓语部分换成普通的表达形式也可以成立，但是没有前者整齐、匀称。

本章小结

"于" 字多字格结构有不同的来源形式，随着语言的发展，在类推作用及韵律和谐等因素的共同推动下，产生了更多类似的结构，丰富了现代汉语的词汇、短语宝库。因为和不同的前附成分、后接成分组合，"XX 于 X" 中的 "于" 保留有介引功能，"XX 于 X" 有习语化的倾向；而在 "X 于 XX" 中，基础型（V+于+NP）也有习语化的倾向，词汇化程度较高，"于" 也是作为介词性语素存在。扩张型（V+于+VP）的词汇化程度较高，"于" 的介引功能逐渐衰落，成为一个构词语素，"X 于" 渐渐向粘宾动词发展。"于" 字多字格结构在句法功能上具有优先充当谓语、定语的特点，表达上言简意赅，音律上和谐优美，我们认为这一语言形式必将继续发展下去。

第十二章 "于是"的连词化

"于是"作为书面语中常见的连词，使用的历史较久。它最早是作为介宾词组出现的。"于"作为介词，为"在、从"等义，"是"作为代词，指代时间名词、地点名词等。在长期的使用过程中，"于+是"介宾结构逐渐词汇化，成为一个连词，承担着语篇连接的功能，有的语法书也称之为"语篇功能词"。王祖姝（1999）、赵运普（2001）、赵新（2003）、郭继懋（2006）、王慧兰（2007）等都对此进行了研究。张田田（2013）从代词并入的角度，对"于是"的连词化进行了研究。张文认为"于是"的连词用法成熟于汉代，其中"语义、韵律、句法位置"都是其连词化的动因。杨彬（2012）从留学生学习"于是"的偏误入手，通过描写"于是"在篇章中的单用、跳脱、连用等现象，总结"于是"的语义背景应该为：前项是后项的直接诱因；后项为前项的应激性反应；后项一般是已然或正然的状态。我们认为对"于是"的语义功能、与"因此"等相近连词的异同比较、"于""是"的语素意义都有进一步研究的必要，本文尝试对此有所涉及和剖析，力图更好地探究"于X"类词的语法特点等。

1 "于是"的历时演变

1.1 "于是"的起源

"于是"很早就以复合词形式出现，表示"在此地/在此时"等意义，根据《汉籍全文检索系统（第四版）》的检索，最早的语料如下：

（1）（孔子）临终之日，则大义乖而微言绝。其后周室衰微，战国并争，道德陵迟，谲诈萌生。于是杨、墨、邹、孟、孙、韩之徒，各以所知著造传记，或以述古，或以明世。（《楚辞章句·自序》）

这里的"于是"可以理解为"在此地"或"在此时"。"于是"中的"于"作为介词表示"在"，"是"作为指示代词，表示"这里"或"这个时间"。董秀芳（2002）

认为连词 "于是" 来源于表示时间关系的 "于是"，与英文中的 "since" 一个道理。王慧兰（2007）也持同样的观点。范江兰（2009）提出 "于是" 的虚化最早从先秦就露出端倪，由上古汉语的介宾短语逐渐演变成一个表示承接关系的连词。而张田田（2013）则提出其源头应该是表示处所的 "于是"。我们认为 "于是" 的词汇化过程应该为：表示处所→表示时间或承接→表示因果。

我们认为 "于是" 的连词化与 "于" "是" 两个词本身的发展衍变是分不开的。"于" 最早作为介词时，主要介引处所、时间、对象名词等。而 "是" 最早是作为代词，具有实义性，附在 "于" 后面，构成介宾短语，随着语言的发展，"是" 的意义不断虚化，逐渐成为一个语素成分。下文将对此展开论述。

1.2 "于" "是" 的语义演变

1.2.1 "于" 的语素义发展

"于" 最早是作为动词使用，后逐渐发展为动介兼类词，当作为介词时，意义较为多样，杨树达（2007）提到有 "介引动作之对象、介引动作之所从、介引动作所在之地、介引动作之归趋" 等 17 种用法，我们认为介词 "于" 本义应该和动词 "于" 的意义有关，即源头应该是 "往、至" 等动词义，通过转喻，介词 "于" 的意义应该为 "介引动作所在之地"。和 "于是" 有关的用法有 "在" "自 / 从" "由于" 等，相应的 "于是" 的用法也就有 "在这个地方（这时）" "自 / 从这个时间" "由于这个原因" 等。

1.2.2 "是" 的语素义发展

在 "于 + 是" 组合结构中，"是" 作为介词 "于" 的宾语，具有多义性，根据董秀芳（2002）的研究，其中的 "是" 可以作为时间代词，"于是" 表示 "在这 / 那个时候"，如 [转引自董秀芳（2002）]：

（2）於是，陈蔡方睦於卫。（《左传·隐公四年》）

（3）于是，江、黄、道、柏方睦于齐，皆弦姻也。（《左传·僖公五年》）

也可以相当于一个代词，指代前面已经出现过的一个名词性成分，"于是" 表示的意义为 "在这 / 那个方面" "在这 / 那一点上"。王慧兰（2007）提出当 "于是" 占据主语之前的句法位置，"是" 的指代功能消失时，"于是" 就成词了，我们认同这样的成词标准。如：

（4）汉之初兴，分王子弟，委之以士民之命，假之以杀生之权。<u>于是</u>骄逸自恣，志意无厌。（《后汉书·仲长统传》）

（5）鲁庄公二十七年，齐桓为幽之会，卫人不来，其明年，桓公怒而大败之；及伐山戎，张旗陈获，以骄诸侯；<u>于是</u>鲁一年三筑台，乱臣比三起于内，夷狄之兵仍灭于外。（《春秋繁露·灭国下第八》）

"于是"作为连词出现时，常常和"遂""乃""就""便"等词共现，共同表示承接关系。CCL 古代汉语语料中，"于是"句共有 25578 句，"于是""遂"（两者相距 10 个字以内）共现的有 842 句，占 3.2%；"于是""乃"（两者相距 10 个字以内）共现的有 1688 句，占 6.6%，如：

（6）所营者，水皆灭表。军吏<u>乃</u>服，<u>于是遂</u>不救燕，而攻魏雍丘，取之以与宋。（《战国策·燕策三》）

（7）<u>于是</u>启<u>遂</u>即天子之位，是为夏后帝启。（《史记·夏本纪》）

（8）<u>于是</u>上<u>乃</u>使使持节诏将军曰："吾欲入营劳军。"（《史记·绛侯周勃世家》）

（9）是时伏生年九十余，老，不能行，<u>于是乃</u>诏太常使掌故晁错往受之。（《史记·儒林列传》）

同时，还有一类"于是"常常位于句尾，作为煞尾成分，具有完句作用。这不是连词"于是"词汇化的源头，不在本文讨论之列，如［转引自董秀芳（2002）］：

（10）君子无终食之间违仁，造次必<u>于是</u>，颠沛必<u>于是</u>。（《论语·里仁》）

（11）是持宠处位终身不厌之术也，虽在贫穷徒处之势，亦取象<u>於是</u>矣。（《荀子·仲尼》）

1.3 "于是"和"于是乎"

《现代汉语八百词》（1999）提到，口语里"于是"常常说成"于是乎"。《现代汉语词典》（2012）也将"于是乎"等同于"于是"。但我们通过古代汉语的语料检索发现，"于是乎"的使用历史也较久远，如：

（12）督欲弑君而恐不立，<u>于是乎</u>先杀孔父。（《谷梁传·桓公二年》）

（13）夫州吁弑其君，而虐用其民，<u>于是乎</u>不务令德。（《左传·隐公四年》）

（14）百官<u>于是乎</u>戒惧，而不敢易纪律。（《左传·桓公二年》）

（15）秋，纪季以酅入于齐，纪<u>于是乎</u>始判。（《左传·庄公三年》）

这里的"于是乎"应该与现代汉语口语中出现的"于是乎"有所不同。故我们将前者称为"于是乎₁",这里的"乎"应该为介词,作"自、从"义;后者称为"于是乎₂",这里的"乎"应该为连词词缀。如:

(16)缕馨仙史是位知名人士,一见玉卿,就为她所倾倒,遂赋诗褒扬她。<u>于是乎</u>,声名大振。[《中国古代艳史大系(第六卷)》,彭诗琅,1999年大众文艺出版社]

(17)而人类向上进步之美性,又必非可以现在之地位而自安也。<u>于是乎</u>人之一生,如以数十年行舟于逆水中,无一日而可以息。(《梁启超箴言录》,梁启超著,吴小龙、张之梅编,1998年中国文联出版公司)

1.4 "于是"与"于今"的演变差异

同样是"于+X"组合结构,"于是"逐渐演变为连词,而"于今"演变为名词、副词。通过比较它们的演化路径,也可以为我们考察"于是"的连词化过程提供一个视角。陈昌来(2012)对"于今"的词汇化进行了研究:副词"于今"是由表示终到点的介词"于"+时间名词"今"词化而来的,其中后接成分经历了逐渐泛化的过程,由时量短语扩大到谓词性成分;而名词"于今"是由表示时点的介宾短语"于今"词化而来的,随着"于"的词汇意义逐渐淡化,慢慢成为词内成分,表义重心落在"今"上,两者合并成为一个新的名词。名词"于今"的演变机制是介词"于"并入名词,结果是名词占据了主导,而"于是"在演变过程中,是代词"是"的意义逐渐虚化,由指代具体的处所、时间,逐渐过渡到指代抽象事件等,连词"于是"的形成主要是代词"是"并入介词"于",成为词内成分,两者分界融合,逐渐融为一体。

(18)<u>于今</u>遭清明之时,饬躬力行之秋,而怨仇丛兴,讥议横世。(《后汉书·冯衍传》)

(19)司马相如为武帝制封禅之文,<u>于今</u>天下所共闻也。(《三国志·蜀书·秦宓传》)

(20)前日一个家乡人来,说我父亲在家有病。<u>于今</u>不知个存亡,是这般苦楚。(《儒林外史》第15回,吴敬梓著,2018年百花洲文艺出版社)

(18)(19)两句中的"于今"具有一定的连接作用,"于"的词汇意义在消失,"于"引进时间点的语义、句法功能正在消失,而(20)句中,"于今"的名词地位已经确立,句中有相应的名词"前日"与之对应，"于今"完全取得稳固的名词地位。

2 "于是"的连接功能

《现代汉语八百词》（1999）提到"于是"的用法为："表示后一事承接前一事，后一事往往由前一事引起的。可以用在主语后。"这里应该有两层意思：一是有承接作用，与"连接"不同；二是"于是"的前后项往往有因果关系。关于"于是"的功能研究，时贤大多也围绕这两点展开，有的侧重于谈承接，有的侧重于谈因果，有的兼谈承接和因果。王祖姝（1999）将"于是"的承接方式分为六种：连续性承接、间隔性承接、层进性承接、因果性承接、解说性承接、例释性承接等。赵新（2003）认为"于是"所表达的语义关系不是单一的，主要有单纯因果、因果连贯、单纯连贯三种。张斌在《现代汉语虚词词典》（2001）中有比较精练的分析："于是"可以连接小句、句子与段落，表示前后两事相承。张先生同时指出，"于是"表示两事承接，隐含因果关系。用"因此"或"所以"表示前因后果，隐含承接关系，但是张斌（2013）将"于是（乎）"作为表示原因的关联词语。由此可以看出，"承接"和"因果"的内涵并非泾渭分明，常常纠缠在一起。我们认为，"于是"作为小句、句子、句段之间的关系词，不仅有事理上的承接，更有句子单位间的连贯作用，所以将其处理为表示连接功能。

2.1 "于是"连接功能的形成与发展

2.1.1 "于是" 表示事理→逻辑

"于是"表示事理的功能与它的词汇化过程是密切相关的，由前述可知，"于是"形成之初，表示处所，意为"在这个地方"，然后通过隐喻，衍生出"在这个时候"的时间义，这自然就蕴含了时间的先后，实际上就是事件发生前后的事理关系，如：

（21）过了那林，船便弯进了叉港，于是赵庄便真在眼前了。（《呐喊》，鲁迅著，2017年民主与建设出版社）

（22）他和我走到车上，将橘子一股脑儿放在我的皮大衣上。于是扑扑衣上的泥土，心里很轻松似的。（《背影》，朱自清著，2012年译林出版社）

上述两句中，"于是"连接的前后两部分"船便弯进了叉港—赵庄在眼前""将橘子放在我的皮大衣上—扑扑衣上的泥土"是典型的时间或事理先后关系，基本没有因果关系在里面。事理的先后，反映在逻辑上就是先后的顺序。当说话人想强调这种逻辑关系时，还可以通过添加 "因为" 等相关的连词来强调，如：

（23）我的心情因为意识到春天的来临而兴奋，于是便临时决定再去天安门看一看。（《中国北漂艺人生存实录》，卞庆奎著，2005 年中国青年出版社）

（24）10 万元对我来说很重要，但因为他提出的条件我不能接受，于是便拒绝了。（《中国北漂艺人生存实录》，卞庆奎著，2005 年中国青年出版社）

2.1.2 "于是" 表示承接→因果

"于是" 作为句法单位之间的关系词，它的承接作用是毋庸置疑的，这也可以从 "于是" 共现的句法成分得到证明：现代汉语语料中，"于是" 句共有 45253 句，"于是" "就"（两者相距 10 个字以内）共现的有 5990 句，"于是" "便"（两者相距 10 个字以内）共现的有 2993 句，共占 19.8%，共现的比例比古代汉语语料高出很多。"就" "便" 作为典型的关联副词[①]，这里表示 "后一件事" 紧接着 "前一件事" 发生，可见这与 "于是" 的表义功能应该是同质的，否则就不会共现。如：

（25）某地区的土壤里发现大量的烃氧化菌，那么说明那里很可能有石油，于是配合其他找矿手段，就可以确定石油矿藏的分布范围了。［《中国少年儿童百科全书（自然·环境）》，林崇德、王德胜主编，1991 年浙江教育出版社］

（26）我感觉到肚子有些饿，于是便钻进一个小胡同里买了两个烤红薯，这是我最爱吃的。（《中国北漂艺人生存实录》，卞庆奎著，2005 年中国青年出版社）

（27）老百姓买不起，国家也不收购它们，若收购也只是象征性地给点钱，于是只有卖给外国人，于是便形成了外国人的口味、外国人的金钱控制了整个美术市场。（《中国北漂艺人生存实录》，卞庆奎著，2005 年中国青年出版社）

当说话人为了突出 "于是" 连接的前后部分存在因果关系时，常常把 "于是" 置于句首或句段的开头，有时甚至用 "，" 停顿来凸显这种因果关系。如：

（28）大家觉得 5 万元的价格太低，如果这张唱片发火了，乐队岂不是太吃亏了？于是，小五力排众议，鼓动大家不要为这点蝇头小利而贱卖了自己。（《中国北漂艺人生存实录》，卞庆奎著，2005 年中国青年出版社）

（29）英雄海格立斯（武仙座）来这里摘取金苹果时，被巨龙挡住了去路。于是，

---

① 参见张谊生（2000）《现代汉语副词研究》。

海格立斯只好施计哄骗阿特拉斯,并从阿特拉斯的女儿们那儿得到了金苹果。[《中国少年儿童百科全书(自然·环境)》,林崇德、王德胜主编,1991年浙江教育出版社]

2.2 "于是"的连接层次

《现代汉语八百词》(1999)提到,连词的用途是连接小句,组成大句。通过语料检索我们发现,"于是"的连接层次并不一样,有时必须出现,有时可以不必出现,大概有以下几种情况。

2.2.1 "于是"连接小句

这里的小句即为单句,全句只有一个主语,在句法形式上可以有停顿,但是与其他连接小句的连词(如"而""就""不但……而且")等不同,这里的连接层次比较低,基本承担着时间承接的作用,有点类似"接着""然后"的意思。如:

(30)李炳良意欲进行公粮制试验的决心就更大了,于是(接着)再次给吴志雄作了一个批示:"这是一个十分重要的问题。请按崇智同志的批示议个意见,择机讨论一次。"(《中国农民调查》,陈桂棣、春桃著,2004年人民文学出版社)

(31)那时他刚上高一,那女人说她家有几本小说,非常好看,于是(然后)就让他去取。(《中国北漂艺人生存实录》,卞庆奎著,2005年中国青年出版社)
杨伯峻(1999)认为连贯复句中的分句间,按时间顺序连接紧凑,分句数较多,分句之间不用连词连接的较多。我们发现,"于是"作为小句间的连接词,常常可以省略,而与之同现的"就"则基本不能省略,强行省略的话,读起来会较为别扭。也就是说,从连接功能看,在连接小句方面,"于是"的连接性要低于"就"。如:

(32)我实在走投无路了,(于是)就给去南方拍戏的谢云打电话,希望他帮我一把。(《中国北漂艺人生存实录》,卞庆奎著,2005年中国青年出版社)

(32′)★ 我实在走投无路了,于是(就)给去南方拍戏的谢云打电话,希望他帮我一把。

(33)最后她对自己彻底失望了,在北京待着看不到前途,回家又不甘心,(于是)就"嫁"给了个台商。(《中国北漂艺人生存实录》,卞庆奎著,2005年中国青年出版社)

(33′)★ 最后她对自己彻底失望了,在北京待着看不到前途,回家又不甘心,于是(就)"嫁"给了个台商。

上述的几个小句中都不需要出现 "于是" 的前指成分，叙述内容非常完整，即 "于是" 纯粹作为一个承接连词出现。

2.2.2 "于是" 连接复句

杨伯峻（1999）提到 "于是" 主要出现在 "二主多谓复句" 中，即两个小句中，每个小句都有各自的主语。现代汉语中也有很多这样的句子：

（34）快到画家村时，我回答完了她提出的所有问题，于是两人便沉默下来。（《中国北漂艺人生存实录》，卞庆奎著，2005年中国青年出版社）

（35）我们的医生看了 X 光片，"嘿，你这是在冒险。" 于是我们就乘飞机去找一位国内顶尖的整形外科医生。（《我的世界我的梦》，姚明口述，里克·布切主笔，2004年长江文艺出版社）

杨彬（2012）研究了 "于是" 在复句中的分布情况："于是" 单用、"于是" 连用、"于是" 跳脱用法等。"于是" 单用时，可在小句主语前，也可在小句主语后，如：

（36）他们原以为塔里最安全。但未久塔身便开始倾斜，而且倾斜到了危险的程度，他们于是感到自身不安全了。（《读书/vol-056》，出自CCL语料库）

（37）但是，根据美国1973年的探测，木星内部的温度却很高。于是有人推测桔红斑是木星内部温度最高的地方。[《中国少年儿童百科全书（自然·环境）》，林崇德、王德胜主编，1991年浙江教育出版社]

（36）句中，前句和后句主语为同一主语，"于是" 位于主语后，而（37）句中，前句主语和后句主语不同，"于是" 位于后句主语前。"于是" 的跳脱用法则较为少见，杨文对其解释："于是" 连接的两个单句之间，有时会插入评议性话语。如：

（38）对那些收入偏低的普通希腊人来说，中餐馆的价格有点高不可攀，于是又有人在居民区搞中国快餐馆。（《1994年报刊精选》，出自 CCL 语料库）
有时句子中看似有一个主语，但是从语义分析来看，实则有另外的逻辑主语，可以另行补出，如：

（39）车的空调坏了。小姐们自然不愿意，吵吵着一定要修好空调再走。于是（师傅）便停车修空调，忙活了一个小时，还是没修好。（《中国北漂艺人生存实录》，卞庆奎著，2005年中国青年出版社）

（40）不过英国仍然要借中英合作的声势，进一步唬住日本，于是一九四一年十二月下旬（中英两国）成立中英军事同盟，签订中英共同防御滇缅路协定。[《文

史资料精选（第 19 册）》，《文史资料选辑》编辑部编，1990 年中国文史出版社〕

2.2.3 "于是" 连接句段

句段是由两个或两个以上句子构成的段落，这几个句子具有语义核心和逻辑关系，在篇章中有前后接续关系，是比复句更大的语篇单位，"于是"也经常用在句段的段首位置，形式上一般位于"。"后，"于是"后的主语一般不再是代词，而是名词性成分，因为"于是"所回指的成分处于上个段落中，两者的距离较远，如果主语仍然为代词，会造成理解上的困难，而名词性成分则能够较好地与前面的指代成分相呼应，如：

（41）一旦光子具有的能量减小到已不足以使它还能以光子的形式存在之时，该光子就会被转换成其他的物质存在形式。于是，人们将观察不到从距地球遥远的此类星球表面发出来的光线……（《21 世纪的牛顿力学》，豆丁网，2009 年 5 月 23 日）

（42）八路军的游击战深入晋冀鲁豫敌人的大后方，建立抗日政权，不断打击敌人，收复失地。英国认为这是了不起的抗日力量，较之英法在欧洲战场上的狼狈现象，真是不可同日而语。于是英国对中国的态度开始转变，首先于一九四〇年十月间重开滇缅路，接着派了一些在敦克尔克撤退下来的残兵败将……〔《文史资料精选（第19册）》，《文史资料选辑》编辑部编，1990年中国文史出版社〕

上述两句中，"于是"前面的小句中分别有"光子具有的能量减小到已不足以使它还能以光子的形式存在""八路军不断打击敌人，收复失地"的事件存在，这也是"于是"指称的对象，同时也是引发"于是"后动作行为的原因，所以这时的"于是"容易被人认为是因果连词。曲晶晶（2010）分析了"于是"常常出现在叙述性语篇中，主要保证语篇在时间顺序上的衔接，同时具有提示因果关系等逻辑顺序的作用，间接保证语篇在逻辑上的连贯。有时出现在描写性语篇中，很少出现在说理性语篇中。我们认为曲文的分析有一定的道理，跟上述分析也基本吻合。

3 "于是" 与 "因此""所以" 的比较

赵新（2003）提出，当用于已然态单纯因果关系或因果连贯关系的动态复句时，后一分句无主语，结构为动宾词组或兼语词语，如果前后主语一致，则"于是""因此""从而"可以互换，句法意义基本一致。如：

（43）我们从各方面做了准备，从而（因此/于是）为大会的召开创造了条件。

赵文同时提出："因此"和"于是"相似之处多，两者互换的机会更多。我们认为可以通过"因此"和"于是"的比较，更好地看出"于是"作为连词的特点。

3.1.1 连接小句的时态差异

《现代汉语八百词》（1999）对"因此"的功能描述为："用于表示结果或结论的小句，前一小句有时用'由于'呼应，可用在主语后，也可以连接两个句子。"从这个表述可以看出："因此"所连接的小句一定是表示结果或结论的，一般都是已然态，在句法上一般有完成体标记"了"。而"于是"所连接的小句不一定表示结果或结论，可以是未然态，在句法上一般有起始体标记"起来""下去"等。

（44）虽然我想得到他的帮助，但是我没想到过要用一个女人的贞洁来交换，于是（*因此）我站起身来就要往外走……（《中国北漂艺人生存实录》，卞庆奎著，2005年中国青年出版社）

（45）在面对了那么多记者后，我想放松一下，于是（*因此）在我们走到停车场时，我对科林说，"给我钥匙。"（《我的世界我的梦》，姚明口述，里克·布切主笔，2004年长江文艺出版社）

刘月华（1999）、郭继懋（2006）则对"于是"连接的前后句特征进行了分析，"于是"前接的句子一般是叙述性的，可以补出具体的时间，"于是"后接的句子是前接小句所叙述情况导致的结果。如：

（46）（当时）（*现在）即使这么便宜的房租，也有人交不起，于是交不起房租的乐手们就被房东毫不留情地轰了出去。（《中国北漂艺人生存实录》，卞庆奎著，2005年中国青年出版社）

（47）（当时）（*今天）他听了我的专辑后，对我非常欣赏，于是便通过各种关系找到了我。（《中国北漂艺人生存实录》，卞庆奎著，2005年中国青年出版社）

因为"于是"连接的前后句都是叙述性的，所以补充出来的时间一般都只能是"过去时"，如果是其他时态，则不能成立。

3.1.2 连接小句的口气差异

孙汝建（1999）在前人研究的基础上提出：狭义的语气有陈述、疑问、祈使、感叹四种，而口气包括肯定、否定、迟疑、活泼等。这里我们采用其对句子口气的分类，通过分析语料，我们发现："于是"不能出现在表示肯定口气的小句中，而"因此"则可以。如：

（48）实验虽然遭受到一些挫折，但是我们并未因此（＊于是）丧失信心。

（49）所以它是世界上唯一没有海岸的海，因此（＊于是）也没有明确的海区划分界线。

郭继懋（2006）则从另外的角度对"于是"和"所以"的表义和功能进行了研究："于是"侧重于叙述，"所以"侧重于说理和论证。"于是"用来说明因果情境的外部现象，"所以"用来说明因果情境的内在关系。我们认为这样的分析有一定的道理。从独立成句这方面来看，"因此"的独立性要优于"于是"。北大语料库的语料检索可以看出，"因此"单独成为一小句的语料为35623条，而"于是"单独成为一小句的语料为13570条，这也从另外一方面证明了郭文的观点，"于是"重在叙述，"因此""所以"重在说理。

4 "于是"连词化的动因与机制

王慧兰（2007）、范江兰（2009）、张田田（2013）比较详细地论证了"于是"连词化的演变动因和机制。她们提到的动因有三点：语义因素、韵律因素、句法位置等。"于是"连词化的机制有两点：隐喻引申、语用推理等。我们认为这几点都不错，"于是""于今""因此"等词的词汇化也都是如此，除了上述几点共性以外，"于是"的连词化应该有其自身独特的动因和机制。最主要的应该有以下两点。

4.1 句法位置的影响

Hopper&Traugott（1993）认为，对诱导词汇语法化的句法环境的研究应该是语法化研究中的一个前沿课题。就汉语而言，更是最重要的一个语法化机制，因为汉语缺乏形态变化，词语之间组合关系和前后语序在句中所起的语法作用肯定要比那些典型的屈折语更大。解惠全（1997）提出：在单句中，主语、谓语、宾语一般是核心成分，定语、状语、补语为非核心成分，其中状语、补语位置容易发生语法化，这是因为表示时间、范围、方式、程度、原因、结果等语法范畴的词汇一般都出现在这两个位置上。根据张谊生（2012）的研究，在汉语中，主要有七个位置容易引起词汇语法化：谓语中心前的状语位置、谓语中心后的补语位置、连动谓语的前项位置、谓词性联合短语的前项位置、谓词宾语前的谓语位置、小句或句子的最末位置、小句或句子的最前位置。具体到"于是"，就是因为介宾结构"于＋是"经常位于小句或句子的最前位置，而这个位置一般处于句子之间的连接位置，久而久之，"于＋是"引起表义重心的变化，

"是"逐渐丧失词汇意义，慢慢语素化，"于是"具备了连词化的充分条件。如：

（50）返航时，他们又在这个岬角附近遇到了一场更大的风暴，<u>于是</u>他们便称这个岬角为"风暴角"。[《中国少年儿童百科全书（自然·环境）》，林崇德、王德胜主编，1991年浙江教育出版社]

（51）<u>于是</u>，周恩来就把粮食部领导人带上去拜访，一个省一个省地定。（《周恩来一生》，力平著，2001年中央文献出版社）

句首位置也会造成指示代词"是"的代词可及性（accessi-bility）的弱化，许余龙（2002）提出，可及性是个心理语言学概念，指的是人们在语篇产生和理解过程中，从大脑记忆系统中提取某个语言或记忆单位的难易程度，是由回指语表达的关于指称对象可及程度的信息。"是"本来属于"高可及性标示语"，当其所指的先行语与回指词"是"距离越远时，回指词的"可及性"就越低[王慧兰（2007）]。当先行语形式偏长且距离偏远时，"是"的可及性就更趋弱化，渐渐趋于成为一个词内成分。

4.2 语义泛化的影响

语义泛化表现为实词语义的抽象化、一般化和扩大化，它是以实词的部分具体义素的脱离和词义适用范围的扩大为前提的。正如前文所述，"于""是"两个语素及其组合结构的意义演变，逐渐确定了"于+是"的连词地位，这也可以在与"于+今"的名词化、副词化比较中窥出一二来：在"于+今"介宾结构中，"于"本来介引的是终到时间点，不过在引入"今"这一时间点后，"于"的介引范围缩小，介引功能逐渐丧失，后附范围随之扩大，同时共现成分也固化下来，介词"于"最终并入到名词"今"，表义中心也落在了后者，"于今"的名词地位得以确立。而在"于+是"介宾结构中，由于"是"的意义虚化，被指代的成分逐渐抽象化，最后甚至变得无所指代，代词"是"逐渐并入"于"中，又因为"于是"居于小句或句子最前位置，慢慢就赋予了连接功能，"于是"具备了连词化的必要条件。

（52）一天，跟着头儿出去做坏事，结果正巧被警察逮着了。<u>于是</u>，头儿被公安抓住了，频频向我们使眼色，让我们快逃，以便通风报信。（《中国北漂艺人生存实录》，卞庆奎著，2005年中国青年出版社）

（53）她要穿衣服，我大胆地说，不用穿衣服了，我们开始画画吧。<u>于是</u>两个人赤裸相对，我给她画了一幅坐姿。（《中国北漂艺人生存实录》，卞庆奎著，2005年

中国青年出版社）

　　冯胜利（1997）提出，现代汉语具有"双音节右向自然音步"韵律要求，这也使"于＋是"短语易于成为一个自然音步，进而成为韵律词，然后进一步发展成为词汇词。当然，语用推理也是影响"于是"连词化的重要方面。

本章小结

　　本章对"于是"连词化历程进行了研究，初步梳理了"于是"的表义功能：主要用于句子的承接，主要表现为因果连接、顺承连接等。在和"于今""因此／所以"进行比较后，明确了"于是"的连接层次、连接成分的特征等，对进一步深入认识"于是"的语法、语义、语用特征等，有一定的参考价值。同时，我们认为相关连词的历时演变研究空间还很大，有待以后进行更深入、细致的探讨和分析。

第十三章　"于"的零形化

马建忠1898年就指出：动词后接"于"，多为时处补语，常常可以省略。如：

（1）大破秦军于东阿。（《史记·项羽本纪》）

（2）大破秦军东阿。（《汉书·项籍传》）

沈家煊（1999）提出："句法上的零形式表现为有意义，没有语音形式。零形式成分的意义从语境中吸收过来的，取决于相关的有形语法成分表示什么意义。"学界对此类现象的研究最早肇始于介词省略。孙茂松（1998）认为"取决于""来源于"应该分析为动词，因为它们都必须带宾语，必须和"于"连用（极个别情况下，"于"可以省略）。金鐘讚（2004）对三类"双音节＋于"结构（OO＋于；O＋<O＋于＞或O＋<O于＞；O＋O＋于）进行了分析，认为不论"于"脱落与否，三种结构都应该统一分析为述语。谢雯瑾（2008）较为深入地分析了部分双音节A/V（忠诚类、根植类、牺牲类）后"于"脱落的不同原因以及导致V的配价增价以及词性改变情况；张谊生（2010）认为，大多数白话体裁的小说、笔记当中的带宾格式，都可以分析附缀"于"的脱落式。"于"的零形化主要表现为"双音节V/A＋于"结构中"于"趋向于脱落的过程。张文重点分析了"A/Vi＋于"结构中"于"的脱落情况（A为"热心"类形容词，Vi为"从师"类不及物动词），分析了韵律动因和介词脱落导致的后果，但对"Vt＋于"（如"纠缠于、披露于、接近于"等）的形成原因及句法特点未有涉及。毕爱华（2011）主要对"双音节A＋于"结构中"于"的脱落进行了研究，并分析了韵律上的双音化以及语言经济原则的制约。我们认为"X＋于"的零形化情况比较复杂，有进一步考察的必要。为便于行文，我们将"X＋于"零形化的句法环境码化为"X＋于＋N"[①]。"X＋于"零形化的形式为"X＋ø＋N"。本章例句除特别标注外，均来自北大语料库。

---

① 这里的N包括名词短语以及指称化的名词性成分。

1 "于"零形化的句法选择

1.1 "X"的音节选择

具体到"于",现代汉语中"于"前的"X"大多为双音节,单音节的较少,仅有"在""对"等少数几个①,究其原因,绝大多数的"单音节+于"已词汇化,"于"亦成为构词词缀,位置已固化,结构更为黏附,一般不能脱落。如:

(3)不少家长和教育工作者担心,学生沉迷于电子竞技,会影响学业。(《新华社 2004 年 2 月份新闻报道》,出自 CCL 语料库)

(4)据介绍,中国适宜于这项技术推广的耕地大约有 2 亿亩,水稻的增产潜力十分巨大。(《新华社 2004 年 7 月份新闻报道》,出自 CCL 语料库)

(5)社会越是进步,人类越是文明,人们在精神上对于爱情生活的要求就越高。(《读书 /vol-024》,出自 CCL 语料库)

(6)敢于尝试、勇于承认失败,是通向成功的必由之路。(《1994 年人民日报》,出自 CCL 语料库)

1.2 "X"的词类选择

崔应贤(2012)提出:有一类"XX 于"可能受古代汉语的影响,在带宾语的同时对带与不带"于"采取了自由的态度。如:

服从于 服务于 符合于 借助于 热心于 热衷于 擅长于 屈从于 适合于
适宜于 适应于 希望于 习惯于 献身于 以便于 依赖于 有碍于 有待于 有
赖于 有利于 有望于 有违于 有损于 有志于 着眼于 着力于
这里"于"前的双音节词有形容词(如热心、有利等)、动词(如希望、习惯等);
张谊生(2010)根据"A/V+于"结构中"于"的脱落情况,将其分为三类:形容词("热心"类)+于;不及物动词("从师"类)+于;及物动词("纠缠"类)+于。

我们基本赞同张文的分类,结合"于"的具体情况,"于"前的"X"主要有这样几大类。

---

① 张斌(1998)提出,"对于"省成"对",两个词并不完全一样。"在于"亦是如此。

1.2.1 "X" 为介词

这里的介词主要是"对、在"等,其实这里的"对于、在于"实际上应该是介词的叠加用法,我们将另文专述,这里暂不研究。

(7) 这种气体<u>对</u>(于)人体有害。

(8) 他们的错误就<u>在</u>(于)此。

(9) 出事故的原因就<u>在</u>(于)他们没有把安全生产放在第一位。

这里的"对/在"如果是动词的话,应该可以独立成句,但是从下面的例句中可以看出,它们应该还是介词:

(10) ★这种气体<u>对</u>人体 /★出事故的原因就<u>在</u>他们

1.2.2 "X" 为形容词

根据张谊生(2010)的分析,这里的形容词主要有两类。一类为涉及对象成分的形容词(热心、痛心、专心、伤心、惊奇、惊疑、惊异、惊骇、淡漠、忠诚、忠实、痛苦、难受、难过、快乐、高兴、兴奋、适宜、适用等)。这类词一般具有[+静态][+关涉对象]等语义特征,一般需用前置介词"对"或用后置介词"于"介引对象,随着语用表达或韵律和谐的需要,"于"就脱落了,如:

(11) 香港明星普遍地<u>对</u>( )慈善事业都很热心的,如刘德华、陈慧琳、李连杰等等。(《1994年人民日报》,出自CCL语料库)

(12) 早在建国初期,就有不少<u>热心</u>( )社会公益的妇女利用节假日到监狱看望素不相识的罪犯,给他们写信。(《中国妇女的状况》,出自 CCL 语料库)

另一类为表示异同关系的形容词(迥异、不同、相异、相似、等同、类似等)。这类词一般具有[+静态][+比较对象]等语义特征,句法上一般用连词"与""和"连接比较对象,但是也出现用后置词"于"引出比较对象的,如:

(13) 从照片上可以清晰地看到,水星表面布满大大小小的环形山、平原和盆地。地形、地貌<u>与</u>月球十分<u>相似</u>。[《中国少年儿童百科全书(自然·环境)》,林崇德、王德胜主编,1991 年浙江教育出版社]

(14) 近日据腾讯内部人士透露,新推出的"微视"产品是短视频的分享社区,<u>类似</u>Vine,与此前的微视是完全不同的两种产品。(《中国经济时报》,2013 年 9 月 16 日)

这里的形容词一般都是二价形容词,语义上都需要涉及一个对象成分,有的人据此将其处理为形动兼类词,我们认为还应该处理为形容词。相比于前置介词、连词,介词"于"后置后,更易于前附于动词,而逐渐脱落乃至零形化。

1.2.3 "X"为动词

这里的动词内部构造较为复杂和多样,龚娜(2006)、赵静(2011)分别从音节、语义角度对能够进入"X于"结构的"X"进行了分类。我们发现,两者划分的"X"都不太全面,不太符合"于"脱落的现状和我们分析的要求。在其基础上,我们认为构成"X+Ø+N"的动词主要有以下几类:

1)双音节单纯词 主要有"辗转、徘徊、蜿蜒"等,如:

(15)广东罗定警方发言人 28 日表示,经过警方多警联动,<u>辗转( )</u>粤桂多地成功侦破一起买卖松香的 40 万元特大诈骗案。(《广东罗定多警联动辗转粤桂破特大诈骗案》,中新网,2013 年 1 月 28 日)

(16)如果家家户户都充满欢笑,青少年怎么会<u>徘徊( )</u>街头或沉迷于电动玩具?(《读者》,出自 CCL 语料库)

2)双音节合成词

a.联合式动词

主要有"隐现、游离、出没、出入、纵横、贯穿、来往、栽植"等,如:

(17)灵活就业农民工大多<u>游离</u>医保外。(《劳动报》,2013 年 2 月 13 日)

(18)<u>出没</u>白桦林的牛、羊和马群,构成这里一道独特的迷人风景。(《新华社 2004 年 10 月份新闻报道》,出自 CCL 语料库)

(19)世界上最长的山脉是南北美洲大陆的科迪勒拉山系,它<u>纵横</u>南北美洲大陆西部,绵延 1.5 万公里。[《中国少年儿童百科全书(自然·环境)》,林崇德、王德胜主编,1991 年浙江教育出版社]

b.动宾式动词

这类动词数量比较多,主要有"造福、服务、钟情、寄情、移情、献身、投身、丧身、埋头、成名、得益、取材、取名、取信、有恩、有惠、任职、任教、起兵、起事、执教、就读、避难、会师、失信、垂青、垂涎、有罪、有愧、加害、让位、让权、让利"等,如:

(20)立足当代,中国的发展不仅<u>造福</u>13 亿中国人民,也给世界各国带来了巨大的市场和发展机遇。(中国政府网,2005 年 12 月 22 日)

（21）五湖沦陷后，我带着全家<u>避难</u>上海，之后又辗转迁往西南。（《作家文摘/1996》，出自 CCL 语料库）

（22）"洋倒爷"<u>移情</u>韩国货日本货。（《1994 年报刊精选》，出自 CCL 语料库）

通过在 CCL 的语料检索，我们发现，同是动宾式动词，"归因、归咎、归罪"由于和 "于" 共现度非常高，"于" 经常黏附其后，"归因于、归咎于、归罪于、归功于" 已经逐渐成为三音节语法词，"于" 也成为后附缀了，具体情况如下：

	归因于+N	归因+∅+N	归咎于+N	归咎+∅+N	归罪于+N	归罪+∅+N	归功于+N	归功+∅+N
有效语料	327	26	512	40	168	22	876	16
占百分比	92.6%	7.4%	92.7%	7.3%	88.4%	11.6%	98.2%	1.8%

"得益于、得宠于、取材于、取名于、取信于、有恩于、有惠于" 等 "V+于" 结构基本也属于上述情况，逐渐成为语法词。这可能与上述动词要求其配价的必有成分在语义上具备较强的［+对象］语义特征有关。

c. 偏正式动词

主要有 "蜷缩、龟缩、潜伏、遍布、强加、沉迷、沉溺、专注、不满" 等，如：

（23）阿盟秘书长呼吁美国不要把 "民主" <u>强加</u>中东。（《新华社 2004 年 1 月份新闻报道》，出自 CCL 语料库）

（24）香港天文台近年来从以往<u>专注</u>科学研究为主，逐渐转型为社会大众服务。（《新华社 2004 年 4 月份新闻报道》，出自 CCL 语料库）

这里的动词在配价上一般是二价动词，必有成分必须是施事、处所等。袁毓林（2002）认为可以将处所细分为源点、场所、终点等，三者有所区别，这里的处所一般是表示终点、场所的名词，不能表示源点，否则就不能脱落，如：

（25）*我国古时一直沿用 "岷山导江" 的说法，认为它<u>发源</u>四川省北部的岷山。

（26）*朱德，1886 年 2 月 1 日<u>出生</u>四川仪陇县李家湾一户佃农之家。

这里的 "于" 介引的功能很强，还是介词，所以不能脱落。而且，即使是表示时间等可有成分，"于" 也不能脱落，这也可以从和补充式动词 "建成、病逝、改完" 等词的比较中看出，如：

（27）*天安门广场中心的人民英雄纪念碑，<u>建成</u>（∅）1958 年。

（28）*唐纳因肺癌<u>病逝</u>（∅）1988 年，终年 74 岁。

董秀芳（2006）提出：如果"于"前动词的动作性较低，"于"后名词性成分的具体性较低，动词对名词性成分的影响力较低，两者间的及物性程度就比较低，语义关系上一般被判定为不及物。此类动词大多为不及物动词，原本不能直接带宾语，通过介词"于"的连接后，就发生了功能转类，成为及物动词。随着使用频率的增加，即使"于"已经脱落，仍然可以带宾语，及物的句法功能得以遗留。张谊生（2010）对形容词和不及物动词后"于"的零形化有较详细的分析，本文在此不再赘述。

1.3 "N"的语义角色选择

陈建民（1984）提到，北京口语中介词脱落的现象日益增多，条件是 V 后的 NP 必须是表示处所的名词或方位短语，且 NP 不能太长，如：

（29）通知贴（在）门口　花盆放（在）凉台上　她躺（在）床上

（30）这些物资储藏（在）地下室里

陈平（1994）提出：原型受事的语义成分特征主要有变化性、渐成性、受动性、静态性、附庸性等①。名词性成分原型受事特征的多少和受事性成正比例关系。其中表示地点的名词性成分主要有自立性、静态性等特征。表示对象的名词性成分具有受动性、渐成性、自立性等特征。Croft（1991）提出，除了典型的施事、受事外，其他语义成分有两类：一类包括工具、手段、方式、伴随等，它们接近于施事或使因；另一类表示结果、受益者、收受者、到达点等，它们都接近于受事，采用的"格"标记也大致相同［转引自沈家煊（1999）］。我们认为这里的"N"大多不是典型的受事，多为对象、处所等，大致有以下几类。

1.3.1 对象

对象是指谓词动作行为作用的目标，主要有比较对象、损益对象等。

1）比较对象

比较对象可以是人、事物或环境。与之共现的"X"一般为"专用语素不/有/无+V"以及涉及对象成分的形容词，如"不同、不下、无异、相当、相对、相似、落后"等。如：

---

① 陈平（1994）认为："变化性是指有关事件使该事物的状态发生了变化；渐成性是指该事物在事件中逐渐形成；受动性是指该成分承受了有关动作或事件的结果；静态性是指该事物位置没有发生位移；附庸性是指事物的存在是该事件的结果或者并不存在这事物。"我们认同这样的观点。

（31）被水上摩托拖在后面，是我落后刘炜的仅有几次之一。（《我的世界我的梦》，姚明口述，里克·布切主笔，2004 年长江文艺出版社）

（32）我是相当大学程度，我在燕大，哎，常听课。（《1982 年北京话调查资料》，出自 CCL 语料库）

2）损益对象

损益对象（损失／受益对象）主要是因为谓词的动作行为而产生损失或受益。与之共现的 "X" 一般为具有［＋取得］［＋遭受］［＋给予］义的动词。如 "求教、求助、禅位、受惠、受命、受聘、受益、有碍、有损、从师、服务、造福、凌驾" 等。

（33）那些东西，是新院长求助朋友们无偿送来的。（《1995 年人民日报》，出自 CCL 语料库）

（34）上海 3 万高校学子受益国家助学贷款。（新华网，2014 年 1 月 29 日）

（35）事事代替不但有碍动作的发展，也有碍儿童心智的发展。（《儿童心理》，出自 CCL 语料库）

（36）印度称美给巴特殊军事地位，会有损印美关系。（《新华社 2004 年 3 月份新闻报道》，出自 CCL 语料库）

1.3.2 处所

这里的处所应该是广义的处所名词，只要具有［＋空间性］即可，可以是处所，也可以是机构等。一般是动作发生后所处的场所，变化性小。与之共现的 "X" 有 "藏身、埋头、寄情、醉心、供职、效力、雄踞、屹立、驻守" 等。如：

（37）正定乒乓球基地联手高校，运动员可就读华南理工。（《燕赵都市报》，2013 年 1 月 31 日，出自 CCL 语料库）

（38）魏晋名士们多讲养生阴阳，寄情山水，炼丹求寒食散之方。（《读书/vol-014》，出自 CCL 语料库）

（39）太姥山屹立东海之滨，峰峦交错，裸露的花岗岩形成狭谷、峭壁、深渊等多种景观。（《中国资源信息》，聂振邦主编，2000 年中国环境科学出版社）
这里的处所 "华南理工、山水、东海之滨" 在时间轴上都基本不会发生变化，具有延续性。

通过上面的分析，我们可以看出，这几类名词性成分都不属于典型的受事，它们的受事特征表现得较弱，具体可以通过下表看出：

	变化性	渐成性	受动性	静态性	附庸性
比较对象	−	−	−	+	+
损益对象	+	−	+	+	−
处所	−	−	−	+	−

Leech（1987）分析句子成分间（他称之为谓词、变元）的选择限制条件时提到，谓词、变元意义特征之间的任何矛盾都会导致难以接受的话语，我们认为这同样适用于"于"的脱落情况。当"N"的非典型受事特征与"X""于"较和谐一致时，"于"才能够脱落，"于"才能够趋于零形化。

2　"于"零形化的成因

2.1　汉语双音化的强大推动

张斌（1998）提出：虚词的省略，常常是可用而不用，非该用而不用。而用与不用，往往是适应节律的需要。汉语一直在朝着双音化发展，从韵律上来说，双音节也是较稳固的音步，具有能产性。所以这就成为双音节词后"于"的脱落的主要动因，同时"于"的介词性特征减弱，为"于"的脱落提供了可能。我们发现，如果 N 为单音节词，则"于"一般需要共现，并且随着使用频率的增加，逐渐会成为习语。如：

（40）造福于民　加害于我　有求于我

同样的谓词，如果宾语为双音节词，则"于"一般可以脱落，不需要共现。

（40′）造福人民　加害同伙　有求他们

2.2　后置词的功能补偿

刘兵（2005）提出：介词隐现后，论元之所以还可以清楚地表现出来，主要采用了功能补偿的标识手段。如"框式介词"的后项承担论元标记功能等。谢雯瑾（2008）提到，"根植类"动词，如"取材、从师、移情、迁怒、受命、醉心"等，在从 VO 到 VO/O 的发展过程中，方位词"上、下、中"率先脱落，随着名词性成分受事性增强，"于"也失去了存在的意义而逐渐脱落。"于"的介引功能渐渐弱化。我们认为"于"后的名词性成分并不具备典型受事的特征，因此不是"于"后的名词性成分受事化导致了"于"的脱落，而是因为"根植类"动词的配价成分必须具有［＋处所义］，同时在后置方位词的强制作用下，"于"才逐渐脱落，然后随着方位词的语法化，抽象度增加，最终导致 VO/O 结构的形成。

（41）李士民<u>受命于</u>危难之中出任该厂厂长，他呕心沥血，开拓进取一年后企业甩掉了亏损。（《1994年报刊精选》，出自CCL语料库）

（42）烛之武<u>受命</u>危难之间，到了秦军，找到了秦军的统帅。（《口才与成功》，邵守义著，2007年中国人民大学出版社）

2.3 谓词语义的蕴涵

我们发现，谓词语义的蕴涵范围大小会影响"于"的脱落。如：

（43）全国先进工作者、优秀共产党员，靠的是成年累月不计名、不为利，<u>埋头于</u>创作之中，十七年中竟有三分之二的时间不在家。（《作家文摘/1997》，出自CCL语料库）

（44）可见他并不是<u>埋头</u>古籍之中，也不是只对自己专门研究的范围之内的东西感兴趣。（《读书/vol-147》，出自CCL语料库）

上述两句动词都是"埋头"，前一句后接了"于X"作为补语，而后一句则直接后附NP作为宾语。我们发现：前句省略"于"，好像不太自然，而后句添加"于"后，则没有什么区别。如：

（43'）*全国先进工作者、优秀共产党员，靠的是成年累月不计名、不为利，<u>埋头</u>创作之中，十七年中竟有三分之二的时间不在家。

（44'）*可见他并不是<u>埋头于</u>古籍之中，也不是只对自己专门研究的范围之内的东西感兴趣。

王萌（2006）发现：介词的主要语法功能是介引体词性词语给谓语动词。在语义平面上，介词是谓语动词与体词性成分间论元角色的显性标记。介词的使用是标识论元角色的充分条件，而非必要条件，这就为介词的省略提供了可能性。我们认为这只是一方面，更主要的是和"于X"前附的动词有关，动词的语义蕴含了介词"于"的语义，使"于"的语义和动词的语义发生融合，导致"于"隐含或脱落。如：

（45）父亲用马克思的名字"卡尔"为儿子命名，是希望他像马克思那样，<u>献身</u>（　）工人阶级解放事业。（《中国儿童百科全书》，出自CCL语料库）

（46）即使她们自己想上学，由于重男轻女思想压力，她们也只得<u>游离</u>（　）校门之外。（《1993年人民日报》，出自CCL语料库）

这也可以从与较少脱落的后附缀"于"的对比中看出：据孙茂松（1998）的研究，"取决""来源"作为动词"不自由"，单用的语料很少，大多是采取附加"于"+宾语的形式，因此他认为基本可以确定"取决于""来源于"接近成词。我们认为这里的"不自由"是谓词的语义特征使然，"取决""来源"两词一定要求后接成分分别具有［＋对象］［＋源点］等语义特征，而"取决""来源"的语义并不蕴含介词"于"的语义，其他"XX 于"的三音节大抵也是这样的情况。

2.4　句法位置的有限制约

我们发现，当"X＋于＋N"短语处于定语位置时，"于"较易脱落，而当其处于宾语、补语位置时则较少脱落。如：

（47）巴基斯坦总统穆沙拉夫 20 日发表讲话强调，巴不会在反恐问题上妥协，<u>藏身</u>巴部落地区的"基地"恐怖分子必将被消灭。（《新华社 2004 年 5 月份新闻报道》，出自 CCL 语料库）

（48）据报道，恐怖嫌疑分子<u>藏身于</u>吉达东北部塞法区乌姆克拉街一栋建筑内。（《新华社2004年4月份新闻报道》，出自CCL语料库）

（49）他们所说的团结是要我们牺牲主权，<u>屈从</u>苏联领导指挥棒的团结。（《作家文摘/1994》，出自 CCL 语料库）

（50）原来侯老儿夫妇嫌贫爱富，女儿却并不同意，只是<u>屈从于</u>父母的压力，不能作主罢了。（《作家文摘/1996》，出自 CCL 语料库）

这里应该有两方面的原因：一方面是定语成分一般位于句中，居于谓语动词前，受语言经济原则的制约，结构不宜过长；另一方面，句子表达的信息一般是旧信息在前，新信息在后，"于"常常作为宾语、补语的标记，作为新信息出现在句子的后半部分。但是我们也发现存在例外情况，如"供职""热心"类词常常后附"于"一起作为定语，而较少作为谓语单独出现。如：

（51）早在这次人质事件被披露之前，已有 3 名<u>供职于</u>一家沙特公司的菲律宾卡车司机在前往伊拉克送货途中失踪。（《新华社 2004 年 7 月份新闻报道》，出自 CCL 语料库）

（52）上海市民政局聘请了 14 位德高望重、家庭美满、<u>热心于</u>社会公益事业的上海名人担任首批特邀颁证师。（《外滩画报》，2004 年 1 月 6 日）

上述现象存在，可能是因为"供职""热心"类词语表达的意义一般是长期的、稳定的，和定语的性质一致，而补语一般是临时的、动态的。

2.5 句法组合的制约

董秀芳（2006）认为：动名词之间的"于"所标记的语义角色为非典型受事成分，大多表示涉及对象、范围等，如果是处所、时间等语义角色，则可以移位至动词前直接作为状语，甚至词汇化为偏正类词语。如：

（53）吃食堂 在食堂吃 / 廷见 见于廷

我们发现，句法组合情况也会影响"于"的脱落。如果"X+于+N"句子中，有"以、所"等介词，则"于"较易脱落。如：

（54）有"音乐神童兄弟"之称的马思聪和马忠宏，是我国 20 世纪三四十年代已扬名国内外的小提琴演奏家和作曲家。（《当代岭南文化名家马思聪》，慎海雄主编，2021 年广东人民出版社）

（55）考伯利克所供职的亨廷顿图书馆，是全美最负盛名的私人博物馆之一。（《新华社2004年5月份新闻报道》，出自CCL语料库）

而"X+于+N"句子中出现"把、将"等介词，"于"一般要求共现。如：

（56）把反腐败的希望全部寄托于政治体制改革，一是过于悲观，二是过于乐观。（《新华社2004年3月份新闻报道》，出自CCL语料库）

（57）将社交恐惧患者暴露于恐惧的情境之中。（《社交恐惧心理学》，黎瑞芳著，2020 年古吴轩出版社）

2.6 语体的选择

通过语料检索，我们发现，在标题中，V 后"于"更易脱落，趋于零形化，而在随后的正文叙述中，"于"则不易脱落。即使成为语法词的"取决于""有利于"等，在标题中也经常可以看到"于"脱落的例子。如：

（58）赵金伟：关注 B 股投资机会取决三个角度（标题）

（59）从投资者角度关注 B 股，投资机会主要取决于以下几个角度。（正文）

（60）首提"家庭农场"，有利农民回乡创业（标题）

（61）张茉楠表示："如果农村产业的平均回报率高于城镇，有利于农民回乡就

业。"（正文）

这主要是由标题的语体特征决定的，标题语言要求醒目、精要，通俗简洁，标题过长，会增加读者的感知和理解难度，因此标题只要提供了足量的信息，读者能够看明白即可。

3 "于"零形化的后果

"双音节 A/V＋于"结构中，由于"A/V"的选择限制、后附"NP"的强制制约，大部分"双音节 A/V＋于"中的"于"趋向脱落，逐渐零形化；小部分"双音节 X＋于"成为超音步结构体，衍变为三音节的语法词，"于"成为后附缀。就"于"零形化的后果来看，主要有以下三方面。

3.1 句法方面

"于"的零形化导致一些形容词动词化，不及物动词及物化。如前所述，随着"于"的零形式用法使用频率的增加，曾经的二价形容词也就成了二价及物动词了。如〔转引自张谊生（2010）〕：

（62）坚决反对以言代法、以权压法，更不允许执法犯法、徇私枉法。执法者要真正做到忠实于法律和制度，<u>忠实于人民利益</u>，<u>忠实于事实真相</u>。

（63）西南法学论坛在规则中明确提出："不得相互吹捧，<u>忠实（ ）事实和学术</u>。"这让西南法学论坛以学术争鸣激烈、学术批评狠辣在法学界名声大噪。
当"于"的零形式分布呈现常态化、带宾语分布占据相对优势、及物性动词功能得到普遍认可之时，这些形容词就会正式转变为及物动词，原形容词也就转化为形动兼类词。

"钟情"类等二价不及物动词的构词模式上有一个相当明显的特点，大多数都是原 VO 型动宾短语固化而来的，这类动词的及物化现象最为普遍。如：

（64）他采用《十日谈》中的一个故事作为题材，描写少女伊莎贝拉<u>钟情于一个贫苦的青年</u>。（《外国文学 500 题》，易漱泉主编，1986 年辽宁人民出版社）

（65）尽管在历史的风云变幻中，他曾一次次经受坎坷，但却永远热爱人生，<u>钟情诗歌</u>。（《1994 年报刊精选》，出自 CCL 语料库）

在当代汉语中，甚至连"签约、致敬"这类刚刚词汇化的 VO 型动词，也可以直接带宾语了。如：

（66）被切尔西解雇的穆图曾<u>签约于</u>一家由达里山德罗·莫吉领导的管理公司，该公司负责安排穆图转会。（《新华社 2004 年 11 月份新闻报道》，出自 CCL 语料库）

（67）他将于本周六在与慕尼黑 1860 队的比赛结束后飞往卡塔尔，正式<u>签约加盟</u>卡塔尔国家队，为该国出战 2006 年世界杯亚洲区预选赛。（《新华社 2004 年 3 月份新闻报道》，出自 CCL 语料库）

（68）我们应该向所有的消防战士致敬，<u>致敬于</u>他们的专业素养，<u>致敬</u>他们的舍生取义。（北极星核电网，2018 年 11 月 10 日）

（69）各地开展网上纪念先烈活动：<u>致敬</u>英雄。

3.2 韵律方面

从韵律上来说，双音节构成基本韵律单元（音步），而四音节是一个稳定的音步，韵律上较为和谐、稳固。"双音节 A/V+NP"中，"NP"一般也是双音节，所以整个结构也就构成了四音节，形成了理想的韵律结构。如"热心服务""扎根基层""忠诚人民"等。陆丙甫（1986）提出，从认知上来说，人的大脑理解语言是一个信息加工的过程，为了增强记忆和运用的效率，人们总是尽可能地将能够组合相邻的语言单位放在一起，这就是认知心理学所说的组块过程（chunking）。具体到"双音节 A/V+于+NP"，"于"应该被说话者视为"双音节 A/V 于"组块的一部分，但是受制于韵律结构，"于"的语义又被前附的"A/V"所蕴含，这就为"于"的脱落乃至零形化提供了充要条件，零形化后的四音节形式匀称、结构整齐，如：

（70）我军是党缔造、领导和指挥的人民军队，<u>忠诚于</u>党是人民军队最根本的政治要求，是当代革命军人核心价值观的灵魂。

（71）在思想上、政治上、行动上时刻与党中央保持高度一致，坚决贯彻落实中央的方针政策和决策部署，<u>忠诚于</u>党、<u>忠诚于</u>人民、<u>忠诚于</u>祖国。

（72）刘云山强调，做德艺双馨的文艺工作者，有二点很重要。第一，要<u>忠诚</u>祖国、热爱人民，把艺术深深植根于人民生活之中；第二，要进一步增强社会责任感，树立崇高的职业精神职业道德。（《新华社 2004 年 7 月份新闻报道》，出自 CCL 语料库）

上述三句中，（70）句中的"于"必须出现，"忠诚于党"正好构成两个音步；（71）句中，"忠诚于人民、忠诚于祖国"中的"于"可以出现，也可以不出现，主要是表达效果的区别；（72）句中，"忠诚"后不能或不宜出现"于"，否则韵律就不太和谐。

3.3　语用方面

根据 Grice 的会话合作原则，会话双方只要提供了足够、适量的信息，会话就可以进行下去，这也符合语言的经济性原则。相比于"双音节 A/V＋于＋NP"，"双音节 A/V＋NP"的表达无疑更简洁、经济，所以从语用上来说，说话人也会更愿意选择"双音节 A/V＋NP"形式，也可以预见，更多符合条件的附于双音节形容词或动词后的"于"将会脱落，趋于零形化。如：

（73）随着时间的推移，马王堆汉墓的研究无疑将会取得越来越大的成果，造福于人类。（《1994 年报刊精选》，出自 CCL 语料库）

（74）郑传达深知彻底攻克癌症还是一条曲折漫长的路，尽管他为此历尽艰辛，但只要能解除患者的痛苦，造福人类，他决不后悔。（《1994 年报刊精选》，出自 CCL 语料库）

本章小结

通过对"X＋于＋N"句法形式中"于"零形化的分析，我们可以看出，由于"于"的使用历史悠久，加之"X""N"的语义特征复杂多样，在语言的使用过程中，在语义、语音和语用的共同推动下，大部分"双音节 X＋于"中的"于"趋向脱落，逐渐零形化；小部分"双音节 X＋于"成为超音步结构体，衍变为三音节的语法词，"于"成为后附缀。在这现象背后，句子间语义成分的选择限制、双音化的韵律制约、语用因素都发挥着作用。张谊生（2010）提出，总体而言，除非能够进化为定位、黏着的词缀，否则"于"的介词性越强，越不容易脱落；附缀化程度越高，越容易脱落。这个判断是有道理的。由此也可以看出，深入研究"于"在现代汉语中仍然有价值和意义。

第十四章 总 论

前文第二编和第三编中，我们分别论述了"X+于"跨层结构的演化（包括"X于"粘宾动词、"X于"连介兼类词、"X于"话题标记等）和"于X"介宾短语的词汇化和习语化（副词"于今"、连词"于是"、习语"XX于X"和"X于XX"的形成、"X于"零形化等）。每类词的演化都遵循着一定的动因和机制，既有虚词虚化的共性，也有其自身独有的特点。本章通过归纳和提炼，展示介词"于"及其相关成分的演化历程，力图揭示其演化动因，从而更好地对介词"于"以及相关介词的语法演变作出解释和预测。

1 "于"的演化历程与轨迹

关于"于"的发展演化历程，时贤有较多的研究，主要有郭锡良（1997）、金昌吉（1996）、马贝加（2002）、时兵（2003）、崔应贤（2012）等。我们在前人研究的基础上，结合前述几章对介词"于"演化个案的考察，构拟出介词"于"的演化历程。

1.1 甲骨文时期

这一时期就有"于"的存在，主要有动词和介词用法，其中动词用法居多，主要表示"往，到"义，后接处所名词。同时，"于"也出现在连动结构的后项，有用作介词的趋势。如：

（1）乙酉卜，行贞：王步自遘于大，无灾在十二月。（《殷墟甲骨刻辞摹释总集》合集 24238，姚孝遂主编，1988 年中华书局）

（2）丁未卜，争贞：王往，去刺于敦。（《殷墟甲骨刻辞摹释总集》合集 5127，姚孝遂主编，1988 年中华书局）

（3）贞，王去束于甘。（《殷墟甲骨刻辞摹释总集》合集 5129，姚孝遂主编，

1988 年中华书局）

"自 + 处所名词 + 于 + 处所名词"这种结构，就我们所查阅的甲骨文献来看，"于 + 处所名词"还没有表现起始点的。

1.2 先秦时期

易孟醇（2005）、史冬青（2009）都提到，这一时期，"于"字介宾短语绝大多数位于谓语后，但是也有少数开始移至谓词前，作状语。如：

（4）冬日至，<u>于地上之圆丘</u>奏之。（《周礼·春官宗伯下》）

（5）<u>於士旁</u>三拜。（《礼记·丧大记》）

1.3 汉魏时期

此时的"于"由后附于其他动词后边，更多地转变为移位至谓词前，这在佛经中体现得较为明显，如：

（6）芳林列<u>于轩庭</u>。（《世说新语·栖逸第十八》）

（7）食竟弃钵<u>于彼恒河中</u>。（《杂宝藏经》第九卷）

（8）便<u>于中路一树下</u>坐。（《杂宝藏经》第一卷）

同时，"于"所前附的词语开始丰富，不及物动词增多，使得"于"的虚词化愈发可能：

（9）龙战<u>于野</u>，其血玄黄。（《易经·坤卦》）

（10）臀困<u>于株木</u>，人<u>于幽谷</u>，三岁不靓。（《易经·困卦》）

少数几个"X + 于"跨层结构开始词汇化，如"善于""于今"等：

（11）沈约云："敬元尤<u>善于</u>隶书，子敬之后，可以独步。"（《书断·书断中·妙品》）

（12）<u>于今</u>遭清明之时，饬躬力行之秋，而怨仇丛兴，讥议横世。（《后汉书·冯衍传》）

崔应贤（2012）较详细地统计了西汉时期出现频率比较高、意义已相对趋于明确化和稳定化、词汇化程度比较高的"X 于"，有的"于"有演化为词缀的趋势，见下表〔转引自崔应贤（2012）〕：

词目	条数	词目	条数
便于	19	归于	15
害于	14	鉴于	7
结于	6	拘于	12
居于	5	况于	13
困于	15	利于	19
免于	24	求于	14
习于	8	易于	7
异于	7	在于	56

1.4 隋唐时期

根据刘红妮（2009）的考察，唐代"由于"还比较少见，散见在少数几个文本材料中，"由于"也还没有成词，属于"动+介"的跨层组合结构。但是通过分析，我们认为在隋唐时期，既有不少跨层形式的"由+于"，也有已经成词的动词"由于"。如：

（13）福至则喜，祸至则忧。祸福萌生，终身不悟，此<u>由于</u>不知道也。（《官箴·臣轨上》）

（14）容身不为于朝廷，保位皆<u>由于</u>党附。夺百姓之食，以养残凶；剥万人之衣，以涂土木。（《旧唐书·卷一百一·列传第五十一》）

（13）（14）句的"由于"都居于谓语核心位置，分别后接"谓词性宾语"和"主谓小句"，我们认为这里的"由于"已经词汇化为动词，这应该是比较确定的事情。

1.5 宋元明清时期

宋元以后，作为单个介词"于"的用法较少，大多作为词缀或附缀形式存在。明清时期，"关于"的句法功能发生了变化，出现了"关于"介引名词性成分作为补语，位于名词后，"关于"正式成为表示"关涉关系"的复合词，"关于"的介词地位基本确立，如：

（15）及本草<u>关于</u>食用者，分米谷、果、菜、鸟兽、虫鱼为食治附之，亦颇明悉。（《本草纲目·千金食治》）

（16）卑职受任以来，凡事<u>关于</u>郡邑者，必以礼处之；惟知反己，不敢尤人；梁小儿之事是也。（《一斋全集·蓟门兵事·禀军门》）

我们大致勾勒出介词"于"及其相关组合形式的演化历程，见下表：

时间	上古	先秦	汉魏	隋唐	宋元	明清
"于"的功能及"X于"词汇化	动词、介词；动词为多	介宾移至谓前、"于是"成词	"善于""于今"成词	介宾前置为主；"由于"成词	"终于"成词	"关于""对于"成词

"于"的语法化遵循了汉语动补结构通常的规则，即由连动到附缀性虚化的历程。反过来也可以这样说："于"的历史发展有力地支持了语法化"重新分析"的理论。从语言发展的历史看，开始往往都是单一和具体的，随着人们思维的丰富化、复杂化，语言结构系统逐渐地趋于复杂，在特定的语言单位方面也如实地反映出这种总趋势。

"于"在甲骨文中往往附在其他动词后边表单一的"到达、至于"，在现代汉语里，则扩大到动作行为的起始点、在一定的区间或某点、到达特定的方位。

2　介词"于"演化的基本动因

语法化的动因（cause），也可以叫诱因、原因、依据，甚至有人称之为导致变化的因素、促使演化的前提等。而语法化的机制（mechanism）主要指发展历程、演化途径、形成过程，两者的内涵存在着不同。从前述章节可以看出，介词"于"的演化情况大概有这样几种：介词"于"的形成；粘宾动词"X于"的形成；连词"X于"（"由于、鉴于、终于"）的形成；习语"XX于X""X于XX"的形成；副词"于今"的形成；连词"于是"的形成。大致来说，介词"于"演化的基本动因有以下几点。

2.1　句法位置

刘坚、曹广顺、吴福祥（1995）认为：就多数情况而言，词汇的语法化首先是由某一实词的句法位置改变而诱发的。句法位置是实词虚化的重要句法环境。就"于"演化的句法位置来说，我们认为主要有以下三种情况。

2.1.1　连动结构后项

一般认为连动结构是汉语介词演变的重要句法环境，连动结构的前项 V_1 的位置，由于表义重心的后移，动词的语法功能弱化，会逐渐虚化为介词。如"把""被""沿""给"等介词大抵是这样演化来的。也有居于连动结构的后项 V_2 的位置发生语法化的，如时体助词"将"等就是这样语法化的，动词"于"虚化为介词"于"，是在连动结构后项 V_2 的位置上发生的，这里的动词"于"表示"往、到"义，如［转引自张玉金（2009）］：

（17）辛酉卜，争贞：今日王步于敦，亡它？（《殷墟甲骨刻辞摹释总集》合集7957，姚孝遂主编，1988 年中华书局）

（18）乙酉卜，行贞：王步自遘于大，无灾在十二月。（《殷墟甲骨刻辞摹释总集》合集24238，姚孝遂主编，1988 年中华书局）

这里的 "于"，动词的词汇和语法功能都比较明显，后接的名词成分一般为处所、方位名词，作宾语。当宾语的成分扩展到时间、对象、方向、终点等名词后，由于隐喻机制的作用，"于" 的动词的词汇语义弱化，介引的语法功能逐渐强化，郭锡良（1997）特别指出，当 "于" 用在 "入""来""至" 等表示 "来到" 义的动词后时，"于" 的运动方向与这些动词的运动方向相反，"于" 的意义发生了抽象化，只能后接引进 "来至" 这些行为的处所，当类似的用例大量使用时，"于" 就慢慢虚化为介词了。如［转引自张玉金（2009）］：

（19）自襄至于膏，亡灾？（《殷墟甲骨刻辞摹释总集》合集28188，姚孝遂主编，1988 年中华书局）

（20）告追于王。（《多友鼎铭》）

上述两句中的 "于" 已经是介词，分别介引了终点、对象。随着使用频率的增加，"于" 的介引范围也逐渐扩大化。

2.1.2　小句句首位置

在单句中，主语、谓语、宾语一般是核心成分，定语、状语、补语为非核心成分，其中状语、补语位置容易发生语法化，这是因为表示时间、范围、方式、程度、原因、结果等语法范畴的词汇一般都出现在这两个位置上［解惠全（1987）］。张谊生（2000）、刘红妮（2009）在论述 "终于" 副词化的过程中，认为其不光可以做主要谓词的状语，还可以做整个句子的状语，起到篇章衔接的功能。"终于" 可以出现在主语之后，也可以出现在主语之前的句首位置，这时副词 "终于" 渐渐向连词 "终于" 发展了。如：

（21）14 日，中央政治局又召开会议，周恩来终于说服了向忠发、李立三放弃兼江苏省委的意见。（《开天辟地：1921—1935》，吴珏著，2011 年东方出版社）

（22）由于我在一些影视培训公司留过个人资料，终于有一个穴头打电话找我，让我拍一个内衣广告。（《中国北漂艺人生存实录》，卞庆奎著，2005 年中国青年出版社）

（23）到 1901 年澳大利亚联邦成立时，全部移民已达 380 万人。此后，继续吸收英国和欧洲各国的移民，<u>终于</u>逐渐形成统一的民族。（《青少年必读知识文库：人类·社会》，张晓峰等编，2005 年河南大学出版社）

复句中，句首位置同样是个易发生语法化的地方：动词"由于"演化为连词"由于"，副词"终于"演化为连词"终于"，介词"关于、至于、对于"演化为话题标记，"于是"词汇化等，都是在上述句法位置完成的。

董秀芳（2002）提到，在古代汉语中，介词短语出现的位置在动词前，则允许主语脱落，如果主语在上文出现过而被省略，那么动词前的句法位置在表层形式上就被提升为句首的位置，这也正是句子层面上连词经常出现的地方。"于是""因此"等就是介词短语词汇化的例子。同时，如前文第七章所述，跨层结构"由+于"词汇化为介连兼类词时，句首位置也是一个重要的因素。如：

（24）这次伏击战，<u>由于</u>部署周密，动员有力，指挥得当，所以打出了一个漂亮的歼灭战。（《中华名将》，苑士军编著，1997 年中国经济出版社）

（25）<u>由于</u>蒋介石在各段时间里对抗日、对中共的态度、政策是有变化的，形势是发展的，所以中国共产党的政策应当随之而相应地有所侧重。（《名校精英：武汉大学、南开大学》，宋立志编，2010 年京华出版社）

具体到"于是"，也是因为介宾结构"于+是"经常位于小句的句首位置，而这个位置一般处于句子之间的连接位置，久而久之，"于+是"引起表义重心的变化，"是"逐渐丧失词汇意义，慢慢语素化，"于是"也就开始向连词演化。

2.2 韵律因素

历时方面，汉语词汇的发展，学界一般认为是从早期的单音节为主发展到复音节特别是双音节为主。根据董秀芳（2002）的研究，殷商时代，汉语的词汇系统基本以单音节为主；春秋战国时期，汉语的复音化开始，双音节的数量不断增加，成为汉语双音化第一个急速发展的阶段；东汉以后，汉语双音化的步伐大大加快；唐代，汉语以双音为主的词汇系统基本形成；历经近代、现代汉语的发展，汉语的双音节词汇得到了丰富和极大发展。

共时方面，从韵律上来说，双音节是个稳固的音步，具有能产性。冯胜利（1997）较早地指出，汉语的标准音步是两个音节，现代汉语的韵律模式是以双音节为自然音步的韵律模式。吴为善（2006）提到，就本质上来说，"双音化"指的是两个音节构成基本韵律单元（音步）的倾向，在这个韵律单元的作用下，两个紧邻出现的单音节词就有可能 "复合" 成为一个语言单位。同样一个 "X + 于" 的组合形式，当 X 为单音节谓词时，"X 于" 或粘宾动词化（善于、乐于、敢于、归于类），或连词化（由于、鉴于类），或话题标记化（关于、对于、至于类），"于" 成为词缀，"X 于 XX" 结构习语化；当 X 为双音节谓词时，"X 于" 及物化，"于" 成为附缀，乃至零形化；而就 "于 + X" 的组合形式而言，当 X 为单音节名词或代词时，"于 + X" 副词化（于今类）或连词化（于是类），"XX 于 X" 结构习语化。

拿习语 "XX 于 X" 来说，韵律要求也是双音节词后 "于" 脱落的主要动因，同时 "于" 的介词性特征减弱，为 "于" 的脱落提供了可能。我们看到，如果 N 为单音节词，则 "于" 一般需要共现，并且随着使用频率的增加，逐渐会成为习语：

（26）造福<u>于民</u>　加害<u>于我</u>　有求<u>于我</u>

同样的谓词，如果宾语为双音节词，则 "于" 一般可以脱落，不需要共现：

（26′）造福人民　加害同伙　有求他们

当然，上述 "X + 于" 或 "于 + X" 的演化，除了韵律促动以外，与 "V" 的语义蕴含、"于" 字宾语的语义角色、语体的选择都有一定的关系，严格地说，是一个多方面因素共同促进的结果。

2.3　语用因素

2.3.1　语篇交际的语用因素

"对于、关于、至于" 本来都是由跨层结构演化而来的介词，随着所引介的成分一再地位于句首充当话题，就会逐渐地成为标记话题的功能词。作为介词的 "对于、关于、至于" 的句法位置较为自由，可以在句首，可以在句中，也可以在短语中；介引的对象也较为多样，可以是体词性成分，也可以是谓词性成分。但是作为标记话题的 "对于、关于、至于"，更多是一个语用、语义成分，它们的位置只能出现在句首，连接的成分一般是体词性成分，大多表示一个已然事件，因为已然事件较易成为会话的起点，可以推动会话持续进行下去。它们由语法、语义成分演变为语用、语义成分，"对于""关于""至于" 都经历着 "跨层结构→词汇化→话题化" 的演变过程。

王建勤（1992）根据布拉格学派的观点，将一个句子切分为主位和述位。主位是叙述的起点、基础和对象。述位是对主位的叙述、说明和描写。主位不是指句子的主要内容，而是指说话人如何表明主要内容的相对重要性，这里采取的手段可以将一个成分移到句首或用句法形式加以标记。主位和主语的内涵不同，主语、谓语等是从句法结构进行切分的，而主位、述位是从句法功能或从信息结构进行切分的，有较强的主观性。我们认为，"X 于"的主要作用就是将"X 于"后的成分前置，使之成为信息结构的触发器，触发述位对前面的主位进行描述。如：

（27）大家都很赞成节约用煤的建议。

（27'）<u>关于</u>节约用煤的建议，大家都很赞成。

2.3.2 语言交际的高频使用

董秀芳（2007）提出："通过对汉语一些话语标记的个案研究，发现大多是词汇化的结果。如：我说、你看、你知道等。这类话语标记的存在，说明话语标记是在自然话语语流中一些高频连用成分的并合和规约化。"虽然"对于、关于、至于"只是标记话题，但是同样具有很高的使用频率。通过 CCL 随机检索（前 100 例）可以发现，这三者的用例都很多，居于句首标记话题的比例也较高，其中"对于"为 60%，"关于"为 19%，"至于"为 71%。"关于"标记话题的比例较低，主要是因为法规文件类的语料较多，"关于"有不少是作介词用法，所以被剔除出去了。

2.3.3 文言遗留的书面语体

根据石毓智（1995）、张赪（2002）的研究，汉魏时期，介词短语发生了从谓词后向谓词前的历史性转移，导致汉语句法结构发生一系列的变化，促成了动补结构的形成以及现代汉语中占主导地位的"P+V+N"语序。但并不是所有的"V+P+N"语序都不存在，在现代汉语中，文言色彩浓厚的介词"于""自""以""在"等介引的短语得以遗存，继续保留在谓词后，保持"V+P+N"的语序。这在法律文书、通知文告等书面语体中表现得尤为突出，这也和这些语体要求庄重、严肃的色彩相一致。如：

（28）这印鉴也曾<u>用于</u>乾隆收藏的书画上，其中数帧现藏于北京故宫博物馆。（《新华社2004年3月份新闻报道》，出自CCL语料库）

（29）笑声和哭声往往<u>发自</u>一个选手的口中，只不过时间不同罢了。（《新华社2004 年 6 月份新闻报道》，出自 CCL 语料库）

（30）《仪礼》《礼记》等书中都记载了服丧期间男女的各种服饰，例如男子去冠，把头发绾束起来成髻形，上面<u>系以</u>麻绳。（《神秘文化百科》，李麟主编，2008 年内

蒙古人民出版社）

（31）但是，这残酷的一幕，已深深<u>印在</u>了他年仅 16 岁的儿子心里。（《新华社 2004 年 1 月份新闻报道》，出自 CCL 语料库）

3 介词 "于" 的多样性演化后果

"于" 最初为动词，在 "句法位置、韵律因素、认知心理" 等多重动因和 "重新分析、类推发展、跨层演化" 等数种机制的共同促进下，历经漫长的演化过程，如今在共时平面上，介词 "于"、词缀 "于"、附缀 "于"、零形式 "于" 以及介于其中的过渡形式等并存。伴随着 "于" 的发展演化，部分经常与其紧邻的成分也会发展演化。这里在前面各章研究的基础上，重点对 "于" 和与其紧邻成分的多样性演化后果以及其进一步发展进行了探究。

3.1 "于" 后词缀化的演化后果

一般认为，构词词缀是一个不能独立使用的词素，属于词的一部分，可以改变词的含义（如 "老→老乡"）或语法类别（如 "头→赚头"）等，我们在前文提到，粘宾动词 "乐于、勤于、敢于、乐于、勇于、急于"，复合介词 "对于、关于、至于"，连介兼类词 "鉴于、由于"，副词 "过于" 都已被通行的词典收录，说明它们已经完成词汇化历程，全部成词。这里的 "于" 已基本失去介词的语法意义，成为一个构词成分——"词缀"。这里的 "X" 均为单音节，原本只是个语素。还有极少数的 "于" 附着在双音节 "X"（如 "来源、取决"）后，由于长期固化出现，有词缀化的趋势。每类词的词汇化历程，前文均有涉及，这里不再详述。"于" 后词缀化过程导致的结果一方面是介词 "于" 的虚化，另一方面是 "于" 与前附词根 "X" 组合形式 "X 于" 的词汇化。这里我们重点对 "X 于" 的演化后果进行论述。

3.1.1 从单音语素到双音词汇

"X" 原本只是个动素（包括形素）或介素，不能独立充当句法成分。"X+于" 在词汇化过程中，出现的句法环境一般为 "单音节 X+于+单音节 N"，虽然从语义理解来看，"于" 和介引成分的关系更为密切，但因为 "于" 所介引成分的单音节形式比较简单，所以 "于" 在语音上容易和 "单音节 X" 被视为一个音步，如：

（32）但令太子受得王位，国土一切自<u>属于</u>王，宁当别受乎？（《祖堂集·慧可

禅师》)

（33）夫药酒苦于口而利于病，忠言逆于耳而利于行。（《西汉年纪·昭帝》）

（34）此智者所以乐于水也。（《韩诗外传》卷三）

这里的句法成分"属于王""利于行""乐于水"等的切分应该为［V+（于+N）］（即为"属/于王""利/于行""乐/于水"），但是在理解上，易被理解为［（V+于）+N］（为"属于/王""利于/行""乐于/水"），张谊生（2010）称之为"构造层次和韵律结构的错位"。随着"于"介引成分的扩大，出现了一些名物化的谓词性成分，如：

（35）论者以为，"隆隆"者，天怒响吁之声也。此便于罚过，不宜于取龙。（《论衡·雷虚篇》）

（36）简狄性好人事之治，上知天文，乐于施惠。（《列女传》卷一）

同时伴随着"X于"的高频出现，其逐渐完成了双音词汇化。"X于"双音词汇的形成，迎合了汉语"双音化"的发展需求［董秀芳（2002）］，丰富了汉语的词汇，从而促进了语言交流和书面记录。

"X于"构成的词汇功能性特征主要有：

粘宾动词：乐于、勤于、敢于、乐于、勇于、急于。

连介兼类词：鉴于、由于。

介词：对于、关于、至于。

副词：过于。

3.1.2 从跨层结构到词汇

彭睿（2011）提出，跨层结构的演变存在一个连续统：临时性的毗邻语串→惯用语化的组合→复合词（实词或虚词）。我们认为是有一定道理的。由上述的连续统可知：跨层结构在形成初期，只是临时性的紧邻共现，其中的一部分经过人们的高频使用和认知加工，有可能发展为惯用语化的组合。最后，通过在特定的句法环境中的重新分析过程，一部分惯用语化的跨层组合就可能语法化为复合虚词，也有可能复合化为一个实词。和"于"在表层上并列出现的"X"有很多，并不是所有的都构成句法关系。只有当其经常紧邻共现，符合一定的句法、语义、语用的限制，并且达到高频使用时，才会词汇化为一个独立的词汇。我们就发现同样是跨层结构，"X+在"形成的词汇就比较少（只有"存在、现在、好在"等有限的几个）。

（37）启与有扈战于甘之野，作《甘誓》。（《尚书·甘誓》）

（38）敢用玄牡，敢昭告于上天神后，请罪有夏。（《尚书·汤诰》）

（39）僖公使臧文仲往，宿于重馆，重馆人告曰：晋始伯而欲固诸侯，故解有罪之地以分诸侯。（《国语·鲁语上》）

上述几句中，虽然"战""告""宿"分别和"于"紧邻共现，但是并未因跨层结构而词汇化。究其原因，首先在句法上，"X+于"词汇化的条件倾向为述宾关系，而非述补关系。董秀芳（2006）认为：古汉语中位于动名间的"于/於"是非宾语名词性成分的标志。"于/於+名词性成分"充当的是附加语，而不是补足语。我们对董文"附加语"的观点不太赞同，但至少其确定了"X+于+N"不是述补结构。其次在语义上，"X+于+N"中的"X"应该具有［+关涉］［+弱动作］等语义特征，"N"的语义角色一般为非典型受事成分，大多表示涉及对象、范围等，具有［+空间］的语义特征，在音节上倾向为双音节（参见前文《"X于"的粘宾动词化》相关论述），如：

（40）他总是把功劳归于党，归于人民，从不居功自傲，从不计较个人名利得失。（《1994年人民日报》，出自CCL语料库）

（41）坦率地讲，很多人不善于捕捉机遇。（《1994年人民日报》，出自CCL语料库）

最后，在语用上，"X+于"的跨层组合必须高频使用，而随着使用频率的增加，必然导致其语义凝固化，表层定形化。

3.1.3 后词缀的发展——介词叠加

张谊生（2013）提到，当有些介词性成分意义不够明确、清晰，说话人主观上又有突显、强调的语用需要时，还会在介词后叠加介词，如"乎、在、自"等。除此之外，不同辖域的介词或介素叠加，还可以协调结构；部分叠加式介词的选用，也有区别语义的作用。正因为语用、句法、语义都有需要，才导致了介词叠加现象的不断出现。就"于"来说，介词的叠加主要在词缀"于"这一层次上，主要的介词有"乎、在、自"等。具有［+处所］［+关涉］语义特征的"X于"动词，如"介于、位于、处于、居于、限于、精于、长于、善于、倦于"等，如果再用"在"引出范围，就会形成叠加式，这里的"X于"动词成为宿主（host），叠加的介词成为后附缀（enclitic），如：

（42）圈内人士说，赵宝刚善于发掘新人，善于在新人中找到与角色性情最为贴近的扮演者。（《新华社2004年9月份新闻报道》，出自CCL语料库）

（43）他不会打仗，不会搞经济，却精于在党内斗争中排除异己，扩充自己的势力，他始终幻想着爬到一人之下，万人之上。（《作家文摘/1993》，出自CCL语料库）

介词叠加实际上是介词语法化的产物，虽然是同类叠加，但是因为虚化的程度不同，导致叠加的次序也不一样，"于"的虚化程度比"在"高，导致它可以进入词内，成为叠加的内层。

3.2 "于"后附缀化的演化后果

《现代语言学词典》（2000）对附缀（clitic）的定义是："形式上像一个词，但是不能单独成为一个正常话段，而是在结构上依附于构式中相邻的词。"如英语的系动词"be"缩约形式在"I'm""He's"中的"'m""'s"等。西方的附缀理论认为附缀应该具有以下特征：附缀表示一种功能性类别；通常不重读；附缀入句需要依附宿主，包括前附和后附的宿主；附缀的宿主类型复杂；附缀倾向于后附词或短语，前附的也有，但是不占主流。刘丹青（2003）提出，汉语的"附缀"鉴定应该"句法从严，语音从宽"。张斌（2013）在比较印欧语的"附缀"和汉语的"附缀"特点的基础上，对后者进行了定义：附缀（汉语），一种以词内成分或零形式为演化终点的语法化形式，身份介于词和词缀之间。虽具有词的性质，但不具有词汇意义，句法和语音上均失去独立性。必须依附相邻的成分，有时会改变所依附词的语法类别。我们认为这样的定义是准确的，这里也采用此观点。"于"原本是一个实词，逐渐虚化为介词后，随着介引对象的扩大以及谓语核心的多样化，当"于"后附于部分双音节及物动词以及部分"专用语素'不/有/无'+词根'V/A$_单$'"组合形式后，这时"于"的语法意义弱化，"于"不能作为一个独立的语法单位存在，可附着可脱落，我们认为这里的"于"即为后附缀；当"于"前的谓语核心为双音节及物动词时，"于"还可以前附于少数固定组合形式中，主要由"专用语素'不/有/无'+词根'V/A$_单$'"组成。这时候的词根"V/A$_单$"，有的可以和"于"单独组配，构成"V/A$_单$于"形式；有的不可以和"于"单独组配。"于"后附缀化的结果主要有三种。

3.2.1 从组块化到韵律词

彭睿（2007，2011）提出了跨层组合演变为虚词的三个层次：组块化层次、赋义化层次，以及语用推理层次。陆丙甫（1986）提出："从认知上来说，人的大脑理解语言是一个信息加工的过程，为了增强记忆和运用的效率，人们总是尽可能地将能够组合相邻的语言单位放在一起，这就是认知心理学所说的组块过程。"具体到"双音节 A/V + 于 + NP"，"于"应该被说话者视为"双音节 A/V 于"组块的一部分。及物动词本身就具有及物性，可以直接带宾语，在"不及物动词 + 于 + NP"类推机制的影响下，部分及物动词也可以附加"于"，其实这里的"于"完全可以省略，<u>丝毫不影响句子语义的表达</u>，如：

（44）讨论的特点是强调总地经验，但不<u>纠缠于</u>历史旧帐；<u>着眼于</u>解放思想，更新观念，但不<u>纠缠于</u>一般概念的争论。（《1994年报刊精选》，出自 CCL 语料库）

（45）他们开了价，你还说不卖；但他们总是不死心，反反复复地来<u>纠缠</u>你，就太让人受不了。（《新华社 2004 年 1 月份新闻报道》，出自 CCL 语料库）

（46）可以说，刘延林从一个身无分文<u>接近于</u>乞丐的四川民工在广东那片神奇的土地居然一跃成为资产上亿的大款，这种经历本身就对普遍想发财的人们产生了无法抗拒的诱惑。（《作家文摘/1996》，出自 CCL 语料库）

（47）世上本没有绝对完美无瑕的武功招式，可是他们这一击却已<u>接近完美</u>。（《天涯·明月·刀》，古龙著，2019年台北风云时代出版股份有限公司）

当然，后附了"于"后，在表达效果上，加强了语言的正式、庄重、优雅的特点，提高了表达的韵味；在此基础上，还可以进一步类推，"于"还可以后附于短语、数量结构甚至小句之后，充当附缀：

（48）可是，聪明无比的人呵，为什么你们也会有跟我差不多、甚至<u>十倍百倍于</u>我的蠢行呢？（《读者（合订本）》，出自 CCL 语料库）

（49）现在美国的杨振宁、唐德刚博士等人，回忆到四川，都<u>津津乐道于</u>当年茶客"胜事"，谓其"学问都是茶馆中闲聊而来的"。（《市场报1994年B》，出自 CCL 语料库）

上述"多音节成分 + 于"实际上构成了超音步结构，由原来的组块成为韵律词。当然，在双音节的韵律结构限制下，后附缀"于"逐渐倾向于脱落，成为零形式。

3.2.2 从专用类组合形式到语法词

张谊生（2012）将后缀"于"的宿主分为两大类——通用类和专用类，前者指的主要是部分及物动词、不及物动词和形容词，后者主要指的是"无/有+X+于"这一形式，张文称之为"专用类"组合形式，其中又可以分为两类［转引自张谊生（2012）］：

　　a类　由专用语素"不/有/无"+词根"V/A单"+后附缀"于"构成的三音节语法词。主要有"不安于、不亚于、不便于、不次于、不等于、不甘于、不利于、不善于、不少于、不同于、不限于、不易于、不至于，有别于、有负于、有愧于、有碍于、有利于、有益于，无异于、无益于、无愧于"等，其中"V/A单"还可以跟"于"单独组配，构成"X于"类谓词，如"安于、便于、等于、甘于、利于、善于、少于、限于、易于、负于、愧于、碍于、益于、异于"等。

　　b类　也是由专用语素"不/有/无"+词根"V/A单"+后附缀"于"构成的三音节语法词，但b类"V/A单"跟"于"不能单独组配。主要有"不齿于、不啻于、不绝于、不下于、不屑于，有悖于、有待于、有害于、有求于、有赖于、有损于、有助于，无助于、无损于、无疑于"等。

　　无论词根"V/A单"能否跟"于"单独组配，这里的"于"基本都丧失了介词的语法意义，后接成分也趋于多样化，不仅有名词，还有短语，甚至有小句，如：

　　（50）金泳三明确地意识到，如不调整内阁，不仅将影响改革的进程，而且将失去民心，有碍于政局的稳定。（《1993年人民日报》，出自CCL语料库）

　　（51）周小川认为，这一目标的实现有赖于银行间外汇市场的完善和深化。（《新华社2004年4月份新闻报道》，出自CCL语料库）

　　（52）而大多数受到轻微伤害的妇女碍于"家丑不可外扬"，挨了打还不敢说。（《1994年报刊精选》，出自CCL语料库）

3.2.3　后附缀的发展——从附着到叠加

　　后附缀"于"一般需要依附于宿主而存在，虽然在一定条件下可能会趋向于脱落，但是有时候为了表达的需要，后面还可以叠加介词性附缀"在"，动词后面可以依次附加两个介词性后附缀，主要是"于"和"在"或"自"和"于"等。这些宿主的语义特征多具有［+处在］（"屹立、矗立、伫立、坐落"等词）/［+关涉］（"专注、立志、致力、强加"等词）/［±存在］（"出现、形成、消失、消灭"等词）等语义特征，一般都是先附加"于"，再叠加"在"，如：

　　（53）新世贸大厦楼群将屹立于在"9·11"事件中轰然倒塌的纽约世贸中心原址上。（搜狐新闻，2003年2月28日）

　　（54）另外，谷轮不追求短期的利益而专注于在中国的长期发展，这也是它取得成功的原因之一。

（55）12 月 7 日晚，在金碧辉煌的斯德哥尔摩市政厅里，品特并没有<u>出现于在</u>那里举行的本年度诺贝尔奖颁奖仪式上。（新浪网，2005 年 12 月 30 日）

3.3 "于"零形化的演化后果

"于"的零形化是指在句法表层形式上，介词 "于" 常常脱落不用。张斌（1998）提出，虚词的省略，常常是可用而不用，非该用而不用。张谊生（2010）认为，大多数白话体裁的小说、笔记当中的带宾格式，都可以分析附缀 "于" 的脱落式。

也就是说，几乎每一个带宾格式都可以找到对应的 "X+于+N" 格式。"于" 的脱落，虽然在表层留有句法空位，但是加剧了述语和宾语的融合，使它们之间的关系更加紧密，也促使部分形容词产生了词性转类，逐渐动词化；部分不及物动词功能得到扩展，也及物化了。张谊生（2010）较详细地对此进行了精准的研究。我们在其研究基础上，重点探讨 "于" 零形化后对谓词的功能以及韵律结构的影响。

3.3.1 从不及物性谓词到及物性谓词

句法方面，"于" 的零形化导致一些形容词动词化，不及物动词及物化。如前所述，"于" 的零形式用法随着使用频率的增加，曾经的二价形容词也就成了二价及物动词了。再比较〔转引自张谊生（2010）〕：

（56）要<u>忠实于法律和制度</u>，<u>忠实于人民利益</u>，<u>忠实于事实真相</u>；要保证人民在自己的法律面前人人平等，不允许任何人有超越法律的特权。（《邓小平法制思想片论》，王世才著，2014 年四川人民出版社）

（57）西南法学论坛在规则中明确提出，"不得相互吹捧，<u>忠实（ ）事实和学术</u>"，这让西南法学论坛以学术争鸣激烈、学术批评狠辣在法学界名声大噪。（《中国青年报》，2005 年 8 月 18 日）

随着 "于" 的零形式分布呈现常态化，当带宾语分布占据相对优势、及物性动词功能得到普遍认可之时，这些形容词就会正式转变为及物动词，原形容词也就转化为形动兼类词。

"钟情" 类等二价不及物动词的构词模式上有一个相当明显的特点，大多数都是原 VO 型动宾短语固化而来的，这类动词的及物化现象最为普遍。如〔转引自张谊生（2010）〕：

（58）名士沉沦，美人坠落，怜卿怜我，同命同心，此侯朝宗所以<u>钟情于李香君</u>，

韦痴珠所以倾心于刘秋痕也。（《玉梨魂 雪鸿泪史》，徐枕亚著，1994 年北京燕山出版社）

（59）兹更录数篇，藉此可见卧子钟情（ ）河东君，一至於此也。（《柳如是别传》，陈寅恪著，2020 年团结出版社）

在当代汉语中，甚至连"签约、致敬"这类才刚词汇化的 VO 型动词，也可以直接带宾语了。如［转引自张谊生（2010）］：

（60）几年前，叶蓓以她那与生俱来的清新和未泯的稚气被高晓松发现，**签约于**麦田旗下，从此走上了歌手之路。

（61）原"达达乐队"主唱彭坦日前以个人身份**签约**（ ）太合麦田，单飞的彭坦目前正在制作新专辑《少年故事》，首支主打单曲《风儿带着我们飘》于日前曝光。

3.3.2 从超音步结构到标准音步

"于"零形化的句法环境多数为"双音节 A/V＋于＋双音节 NP"，从韵律上来说，这是个超音步结构。而汉语的基本韵律单元为双音节，而偶数音节（如四、六音节）是一个稳定的音步，韵律上较为和谐、稳固。当附缀"于"受制于韵律结构，"于"的语义又被前附的"A/V"所蕴含，"于"脱落乃至零形化后，整个"双音节 A/V＋双音节 NP"结构也就构成了四音节，形成了理想的韵律结构。如"热心服务""扎根基层""忠诚人民"等，零形化后的四音节形式匀称，结构整齐，如［转引自张谊生（2010）］：

（62）张昭曰："可差人往鲁子敬处，教急发书到荆州，使玄德同力拒曹。子敬**有恩/于/**玄德，其言必从；且玄德既为东吴之婿，亦义不容辞。若玄德来相助。江南可无患矣。"（《三国演义》，罗贯中著，1981 年长江文艺出版社）

（63）我倒觉得，实际上，农民为我们国家的发展做出了相当大的牺牲，做出了巨大的贡献，应该是农民**有恩于/**国家，**有恩于/**中华民族，更**有恩于/**中国的工业化和城市化。（《一位良心学者的呼吁：我们应当感谢的是农民！》，周天勇著，搜狐新闻，2017 年 12 月 26 日）

（64）谁都无法否认金昶伯对中国女曲的贡献，但在 2008 夺金的死命令下，女曲主帅的易人成为必然。长达 4 年的厮守，就这样黯然告别。到底谁对不起谁，恐怕没有答案。老金**有恩**（ ）**/**中国，没有金昶伯，就没有中国女曲的今天，更没有北京奥运夺冠的妄想。（《谁对不起谁？》，云飞子撰稿，《球报》，2004 年 11 月 11 日）

3.3.3 从表达冗余到表达经济

根据 Grice 的会话合作原则，会话双方只要提供了足够、适量的信息，会话就可以进行下去，这也符合语言的经济性原则。相比于"双音节 A/V + 于 + NP"，"双音节 A/V + NP"的表达无疑更简洁、经济，所以从语用上来说，说话人也会更愿意选择"双音节 A/V + NP"形式，也可以预见，更多符合条件的附于双音节形容词或动词后的"于"将会脱落，趋于零形化。如 [转引自张谊生（2010）]：

（65）面对从基层到首都的惊人一"跃"，这位博士感到很知足，但这并不等于满足，而是一份深深的珍惜与感恩之情，<u>感恩于</u>自己的艰苦努力终有回报，<u>感恩于</u>社会的公平、公正，<u>感恩于</u>父母以及故乡水土的养育。

（66）因此，我们首先要<u>感恩父母</u>。对父母的感恩是儒家精神的根本性意识，是一种心理情感的境界。……<u>感恩父母</u>的支持，<u>感恩父母</u>的鼓励，<u>感恩父母</u>的无私的爱。我们说，感恩父母是做人之本。（《浅谈感恩教育》，林桂玉著，360doc 个人图书馆）

但是也应当看到，零形化是个渐进的过程——从个人的、临时的语用手法发展到普遍的、固定的语法功能，需要相当一段时间。因此，零形式，在不同的发展阶段必定会存在不同的出现率和接受度。比如形容词"快乐、痛苦、放肆"后的"于"，虽然在一些当代博客上已经可以看到其零形化的端倪，但其出现率和接受度还是比较低的：

（67）三年前，沃尔玛以方便、精选、低价为宗旨。但现在她正在失去顾客以及收入，并且正<u>痛苦于</u>适得其反的决定。

（68）感情的事真的不能勉强，只有两情相悦，才会真心关心、欣赏对方，才会<u>快乐（ ）</u>对方的快乐，<u>痛苦（ ）</u>对方的痛苦，而如果只有你在乎，他不在乎，那注定受委屈的、受痛苦的都是你。

4 从介词 "于" 看汉语介词的发展趋势

陈昌来（2002）提到介词发展的几点规律：古代汉语介词、近代汉语介词、现代汉语介词一脉相承，古今汉语的介词是同大于异的；随着语言结构的复杂化，介词的分工越来越细，介词数量越来越多；介词呈现从单音化向双音化发展的趋势；介词分布位置的发展倾向于分布在动词前，一些介词短语倾向于出现在句首位置。介词框架大量出现，句子结构更加严密；以某些介词为标志，一些特殊句式逐渐形成；动词虚化为介词的过程中，动词用法、介词用法相互竞争。在其基础上，结合我们对"于"

的研究，我们认为汉语介词的发展趋势主要有以下几点。

4.1 介词的发展具有动态性

对于单个介词来说，自从它形成后，几乎就处于动态的发展过程中。郭锡良（1997）认为：春秋战国时期，介词"于"使用频率高、功能广泛，标志其进入全盛时期。但是春秋战国后期，介词"于"就出现了虚化，经常和"至""是"等构成固定结构，开始向着语素发展。如：

（69）至于子都，天下莫不知其姣也。（《孟子·告子上》）

（70）王不听，于是国人莫敢言。（《国语·周语上》）

张谊生（2010）也提到，从历史发展上看，"于"的错配与脱落现象古已有之，此后不断发展，近代、现代一直没有中断过。如：

（71）初，邈至长安，盛称东郡太守曹操忠诚于帝，操以此德于邈。（《后汉书·光武十五列传》）

（72）夫善著则祚远，勋彰故事殊。以宣孟之忠，蒙后晋国；子文之德，世嗣获存。故太尉冲，昔藩陕西，忠诚（ ）王室。（《晋书》卷七四）

随着动词"在"从汉代开始虚化为介词，部分代替了"于"的功能，"于"的介引功能日益萎缩，王鸿滨（2004）提到，上古汉语介引处所的介词中，"于"占85%，"在"仅占8.9%；中古时期，"于"的使用频率下降到35%，"在"的使用频率大幅度提高；近代，"于"彻底失去了它在介引处所方面的主导地位。功能广泛既是其优点，也是其缺点，语言的发展有表达精确的需求，"在""自""向""以""被""比"等介词的产生，大量地分担了"于"的介引功能。现在，"于"单纯作为介词使用，一般仅出现在书面语中，多数情况下，"于"作为语素、附缀、词缀、零形式出现在"X于"或"于X"的组合结构中。

4.2 双音介词数量不断扩大

汉语韵律结构的特点是以双音节为标准音步。如前所述，春秋战国后期，就出现了"于是""至于"等词；汉魏时期，"善于""于今"等成词，"由于"双音介词伴随着汉语介词的发展而发展；据周四贵（2010）的研究，元明时期，双音趋势日趋明显，介词"着""了"为词内成分的双音词日趋增多。从构成上看，元明前，以复合式为主，元明至现代，以附加式为主，双音介词数量的扩大，使其可以和更多的单、双音介词宾语结合，适应不同韵律节奏的要求。董秀芳（2002）提出汉语双音词的产生主要是词汇化的结果，一般有三条途径：从短语降格而来；从由语法性成分参与形成的句法结构发展出来；从本来不在同一句法层次上但在线性顺序上紧邻的两个成分所形成的跨层结构中脱胎出来。从前面的论述可知："由于""属于""关于"等"X于"双音词都是跨层结构演变而来，而"于今""于是"多是由语法性成分"于"参与形成的介宾结构发展出来的，张成进（2013）论证了"为了""除了""照着""沿着""关于""至于"等双音介词的词汇化、语法化过程。可以预见，在双音韵律特点的促动下，由"于""在""从"等介词和相关成分组合的双音介词将会越来越多。

（73）<u>为了</u>能给学生当好模特，我把学生的人体教材借回去仔细阅读，并反复练习各种模特的姿势。（《中国北漂艺人生存实录》，卞庆奎著，2005年中国青年出版社）

（74）他的防守也有问题。<u>自从</u>2000年奥运会以来，我看得出他的防守很吃力。我还能在打防守的同时进攻。（《我的世界我的梦》，姚明口述，里克·布切主笔，2004年长江文艺出版社）

4.3 介词系统日益丰富

据杨伯峻、何乐士（1992）的统计，古汉语介词系统中，单音介词108个，复音介词36个，共计144个，其中单音介词在谓语前、后的比例为149∶39，每个时期的介词数量大致差不多。但是介词的使用频率明显不同，古汉语最常用的介词只有10个，分别是以、于、於、乎、为、自、及、与、因、用，近代汉语介词有100个，现代汉语介词有150个。介词系统通过自身成员的竞争机制，使系统内部始终保持着一个动态的相对平衡状态。这中间包括新介词的产生，旧介词的消失，新旧介词的共存、竞争等，这也就导致了汉语介词系统日趋发达和丰富，介词的分工越来越细。金昌吉（1996）提到：在介词发展过程中，几乎每个介词周围都有伴生现象（语义范围或大或小，词性或同或异，时代或早或晚），同一语义内容可以由不同的词语来承担，这就造成了某种浪费，也不符合语言交际简明实用的要求，于是或通过优选原则淘汰了一些不适用的成分，或产生了一些新词。我们可以看到，现代汉语介词系统的形成正是介词不断更新、强化、竞争的结果。

本章小结

　　本章在前面分章论述的基础上，重点研究"于"以及与其紧邻成分的多样性演化后果，同时对演化后果的进一步发展进行了探究。在此基础上，简略地论述了汉语介词发展的趋势。伴随着后词缀"于"的形成，"X＋于"从跨层结构演化为双音词汇；伴随着后附缀"于"的形成，"X＋于"从组块化演化为韵律词，从专用类组合形式演化为语法词；伴随着后附缀"于"的脱落（零形化），"X＋于"中的谓词"X"逐渐及物化，"X＋（于）＋N"也从超音步结构演化为标准音步。同时，这些演化后的结果还存在进一步发展演化的现象，如介词叠加、形式固化等，值得我们更深入地研究探讨。

结　语

对汉语介词进行研究的文献很多，但系统地研究单个介词的论文并不多见，本文在全面、细致描写的基础上，对介词"于"及"于"的相关组合形式（"X+于""于+X"）的演化历程和演化结果进行了考察，并揭示其背后的动因和机制，期望对于汉语介词的发展演变起到管中窥豹的作用。大致来说，本文的优势有：

一、从历时角度和共时角度，对"于"及其组合形式的发展演变进行了考察。主要集中在：单个介词"于"的性质及功能分布、"X+于"跨层结构的词汇化、"于+X"介宾短语的词汇化及习语化。通过对不同模式中"于"的性质、功能的较细致描写，厘清了"于"分别作为介词、语素、词缀、附缀、零形式的句法分布以及语义特征、语用功能等。同时，对上述演化模式中与"于"相关的组合形式的功能和特征进行了探究，较全面地探讨了介词"于"的发展演变及其相关组合形式的演化模式。

二、对"于"的演化动因和机制进行了分析。通过前文的分析可知，"于"及其相关组合形式"X+于""于+X"的演化都是在一定的动因驱动下完成的：句法上的动因主要有句法位置、"X"的选择特征等，语音上主要有韵律因素等，语用上主要有使用频率、语体的选择等因素。正是在这些因素的共同作用下，原来的动词"于"逐步演化为介词、附缀、词缀、零形式，"X+于"演化为粘宾动词、连词、介词、副词等，"于+X"演化为连词、副词，以及习语等。我们相信，这些动因也会部分地促使"在""以"等相关介词进一步演化。

三、对三种演化模式造成的后果进行了归纳。作为单个的介词"于"，其主要作用是介引时间、处所名词作状语或补语，少量的"于"作为介词框架的前置词；伴随着后词缀"于"的形成，"X+于"从跨层结构演化为双音词汇；伴随着后附缀"于"的形成，"X+于"从组块化演化为韵律词，从专用类组合形式演化为语法词；伴随着后附缀"于"的脱落（零形化），"X+于"中的谓词"X"逐渐及物化，"X+（于）+N"也从超音步结构演化为标准音步。

四、对介词"于"及相关介词的发展趋势进行了分析，借以探析汉语介词发展的规律。通过对介词"于"这一个案的全面考察，我们可以看出汉语单个介词在发展演变过程中始终处于动态的过程，其演化受到本身语素义、功能负载、使用频率等诸多因素的制约。同时，汉语双音介词数量不断增加，这是汉语词汇化和语法化的结果，也受到了汉语韵律特征的影响。从来源上讲，有的从短语降格而来，有的由语法性成分并入的句法结构发展而来，有的从本来不在同一句法层次上但在线性顺序上紧邻的两个成分所形成的跨层结构中脱胎出来，这些丰富了我们对汉语介词演化历史的认知。我们也可以看到，汉语介词系统始终处于一个动态平衡的状态。每个时期的介词数量大致差不多，介词的分工越来越细，表达效果越来越精致，更好地满足了人们的交流需求。

由于"于"的使用历史悠久，时间、空间跨度大，与相关词语形成的组合形式多种多样，同时囿于作者的研究水平，对其中的语言现象的观察和分析还不够深入，本文还存在着一些不足和缺陷，主要有：

一、对"于"性质的界定难免主观和不成熟。从共时平面看，目前"于"的性质主要有介词、介素、附缀、词缀、零形式等。但是，这几种形式并非泾渭分明，如附缀、词缀、零形式等。特别是处在附缀和零形式间的"于"，往往是两可的，如"类似于""接近于"中的"于"究竟怎么处理？如何用准确的鉴别框架进行界定？本文在处理这些问题时，还不够准确和成熟。

二、对介词发展演变的共性和规律揭示得不够。对"于"和相关介词"在""以"等的比较还不够深入，对"于"和英语"on""in"的比较也比较欠缺，也缺少类型学的视角考察，这在一定程度上影响了对此类介词性质和演变规律的认识和研究。

三、对相关介词理论运用得不够。如何通过语言事实的描写和分析揭示语言表层形式后面的本质，是语法研究者天然的职责。由于对介词发展的理论掌握得不够多、不够精，导致未能运用相关语法理论对与"于"相关的某些问题进行深入探究，在一定程度上也影响了本文的理论性和解释性。

附录一　通行词典中的"X于"粘宾动词收录情况

（一）《倒序现代汉语词典》（1987）收录的"X于"词条有：

便于、濒于、长于、处于、等于、对于、甘于、敢于、关于、归于、过于、基于、争于、见于、鉴于、居于、苦于、乐于、利于、忙于、难于、期于、善于、属于、位于、限于、陷于、易于、勇于、由于、寓于、在于、至于、忠于、终于。

（二）《汉语动词用法词典》（1999）提到的"X于"有：

等于、敢于（一般不用在单音节动词前）、属于等。

（三）《现代汉语描写语法》（2010）涉及的"X于"有两类，共14个：

基于、处于、忠于、精于（一般带体词性宾语）；敢于、甘于、易于、善于、难于、宜于、溢于、长于、用于、勇于（一般带谓词性宾语）。

（四）《现代汉语逆序词典》（2011）收录的"X于"词条有：

安于、便于、濒于、长于、处于、等于、甘于、敢于、惯于、归于、急于、鉴于、介于、精于、居于、苦于、乐于、利于、偏于、期于、善于、少于、生于、胜于、属于、位于、限于、陷于、勇于、由于、寓于、在于、至于、忠于、不下于、不至于、不亚于。

（五）《现代汉语词典》（2012）收录的"X于"词条有：

安于、便于、濒于、长于、等于、富于、敢于、甘于、归于、基于、急于、见于、乐于、利于、流于、忙于、难于、苦于、期于、勤于、善于、适于、属于、位于、限于、陷于、易于、勇于、囿于、寓于、在于、忠于。

附录二 常见的"X于XX""XX于X"习语

历史用法 安于所习；安于一隅；毕其功于一役；定于一尊；急于事功；聊胜于无；怒形于色；玉汝于成；己所不欲，勿施于人；千里之堤，溃于蚁穴；问道于盲；行成于思；业精于勤；囿于成见；牵萦于心；止于至善。

现代用法 安于现状；重归于好；防患于未然；不齿于人；不绝于耳；耿耿于怀；公开于世；毁于一旦；急于求成；了然于胸；了然于心；流于形式；流行于世；青出于蓝而胜于蓝；千里之行，始于足下；人浮于事；无动于衷；喜形于色；无济于事；无动于衷；幸免于难；溢于言表；严于律己；云集于此；言归于好。

参考文献

[1] 毕爱华. "A 于" 构造及功能研究 [D]. 上海：上海师范大学，2011.

[2] 蔡雯婷. 现代汉语 "V 以" 研究及其个案分析 [D]. 上海：上海师范大学，2011.

[3] 曹凤霞. 古代汉语标记被动式研究 [D]. 长春：吉林大学，2012.

[4] 曹秀玲. "至于" 古今用法的不对称及其类型学考察 [C]. 第十五次全国现代汉语语法学术讨论会（延吉）论文，2009.

[5] 陈宝勤. 汉语词汇的生成与演化 [M]. 北京：商务印书馆，2011.

[6] 陈昌来. 介词与介引功能 [M]. 合肥：安徽教育出版社，2002.

[7] 陈昌来. 现代汉语介词的内部差异及其影响 [J]. 上海师范大学学报，2002（5）.

[8] 陈昌来，杨丹毅. 介词框架 "对 / 对于……来说 / 而言" 的形成和语法化机制 [J]. 华东师范大学学报，2008（1）.

[9] 陈昌来，陈文静. "至今" "于今" 的词汇化——兼论介宾式双音词词汇化的动因 [C]. 现代汉语虚词研究与对外汉语教学（第四辑），2012.

[10] 陈昌来，李传军. 现代汉语类固定短语 [M]. 上海：学林出版社，2012.

[11] 陈明龙. 重叠状态式 A 里 AB 的比较研究 [D]. 上海：上海师范大学，2012.

[12] 陈仕益. "之于" 结构研究中的进步与倒退 [J]. 乐山师范学院学报，2008（4）：69–73.

[13] 陈诗语. "鉴于" 的词汇化历程及其相关问题 [J]. 南京晓庄学院学报，2018（4）.

[14] 储泽祥. 汉语 "在 + 方位短语" 里方位词的隐现机制 [J]. 中国语文，2004（2）.

[15] 储泽祥，陶伏平. 汉语因果复句的关联标记模式与 "联系项居中原则" [J]. 中国语文，2008（5）.

[16] 楚永安. 文言复式虚词 [M]. 北京：中国人民大学出版社，1986.

[17] 崔希亮. "在" 字结构解析——从动词的语义、配价及论元之关系考察 [J]. 世界汉语教学，1996（3）.

[18] 崔应贤 . "于"的历史考察与共时分析 [C]. 吉林延边现代汉语语法研讨会论文，
2012.

[19] 刁晏斌 . 虚义动词论 [D]. 天津：南开大学，2004.

[20] 董秀芳 . 词汇化：汉语双音词的发展与演变 [M]. 北京：商务印书馆，2002.

[21] 董秀芳 . 古汉语动名间的"于/於"再认识 [J]. 古汉语研究，2006（2）.

[22] 董秀芳 . 词汇化与汉语标记的形成 [J]. 世界汉语教学，2007（1）.

[23] 范江兰 . "于是"的语法化探析 [J]. 民族论坛，2009（4）.

[24] 范宁 . 汉语"V$_双$+于+NP"格式及其变异考察 [D]. 上海：上海师范大学，2012.

[25] 冯胜利 . 汉语韵律、词法与句法 [M]. 北京：北京大学出版社，1997.

[26] 傅雨贤 . 现代汉语介词研究 [M]. 广州：中山大学出版社，1997.

[27] 高苗红 . "单音节语素+于"结构的词法化研究 [J]. 语言应用研究，2008（2）.

[28] 龚娜 . "X 于"结构的多角度考察 [D]. 长沙：湖南师范大学，2006.

[29] 郭继懋 . "于是"与"所以"的异同 [J]. 汉语学报，2006（6）.

[30] 郭才正 . "于 X"和"X 于"的词汇化和语法化——兼论介词"于"的语法化走
向及其后果 [D]. 上海：上海师范大学，2012.

[31] 郭锡良 . 介词"于"的来源与发展 [J]. 中国语文，1997（2）.

[32] 郭锡良 . 汉语介词"于"的来源于汉藏语说商榷 [J]. 中国语文，2005（4）.

[33] 何乐士 . 古代汉语虚词通释 [M]. 北京：北京出版社，1985.

[34] 胡斌彬 . 古汉语"于"字比较句功能补正 [J]. 西南科技大学学报，2009（3）.

[35] 胡斌彬 . "于"字比较句和"比"字句的差别 [J]. 湖南文理学院学报，2009（6）.

[36] 胡斌彬 . 先秦"于"字比较句考察 [J]. 宁夏大学学报，2010（2）.

[37] 黄晓惠 . 现代汉语差比格式的来源及比较 [J]. 中国语文，1992（2）.

[38] 洪波 . 汉语历史语法研究 [M]. 北京：商务印书馆，2010.

[39] 侯晓菊 . 古代汉语"……之于……"式分析 [J]. 阴山学刊，2002（2）.

[40] 姜德梧 . 汉语四字格词典 [M]. 北京：北京语言文化大学出版社，2000.

[41] 金昌吉 . 汉语介词与介词短语 [M]. 天津：南开大学出版社，1996.

[42] 金钟讚 . 试论"双音节+于"的句子成分 [J]. 语言研究，2004（9）.

[43] 李秉震 . 汉语话题标记的语义、语用功能研究 [D]. 天津：南开大学，2010.

[44] 李传军 . 类固定短语及相关问题研究 [D]. 上海：上海师范大学，2008.

[45] 李德鹏．论"动词+介词"的词汇化 [J]．齐鲁学刊，2009（2）．

[46] 李德鹏．单音节+于的词汇化 [J]．语言应用研究，2009（3）．

[47] 李广瑜．"关于""有关""有关于"的比较分析 [J]．汉语学习，2009（5）．

[48] 李晋霞，刘云．"由于"与"既然"的主观性差异 [J]．中国语文，2004（2）．

[49] 李晋霞．论"由于"与"因为"的差异 [J]．世界汉语教学，2011（4）．

[50] 李先银．甲骨文中"于"语法化过程构拟 [J]．武汉工程大学学报，2010（2）．

[51] 李小军，龚星芸．从"至"的语义演变看"至于"的四种功能 [J]．江西师范大学学报（哲学社会科学版），2022（6）．

[52] 李英哲．汉语历时共时语法论集 [M]．北京：北京语言文化大学出版社，2001．

[53] 林海权．《古汉语研究论集 [M]．北京：语文出版社，2010．

[54] 廖秋忠．现代汉语篇章中的连接成分 [J]．中国语文，1986（6）．

[55] 刘楚群．"因为"和"由于"差异初探 [J]．安徽教育学院学报，2002（1）．

[56] 刘丹青．语法化中的更新、强化与叠加 [J]．语言研究，2001（2）．

[57] 刘丹青．汉语中的框式介词 [J]．当代语言学，2002（4）．

[58] 刘丹青．汉藏语言的若干语序类型学课题 [J]．民族语文，2002（5）．

[59] 刘丹青．语序类型学与介词理论 [M]．北京：商务印书馆，2003．

[60] 刘丹青．先秦汉语语序特点的类型学观照 [J]．语言研究，2004（1）．

[61] 刘红妮．汉语非句法结构的词汇化 [D]．上海：上海师范大学，2009．

[62] 刘坚，曹广顺，吴福祥．论诱发汉语词汇语法化的若干因素 [J]．中国语文，1995(3)．

[63] 刘月华．以"固然""于是"为例谈虚词的用法研究 [J]．汉语学习，1999（2）．

[64] 陆丙甫．语句理解的同步组块过程及其数量描述 [J]．中国语文，1986（2）．

[65] 陆露露，叶建军．"终于"的副词化及其功能扩展 [J]．通化师范学院学报，2021(7)．

[66] 鲁川，林杏光．现代汉语语法的格关系 [J]．汉语学习，1989（5）．

[67] 马贝加．近代汉语介词 [M]．北京：中华书局，2002．

[68] 马建忠．马氏文通 [M]．北京：商务印书馆，1983．

[69] 毛颖．现代汉语粘宾动词研究 [D]．上海：上海师范大学，2011．

[70] 梅祖麟．介词"于"在甲骨文和汉藏语里的来源 [J]．中国语文，2004（4）．

[71] 聂仁发．"关于"标记话题的语义基础和句法条件 [J]．汉语学习，2007（5）．

[72] 聂仁发．现代汉语篇章研究 [M]．杭州：浙江大学出版社，2009．

[73] 潘国英 . 现代汉语状语语序研究 [D]. 上海：华东师范大学，2002.

[74] 彭睿 . 构式语法化的机制和后果——以"从而""以及"和"极其"的演变为例 [J].
汉语学报，2007（3）.

[75] 彭睿 . 框架、常项和层次——非结构语法化机制再探 [J]. 当代语言学，2011（4）.

[76] 朴正九.汉语介词短语的分布类型及其语法条件[J].绍兴文理学院学报，2006
（3）.

[77] 齐沪扬 . 现代汉语短语 [M]. 上海：华东师范大学出版社，2000.

[78] 齐沪扬 . 有关类固定短语的问题 [J]. 修辞学习，2001（1）.

[79] 钱韵，余戈 . 现代汉语四字格成语的词汇化研究 [J]. 语言科学，2007（6）.

[80] 强星娜 . 汉语话题标记的类型学研究 [D]. 北京：中国社会科学院，2009.

[81] 强星娜 . 话题标记和句类限制 [J]. 语言科学，2011（2）.

[81] 屈承熹 . 历史语法学理论和汉语历史语法 [M]. 北京：北京语言学院出版社，
1993.

[82] 屈哨兵 . "由于"句的语义偏向 [J]. 中国语文，2002（1）.

[83] 曲晶晶 . "于是"的语用功能 [J]. 大连大学学报，2010（4）.

[84] 饶长溶 . "至于""关于"不像是介词 [J]. 汉语学习，1987（1）.

[85] 沈家煊 . 不对称和标记论 [M]. 南昌：江西教育出版社，1999.

[86] 沈家煊 . "在"字句和"给"字句 [J]. 中国语文，1999（2）.

[87] 沈家煊 . 语言的"主观性"和"主观化"[J]. 外语教学与研究，2001（4）.

[88] 沈家煊，完权 . 也谈"之字结构"和"之"字的功能 [J]. 语言研究，2009（2）.

[89] 沈家煊 . 如何解决补语问题 [J]. 世界汉语教学，2010（4）.

[90] 沈家煊 . 如何解决状语问题 [C]. 第十七次现代汉语语法学术讨论会论文，2012.

[91] 时兵 . 也谈介词"于"的来源与发展 [J]. 中国语文，2003（4）.

[92] 时兵 . 上古汉语"NP 受事 V 于 NP 施事"结构的形成 [J]. 古汉语研究，2008（3）.

[93] 史冬青 . 先秦至魏晋时期方所介词研究 [M]. 济南：齐鲁书社，2009.

[94] 史有为 . 关于四字格及其语音节奏 [J]. 汉语学习，1995（5）.

[95] 石毓智 . 时间的一维性对介词衍生的影响 [J]. 中国语文，1995（1）.

[96] 石毓智 . 语法化的动因与机制 [M]. 北京：北京大学出版社，2006.

[97] 帅志嵩 . "以"字介词结构的前置动因和机制 [J]. 四川大学学报，2009（3）.

[98] 宋玉柱 . "失之于" "有失于" [J]. 语文建设，2002（5）.

[99] 宋绍年 .《马氏文通》研究 [M]. 北京：北京大学出版社，2004.

[100] 孙福婷 . 动介的非完全语法化状态 [D]. 武汉：华中科技大学，2006.

[101] 汤廷池 . 动词与介词的联系 // 汉语词法句法论集 [C]. 台北：台北学生书局，1980.

[102] 唐珏明，周锡复 . 论上古汉语被动式的起源 [J]. 学术研究，1985（5）：3.

[103] 唐珏明，周锡复 . 论先秦汉语被动式的发展 [J]. 中国语文，1985（4）.

[104] 王慧兰 . "于是" 的词汇化——兼谈连词词汇化过程中代词并入的现象 // 语法化与语法研究（三）[C]. 北京：中华书局，2007.

[105] 王鸿滨 . 上古汉语介词的发展与演变 [J]. 上海师范大学学报，2004（5）.

[106] 王珏 . 介词短语作定语四论 [J]. 华东师范大学学报 1999（4）.

[107] 王建勤 . 介词 "对于" 的话语功能 [J]. 语言教学与研究，1992（1）.

[108] 王力 . 汉语语法史 [M]. 北京：商务印书馆，1989.

[109] 王力 . 汉语史稿 [M]. 北京：中华书局，1956.

[110] 王萌 . "里" 类介词框架的句法、语义及隐现规律研究 [D]. 上海：上海师范大学，2006.

[111] 王蕊 . "对于" "关于" "至于" 的话题标记功能和篇章衔接功能 [J]. 暨南大学华文教育学院学报，2004（3）.

[112] 王世贤 . 试论古汉语 "之于" 结构 [J]. 松辽学刊，1986（6）.

[113] 王秀云 . 介词 "于、在" 的句法语义特点及 "在" 替代 "于" 的句法语义动因 [J]. 中文论坛，2021（1）.

[114] 王一平 . "在 + 处所" 前置、中置、后置的条件和限制 [J]. 语文建设，1999（5）.

[115] 王月婷 . 也谈上古汉语动名之间介词 "于 / 於" 的使用 [J]. 语言研究，2021（2）.

[116] 王祖姝 . 试论连词 "于是" 的承接方式及其作用 [J]. 湖北大学学报，1999（3）.

[117] 闻宥 . "于" "於" 新论 [J]. 中国语言学报，1984（2）.

[118] 文全民 . 汉语介宾式复合词研究 [D]. 上海：上海师范大学，2009.

[119] 吴福祥 . 语序选择与语序创新 [J]. 中国语文，2012（3）.

[120] 吴福祥 . 汉语伴随介词语法化的类型学研究 [J]. 中国语文，2003（1）.

[121] 吴国忠 . 古汉语介词 "于" 使用的随意性 [J]. 求是学刊，1989（6）.

[122] 吴瑾 . 现代汉语篇章中的承接关系词语研究 [D]. 上海：上海师范大学，2010.

[123] 解惠全，洪波 ."于""於"介词用法源流考 //《语言研究论丛》第五辑 [C]. 天津：南开大学出版社，1988.

[124] 解惠全 . 关于虚词复音化的一些问题 //《语言研究论丛》[C]. 北京：语文出版社，1997.

[125] 谢雯瑾 ."于"及其"V/A 于 X"的发展与演化 [D]. 上海：上海师范大学，2008.

[126] 谢雯瑾 ."X 于"中"于"进一步语法化对 X 配价增值的影响 [J]. 南开语言学刊，2009（1）：99–106+183.

[127] 邢福义 ."由于"句的语义偏向辨 [J]. 中国语文，2002（4）.

[128] 徐景宜 . 话题标记"关于""对于""至于"研究 [D]. 上海：上海师范大学，2010.

[129] 许国萍 . 现代汉语差比范畴研究 [D]. 上海：复旦大学，2005.

[130] 许仰民 . 古汉语语法新编 [M]. 郑州：河南大学出版社，2001.

[131] 杨彬 ."于是"的篇章功能及其语义背景 [J]. 青岛大学师范学院学报，2012（2）.

[132] 杨伯峻，何乐士 . 古汉语语法及其发展 [M]. 北京：语文出版社，1992.

[133] 杨丹毅 ."对于"类介词框架及相关研究 [D]. 上海：上海师范大学，2007.

[134] 杨树达 .《高等国文法》[M]. 上海：上海古籍出版社，2007.

[135] 杨锡彭 . 粘宾动词初探 [J]. 南京大学学报，1992（4）.

[136] 易孟醇 . 先秦语法 [M]. 长沙：湖南大学出版社，2005.

[137] 于广元 . 介词短语的句法、语义、语用漫析 [J]. 扬州大学学报，1999（4）.

[138] 玉柱 . 关于连词和介词的区分问题 [J]. 汉语学习，1988（6）.

[139] 袁本良 . 古汉语"之于"句的语义分析 [J]. 安顺师范高等专科学校学报，2002(2).

[140] 袁本良 . 古汉语"之于"句的语用考察 [J]. 贵州大学学报，2002（6）.

[141] 岳中奇 . 方式介宾短语的内涵特征和变体类别 [J]. 江苏大学学报，2011（4）.

[142] 岳中奇 . 涉事介词短语的内涵特征和功能 [J]. 汉语学报，2011（4）.

[143] 张斌 . 介词和介词结构 [J]. 教学与研究，1978（4）.

[144] 张斌 . 汉语语法学 [M]. 上海：上海世纪出版集团，2003.

[145] 张斌 ."在""于"与"在于"[J]. 咬文嚼字，1998（12）.

[146] 张斌. 现代汉语描写语法 [M]. 北京：商务印书馆，2010.

[147] 张斌. 现代汉语附缀研究 [D]. 上海：上海师范大学，2013.

[148] 张赪. 汉语介词词组词序的历时演变 [M]. 北京：北京语言文化大学出版社，2002.

[149] 张成进. 现代汉语双音介词的构词法与造词法 [J]. 淮北师大学报（哲社版），2013（6）.

[150] 张韶磊. 介词 "对于" 的多角度考察 [D]. 宁波：宁波大学，2010.

[151] 张世禄. 谈谈古代汉语的被动句 [J]. 逻辑与语言学习，1984（4）.

[152] 张田田. 与代词 "并入" 相关的双音词的词汇化和语法化 [D]. 上海：上海师范大学，2013.

[153] 张旺熹. 汉语介词衍生的语义机制 [J]. 汉语学报，2004（1）.

[154] 张谊生. 现代汉语副词研究 [M]. 上海：学林出版社，2000.

[155] 张谊生. 介词悬空的方式与后果、动因与作用 [J]. 语言科学，2009（3）.

[156] 张谊生. 语法化现象在不同层面中的句法表现 [J]. 语文研究，2010（4）.

[157] 张谊生. 从错配到脱落：附缀 "于" 的零形化后果与形容词、动词的及物化 [J]. 中国语文，2010（2）.

[158] 张谊生. 介词的演变、转化及其句式 [M]. 北京：商务印书馆，2016.

[159] 张谊生. 当代流行构式 "X 也 Y" 研究 [J]. 当代修辞学，2011（6）.

[160] 张谊生. 试论叠加、强化的方式、类型与后果 [J]. 中国语文，2012（2）.

[161] 张谊生. 介词叠加的方式与类型、作用与后果 [J]. 语文研究，2013（1）.

[162] 张谊生. "X 之于 Y" 的结构类型与表达功能——兼论 "X 之于 Y" 的构式化与 "之于" 的介词化 [J]. 语文研究，2015（2）.

[163] 张玉金. 介词 "于" 的起源 [J]. 汉语学报，2009（4）.

[164] 张振亚. 论介词 "于" 与词缀 "于" 的关系及其原因 [J]. 南昌大学学报，2000（2）.

[165] 张振亚. 试论介词 "于" 和词缀 "于" 的关系与原因 [J]. 阜阳师范学院学报，2003（4）.

[166] 赵静. "V＋于＋NP" 结构研究 [D]. 沈阳：辽宁大学，2011.

[167] 赵新. "因此、于是、从而" 的多角度分析 [J]. 语文研究，2003（1）.

[168] 赵运普. 说 "于是" ——兼谈顺承、因果复句的划界 [J]. 新乡师范高等专科学

校学报，2001（1）.

[169] 赵仲邑 . 论古汉语介词 "于" "於" "乎" [J]. 中山大学学报，1964（4）.

[170] 钟明荣 . 古今介词短语前置之比较研究 [D]. 南昌：南昌大学，2007.

[171] 钟兆华 . 汉语动宾介宾句式中介词的历史递换 [J]. 语言研究，1996（2）.

[172] 周广干 . "至于" 的词汇化和标记化 [J]. 云南师范大学学报，2013（1）.

[173] 周国瑞 . 介词 "乎" 和 "于（於）" 用法之比较 [J]. 殷都学刊，2004（3）.

[174] 周荐 . 汉语词汇结构论 [M]. 北京：上海辞书出版社，2004.

[175] 周芍，邵敬敏 . 试谈介词 "对" 的语法化过程 [J]. 语文研究，2006（1）.

[176] 周四贵 . 元明汉语介词研究 [D]. 苏州：苏州大学，2010.

[177] 周小兵 . 介词的语法性质和介词的系统研究方法 [J]. 中山大学学报，1997（3）.

[178] 周卓 . "关于、对于、至于" 标记话题的比较研究 [D]. 宁波：宁波大学，2012.

[179] Adele E. Goldberg. 论元结构的构式语法研究 [M]. 吴海波，译 . 北京：北大出版社，2007.

[180] Claude Hagège. Adpositions[M].OUP Oxford，2010.

[181] Dennis Kurzon.Adpositions：pragmatic，semantic and syntactic perspectives[M]. John Benjamins Pub. Company，2008.

[182] Fillmore, C. J. "格" 辨 [M]. 胡明扬，译 . 北京：商务印书馆，2002.

[183] Hopper，PaulJ.&Traugott，Elizabeth C.Grammaticalization[M].Cambridge University Press，2003.

[184] John Hewson，Vít Bubeník.From Case to Adposition[M]. John Benjamins Publishing，2006.

后　记

　　这本小作是在我的博士学位论文基础上修改完善的。当年，蒙张老师不弃，在工作多年后，我又重新回到上海师范大学，开始攻读博士学位。首先要感谢导师张谊生教授，正是张老师的一次次的传道、授业、解惑，使天资愚钝的我，在语法研究的道路上坚持下来，一步一个脚印，执着地前行。一次次面对面的指导教诲，一张张写满修改意见的文稿纸，让我的写作视野不断开阔，思路愈加清晰。从题目的选定、大纲的完善到章节的布局、内容的丰富等，张老师付出了太多的心血，如今这篇小文问世，我要衷心地说声：谢谢您，老师！

　　在上师大学习期间，我有幸聆听了齐沪扬老师、吴为善老师、曹秀玲老师、陈昌来老师及其他老师的博士课，诸位老师渊博的学识、敬业的精神、亲和的上课风格深深折服了我，能够沐浴在这样的学术氛围中，是何其幸福的一件事情！我想：这段美好的经历，会永远铭记于我的心灵深处，历久弥香。

　　感谢我的硕士研究生导师左思民教授，正是左老师当年领我进入语法研究的大门，我才从一个语法的门外汉慢慢喜欢上语法，在这条既枯燥又有趣的道路上，继续走下去。老师严谨的思维、独立的思考、执着的追求，一直是我学习的榜样！

　　感谢同门潘晓军、胡承佼、张斌、刘丞、尹基元、谭芳芳、王长武的关心和帮助，特别是刘丞，多次与我就论文写作中出现的问题进行交流、探讨，让我受益颇多。同时，也感谢华彦雯、明雪梅、张倩、张玉倩、蔡凯燕、焦学峰、蔡忆铭、徐文君、丁萍、侯贤惠等师弟、师妹们，同窗虽短，情谊绵长，能够成为"张门弟子"是我们一辈子的缘分！

　　屈指算来，来沪已近二十年，家人的支持和理解是我能够不断前行的不竭动力，感谢他（她）们一路的相伴相随！

王明洲
2023 年 1 月于沪上